챗GPT 시대의

논문 작성법

챗GPT 시대의
논문 작성법

펴낸날 1판 1쇄 2024년 5월 31일
1판 2쇄 2025년 4월 10일
지은이 정연경
펴낸이 주소현
펴낸곳 이화여자대학교출판문화원
주소 서울특별시 서대문구 이화여대길 52(우 03760)
등록 1954년 7월 6일 제9-61호
전화 02) 3277-2965 (편집), 02) 362-6076 (마케팅)
팩스 02) 312-4312
전자우편 press@ewha.ac.kr
홈페이지 www.ewhapress.com
책임편집 이지예
디자인 정혜진

ISBN 979-11-5890-527-9 93000

값 24,000원

챗GPT 시대의
논문 작성법

이화여자대학교출판문화원

들어가며

이 책은 저자가 대학생이었을 때부터 대학에서 학생을 가르치고 있는 지금까지 40여 년에 걸친 논문 작성 경험을 바탕으로 집필되었다. 이 책을 통해 학생들이 논문을 쓸 자신감을 얻게 되고 논문을 끝낼 용기를 찾을 수 있길, 그리고 같은 실수를 반복하지 않게 되기를 바란다. 이제는 챗GPT의 등장으로 논문까지 인공지능의 도움을 받아 작성할 수 있는 시대로 들어섰기에, 더더욱 논문을 쓰는 기본자세를 강조하고 윤리적인 측면에 충실해야 할 시점이다.

지난 시간을 돌이켜보면 도서관에 소장된 문헌을 찾아서 종이에 옮겨 쓰거나 복사하고, 또 개인적으로 자료를 더 수집하러 다녀야만 했던 시절이 있었다. 이제는 전자적인 데이터의 소장, 접근, 분석까지 대부분의 연구가 기술의 발전과 함께 빛의 속도로 진행되고 있고, 그러한 변화를 실제로도 체감하고 있다. 그래서 오늘날 학생들은 이전 세대보다 훨씬 더 규모 있고 밀도 있는 학문을 습득해야 하는 책임과 기회를 요구받으며, 더 광범위하고 복잡한 연구를 수행해야만 한다.

논문 작성 과정에서 연구자의 여정을 지원하는 정보원은 책과 학술논문뿐만 아니라 웹사이트, 블로그, 유튜브까지 가히 폭발적이다. 하지만 인터넷에서 구할 수 있는 정보원들은 모두 내용의 질적 정확성에 대한 검토가 이루어지지 않은, '구매자 조심(buyer beware)' 시장임이 분명하다. 그래서 논문 작성은 많은 학생들에게 학문을 추구하는 데 있어서의 마지막 관문으로 간주되며, 이 관문을 넘어서야 한다는 엄청난 부담, 심지어는 고통으로까지 다가온다.

그런데 논문을 쓰기 위해 알아야 하는 것이 무엇인지 충분히 다루고 있는 자료가 드물고, 교사나 교수는 논문 작성의 기본을 가르칠 수 있는 시간이 거의 없는 게 현실이다. 논문은 수년간 축적된 훈련의 결과를 보여주며, 이것을 성공적으로 완성하기 위해서는 상세하고 정확하게 총체적인 검토를 해야 할 뿐만 아니라 완벽을 기하기 위한 치열한 노력도 이루어져야 한다. 그래서 많은 학생들이 논문을 생각하는 것 자체만으로도 스트레스를 받는다.

모든 연구는 완벽을 추구하지만 대부분의 연구는 부족함이 있기 마련이고, 그 부족함으로 인해 새로운 연구를 지속하게 된다. 그러므로 저자의 경험을 토대로 쓴 이 책이 논문을 준비하는 사람들뿐만 아니라 아직 연구를 시작하지 않았거나 이제 막 시작하려는 사람들, 매 학기 논고를 작성해야 하는 학생들에게 유용하게 쓰이길 바란다. 논문 작성을 단계별로 어떻게 준비하고 시작해야 하는지를 알게 됨으로써 학생들은 논문 작성 능력을 증진하고 논문 작성의 각 단계에 놓인 장애물을 대부분 극복해 궁극적으로 최종 심사까지 갈 수 있을 것이다. 하지만 이 책은 어떻게 혼자서 논문을 작성할 것인지 알려줄 뿐이지, 논문을 쉽게 완성할 수 있는 지름길을 알려주는 안내서는 아니다. 논문을 쓰기 위해 가장 필요한 마음가짐과 논문을 완성하기까지 거쳐야 하는 기나긴 여정에 대해 충분히 이해하고 준비해서 논문을 잘 마무리할 수 있도록 도와주는 데 이 책의 목적이 있다.

이 책은 전체 5개의 장으로 구성되는데, 글을 쓴다는 것이 무엇인지를 시작으로 논문이 무엇인지, 연구주제는 어떻게 정하고 어떻게 계획을 세워야 하는지, 시간 관리는 어떻게 해야 하는지, 선행연구는 어떤 식으로 진행해야 하는지, 인터넷과 인공지능, 챗GPT의 활용은 어디까지 가능한 것인지, 연구한 내용을 어떻게 정리하고 체계화할 것인지, 그리고 연구 결과를 어떻게 보여줄 것인지 등에 대해 다룸으로써 성공적으로 논문 작성을 마칠 수 있는 방법을 안내한다. 여기에 추가로 논문 주제와 관련 정보원을 찾는 방식, 출처 인용 방식, 표절 방지 도구, 더 나아가 연구윤리의 원칙과 연구진실성, 연구윤리지침과 관련 쟁점 등을 소개한다. 또한 이 책은 지금까지 학생들이 논문을 작성하며 직면해온 많은 문제는 물론, 오늘날 학생들에게 필요한 새로운 주제들 역시 다루고 있다. 그래서 이 책이 학생들에게 논문 작성 과정의 절대적인 친구로서 지원과 조언, 교육을 제공하는 유용한 정보원이 되어줄 것이다.

이 책은 논문을 어떻게 시작해야 할지 어려워하는 학생들, 그리고 늘 학생들의 논문을 힘들게 검토해야만 하는 교수들에게도 어느 정도의 안도감을 줄 수 있을 것이다. 특히 학생들은 논문을 작성하고 제출하기 전이나 논문 심사를 받을 때 생기는 여러 가지 궁금한 내용에 대한 도움을 얻을 수 있을 것이며, 다양한 전공과 연구주제에 따라 조금씩 다를 수 있겠지만 논문 작성의 기본에 대해서도 배울 수 있을 것이다. 모든 전공 및 교수들이 동일한 도구나 방식으로 논문을 진행시키는 것은 아니기 때문에 이 책에서 제시한 전략이 모든 학생들에게 맞지 않을 수 있으며 유용하지 않을 수도 있다. 그래서 그림이나 표, 각주, 참고문헌 작성 양식을 가급적 다양한 예시로 보여주고자 했다. 논문 작성의 시작부터 끝까지 가는 방법은 수없이 많으며, 핵심은 자신에게 잘 맞는 과정을 조정하면서 찾아가는 것이다. 건강하고 비판적인 자세로 이 책에서 제시하는 것과 다른 지엽적인 부분을 파악하며 정보를 수집하면 많은 도움이 될 것이다.

논문 작성의 기본적인 체계나 과정은 시간이 지나도 바뀌지 않는다. 학생은 자신의 연구질문에 집중해야 하고 정보원을 잘 관리해야 하며,

연구를 견고하게 설계하고 수행해야 한다. 또한 연구참여자, 논문 심사위원들, 나아가 좀 더 폭넓은 범주의 연구자들과도 효율적으로 소통해야 한다. 논문을 완성한다는 것은 일종의 통과의례이면서 인생의 한 획을 긋는 과업이기도 하다. 많은 경우, 이러한 통과의례의 일부 과정은 독단적이고 작동하지 않는 것 같을 수 있다. 이러한 사실을 처음부터 알고 논문을 작성하기로 결심한다면 덜 힘들게, 좀 더 재미있게 논문을 작성할 수 있을 것이다. 그렇게 해서 논문이 완성되면 논문 심사를 통과하고 학문 발전에 기여하게 되는 것이다. 그러므로 목표를 이루는 데 집중하면서 스스로 긍정적인 자기대화를 많이 해야 한다. 미래의 자신이 자랑스러워할 논문을 완성할 수 있도록 매 순간 노력해야 행운도 함께할 것이다. 무엇보다도 논문을 쓰는 과정으로 인해 예민해지거나 초조해지지 않도록 노력해야 한다. 논문 작성은 기나긴 여정이고 다양한 요구들이 주어지며, 자신이 이전에 결코 해보지 않은 경험이라서 매우 두려울 수 있다. 하지만 이 책을 보는 독자들 역시 다른 사람들처럼 이 힘든 과정을 마치고 종국에는 학위를 받게 될 것이다. 대부분의 연구가 독자들이 습득할 지식과 기술을 사용하는 것이고, 지도교수와 심사위원들이 논문 작성을 돕기 위해 곁에 있어줄 것이기 때문이다.

이 책이 나오기까지 많은 분의 도움이 있었지만 여기에 모두 담기는 어렵다. 그럼에도 1957년 국내 최초로 도서관학 강의를 시작하셨던 故 이봉순 명예교수님, 저자를 '문헌정보학'이라는 신학문의 길로 이끌어주신 故 김세익 명예교수님, 노옥순 명예교수님, 故 구자영 명예교수님, 故 김봉희 교수님, 논문 작성법 연구의 길을 열어주신 박창원 명예교수님과 김성원 명예교수님께 진심으로 감사와 존경의 마음을 올린다. 또한 저자의 오랜 동료 교수들과 선후배들, 든든한 제자들, 그리고 소중한 친구들과 가족들, 특히 부모님, 남동생과 여동생, 남편 이병희 학장과 자랑스러운 아들 이범렬, 귀한 늦둥이 딸 이지윤에게도 고마운 마음을 전하고 싶다. 끝으로 이 책이 세상에 나올 수 있도록 끝까지 애써주신 이화여자대학교출판문화원의 이혜지 주간님, 이지예 선생님의 노고에 깊은 감사를 드린다.

2024년 신록의 이화동산에서

저자 정연경 교수

차례

4장. 논문 작성의 실제

5장. 연구윤리

1장

글이란 무엇인가

1. 글쓰기와 말하기

글쓰기

말하기는 쉬워도 글을 쓰는 것은 어렵다. 물론 말하기가 어려워서 해야 할 말을 글로 대신할 때도 많다. 하지만 글쓰기는 그것을 업으로 하는 작가들에게도 분명 엄청난 노력과 스트레스 속에서 해나가야 하는 일임이 분명하다. 한 문장을 쓰기 위해서 수십 시간의 고통을 마주한다는 한 노작가의 고백은 쉽게 글을 쓸 생각을 한 모든 이에게 잠시나마 반성의 시간을 갖게 한다.

글과 말 모두가 의사소통의 수단이지만, 글은 시간과 공간의 한계를 넘어 좀 더 많은 사람과 소통할 수 있게 해준다. 그러나 글이 그저 소통의 수단인 것만은 아니다. 글을 쓰는 행위는 생각보다 훨씬 더 다양한 능력을 필요로 하기 때문이다. 단순히 글자를 나열만 해서는 글이 될 수 없고, 글자들이 의미 있게 결합하기 위해서는 통찰력과 창의력을 발휘해 세상을 바라볼 수 있어야 하며, 나아가 그러한 문제의식을 글로 표현할 수 있어야 한다. 그래서 글을 쓰는 행위는 일종의 문제 제기 및 문제 해결 과정이고, 이처럼 문제를 제기하고 해결하는 능력은 우리가 삶을 살아가는 데 있어 꼭 필요한 능력이기도 하다.

결국 글을 쓰면서 얻게 되는 능력은 삶을 풍요롭게 살아가기 위해서 필요한 능력이다. 그러므로 글쓰기는 아무리 힘들다 하더라도 많은 연습이 필요하다. 특히 대학교에서의 글쓰기는 학문적 소통이어야 하므로, 깊어지는 사고 과정을 통한 고통스러운 훈련이 요구된다. 하지만 이러한 과정이 반복되면 반복될수록 글쓰기의 고통은 익숙해지고 글을 쓴다는 것이 즐거운 경험으로 다가오게 될 것이다.

말하기와 글쓰기

말을 잘하기 위한 조건 중 가장 중요한 요소는 듣기이며, 글쓰기의 기본은 읽기이다. 다른 사람의 말을 경청해야만 그 뜻을 바르게 이해하고 소통할 수 있고, 다른 사람의 글을 올바로 읽고 이해해야만 자신의 글로 다른 사람들과 소통할 수 있기 때문이다. 생각이 모자라면 중언부언하고 논리가 없어지기 십상이다. 하지만 말은 앞뒤 맥락이 잘 맞지 않거나 좀 어색해도 일상생활에서 의사소통하는 데 큰 어려움이 없다. 따라서 말을 잘하거나 말이 많은 사람은 많지만 이들이 모두 글을 잘 쓴다고 볼 수는 없다. 이처럼 말하기와 글쓰기는 엄연히 다른 영역이다.

글은 한번 쓰기 시작하면 단번에 끝나지 않는다. 자신의 생각을 정리하면서 계속해서 새롭게 쓰게 된다. 그러다 보면 주제나 제목을 바꾸게 될 뿐만 아니라 내용도 다시 작성하게 되어 처음의 글과는 전혀 다른 글이 된다. 이렇게 글을 쓰기 위해 반복하는 과정을 통해 우리의 생각은 다듬어지고 논리가 명확해진다. 그리고 그렇게 되기 위해서는 다른 사람의 글, 즉 많은 자료와 책을 읽어야 하고 그것을 자기 것으로 만들기 위한 지속적인 사색의 과정과 반성적 사고를 수행해야만 한다. 그러므로 글쓰기의 과정은 자신이 아는 것을 진정으로 자기의 것으로 만드는 작업이라고 할 수 있다.

글쓰기는 힘들다. 하지만 그것을 그만둘 수 없는 이유는 글쓰기를 통해 사유의 경험치가 쌓이기 때문이다. 그러한 고된 훈련이 쌓이면 쌓일수록 사고의 넓이와 깊이는 확장되고 문제해결 능력은 신장될 수 있다. 따라서 글쓰기 과정을 통해 주체적인 사고 및 행동 습관을 수립하고 자기 안에 중심을 세움으로써 다른 사람의 생각을 알아들을 수 있는 분별력과 시비를 가릴 수 있는 판단력을 길러야 한다. 그렇게 해야만 다른 사람의 말과 글을 제대로 파악해 비판적으로 수용할 수 있다. 이러한 능력을 가진 사람들은 다른 사람들에게 믿음과 기쁨을 줄 수 있으며, 이들이 사는 사회는 건강해질 수 있다.

2. 글 쓰는 자세

글쓰기의 윤리

글을 쓸 때는 지켜야 할 원칙이나 행동 양식이 있는데, 바로 글쓰기의 윤리이다. 우선 자신의 생각이나 글을 타인의 것과 분명하게 구분할 필요가 있다. 타인의 생각이나 글을 자신의 생각이나 글처럼 가져와서 정확한 출처를 밝히지 않고 부당하게 사용하면 이는 자신을 속이고 타인을 존중하지 않는 비윤리적인 것으로서 문제가 된다. 더군다나 최근 들어 챗(Chat)GPT의 등장으로 인해 비윤리적인 글쓰기는 더욱 큰 우려를 양산하는 주제가 되었다.

정직한 글쓰기를 위해서는 글을 쓸 때 타인의 아이디어나 연구내용을 충분히 검토하고 구분하여 표절 의혹을 없애야 하며, 그렇게 쓴 글을 제대로 평가받을 수 있어야 한다. 이렇게 글을 쓰는 것은 언뜻 매우 상식적인 일인 것 같다. 하지만 글쓰기를 쉽게 보고 너그러운 기준을 적용하는 우리 사회의 도덕적 불감증, 그리고 글쓰기에 대한 윤리적인 측면을 일찍부터 강조하지 않는 교육이 정직한 글쓰기를 어렵게 만든다. 그러므로 우리는 자신의 글을 쓰는 데 있어서 좀 더 무거운 책임감과 윤리 의식을 가져야 한다.

대학에서의 글쓰기

대학은 학문을 탐구하고 전문 지식을 배우며 사회가 요구하는 교양을 쌓는 곳이다. 그래서 대학의 각 전공은 독자적인 학문 체계를 분야별로 구축하고 연구 인력을 양성하며 연구성과를 발전시킨다. 또한 인접 학문과 연구성과를 공유하고 융·복합적으로 상호 연계하면서 새로운 분야를 개척하고 발전시켜나간다.

대학에서의 글쓰기는 대학 내 학문 활동과의 지적 교류를 가능하게 하는 소통의 도구이자 목적이다. 그러므로 대학에 들어와서 쓰는 글은 비판적이면서도 독창적이어야 하며, 타인의 글을 잘라내고 이어붙이거나 자신의 글로 바꿔 쓰는 식의 베끼는 행위는 삼가야 한다. 이러한 글쓰기 훈련과 습관을 통해 만들어진 글은 더 많은 사람들에게 공감을 주고 다른 사람들을 설득할 수 있게 해주며, 나아가 학문을 깊이 있게 탐구하고 전문 지식을 자기만의 것으로 만들 수 있게 해준다.

비판적 사고 능력과 창의적 문제해결 능력은 정직한 글쓰기에서 시작된다. 대학에서 보고서나 학기논고, 학위논문을 작성하는 것은 자신이 사고한 것을 구체적인 글로 구성하여 표현하는 고차원적인 지적 활동이다. 자신만의 아이디어를 생각해내고 구성하여 자신의 글로 표현하는 이 힘든 과정을 통해 스스로 상당한 성취감과 자신감을 느낄 수 있고, 이러한 글쓰기의 훈련 과정이 젊은 시절의 성장과 발전의 단단한 토대가 된다.

대학에서의 비윤리적인 글쓰기는 자신을 속이고 다른 사람들에게 피해를 주는 행위이며, 이를 가볍게 생각하는 것부터가 자신을 합리화하고 심각하게 기만하는 것이다. 그러므로 다른 사람의 생각이나 글을 가져와 사용하는 경우 반드시 명확한 출처를 밝혀서 자신이 아닌 다른 사람의 것임을 알려야만 한다. 대학에서의 정직한 글쓰기는 자신의 양심을 지키고, 정의롭고 공정한 사회를 만드는 실천의 과정이다. 그러므로 정직한 글쓰기를 소중한 경험으로 축적하는 꾸준한 훈련이 필요하다.

2장

논문이란 무엇인가

1. 논문의 개념과 의미

논문이란 연구자가 특정한 주제에 관한 자신의 의견이나 주장을 조사, 탐구, 연구, 실험 등을 통해서 체계화하고, 학문적 연구의 결과를 일정한 형식과 논리적인 과정에 맞추어 독창적으로 작성한 글을 말한다. 무엇보다도 다른 연구자들이 연구한 주제를 바탕으로 자신만의 독창적인 것을 발견해 논문에 담아낼 수 있어야 하며, 그 연구과정이나 연구결과가 구체적·창의적이고 검증 가능해서 효용성을 가지는 내용이어야 한다.

논문을 쓰는 이유에는 여러 가지가 있지만, 무엇보다도 학부생이나 대학원생들이 특정 학위를 취득하려는 이유인 경우가 많다. 물론 실용적인 측면에서 학생의 취업 준비와도 직접적으로 연결된다. 즉 논문은 자신의 생각이나 방법론적·분석적 의사소통 기술을 보여줌으로써 지원하고자 하는 자리나 교수직·연구직으로 진출할 수 있게 하는 중요한 자료가 될 수 있다. 수년 동안 연구를 진행하면서 얻은 풍부한 데이터는 물론, 연구가 게재된 학술논문은 더 높은 단계로 뛰어오를 수 있게 하는 시작점이 되고, 전문직으로의 전환을 위한 기회가 되어줄 것이다.

또 다른 이유들은 좀 더 순수하게 지적인 것이다. 연구는 개념적이고 방법론적이며 실용적인 문제를 생각하고 풀어나갈 많은 도전과 기회를 제공한다. 따라서 연구를 수행하는 것은 연구자의 호기심을 끌어내는 심리적인 방법이자, 나아가 다른 현상에 대해 더 많은 것을 찾아내는 방법이다. 또한 논문을 완성해가는 과정에서 데이터가 어떻게 축적되어가는지를 볼 수 있고, 복잡하고 도전적인 일을 자신의 것으로 만들어감으로써 개인적인 만족감도 얻을 수 있다.

그리고 논문 작성 경험은 졸업 후 사회에 나가 보고서를 작성하는 데에도 도움을 준다. 논문은 대학이나 사회에서 요구하는 글쓰기에 응용할 수 있는 대표적인 형식이다. 그러한 글쓰기에서 반드시 요구되는 것이 주제에 관한 자료의 검색, 수집, 정리이고, 더 나아가 그 주제에 대한 글쓴이의 고유한 주장을 설득력 있게 제시하는 것이기 때문이다.

결국 이러한 논문 작성 기술은 학생이 대학 생활을 잘 해내고 경쟁력을 갖추어 사회로 진출하기 위해서 반드시 필요하다. 더 나아가 논문을 쓰는 과정은 세상과 소통하면서 살아가는 열린 자세를 갖추어가는 과정이기도 하다. 논문을 작성하려면 기존의 다양한 자료들을 살펴봐야 하는데, 이는 다른 연구자들의 다양한 해석을 자신의 해석에 더한 새로운 관점을 갖도록 해주기 때문이다. 이처럼 선행연구에서 받아들일 것은 받아들이고 비판할 것은 비판하면서 연구주제에 대한 자신만의 해석을 새롭게 만들어내는 것이 논문이다. 그리고 이러한 과정을 통해 다른 사람들의 생각을 존중하면서 자신의 생각을 정확히 전달하고 소통하려는 자세와 태도를 기를 수 있다.

그러므로 이 시점에서 스스로 논문 작성에 대해 어떠한 관점을 지니고 있는지 한번 생각해볼 시간을 가져야 한다. 단순히 학위를 따기 위해서 골치 아픈 길로 뛰어든 것인지, 그 이상의 것을 얻기 위한 가장 쉽고 빠른 방법을 찾고 있는 것인지, 연구를 하면서 유용한 기술을 얻기 위한 과정 속에 있는 것인지, 아니면 졸업 후에 계획하고 있는 일과 연관성이 있어서 하는 것인지, 예를 들어 앞으로 취업할 분야에서 논문 작성이 지식의 습득과 진보를 위한 기회가 되고, 연구 프로그램을 개발하는 데 있어서 핵심적인 부분이라고 보기 때문인지 등이다.

앞으로 진행하려는 주된 연구에 대해 스스로 생각하는 방식은 그것을 통해 배울 수 있는 것 그리고 연구를 수행하면서 얻게 되는 즐거움, 용이함, 속도에 영향을 줄 것이다. 그러므로 연구를 하는 과정이나 학문의 특정 부분에 호기심이 많을수록 좋다. 그렇게 되면 시작부터 끝까지 연구에 집중할 수 있는 저력을 가질 수 있다. 더 나아가 그 길을 따라가는 데 있어서 즐거움까지 얻게 될 것이다.

연구를 한다는 것은 궁극적으로는 학습 경험이다. 논문을 잘 쓰기 위해서는 이러한 학습 경험을 도전과 성장의 도약대로 삼아 연구의 긍정적인 면에 집중해야 한다. 그러한 자세를 갖고 논문 작성에 임하면, 재미를 느끼는 수준까지는 아닐지라도 논문 작성이 성취감과 만족감의 경험으로 다가올 것이다.

이러한 논문의 일정한 형식은 목차, 연구의 서론, 본론, 결론, 글자의 크기나 간격, 들여쓰기와 같은 문단 형식, 인용 방식, 각주와 미주, 참고문헌, 그림과 표, 부록과 같은 것으로 구성된다. 그리고 논문의 논리적인 과정이란 연구문제를 해결하기 위한 기승전결의 전개 과정으로, 연역적 방식, 귀납적 방식과 같은 논지 전개를 통해 상대방을 설득하는 방식이다. 따라서 논문을 체계적으로 작성한다는 것은 내용적 체계와 형식적 체계를 나누어 생각할 수 있다. 형식의 체계성은 전체적으로 논문이 갖추어야 할 형식으로서 제목, 초록, 목차, 서론, 본론, 결론, 참고문헌, 부록 등이 제대로 구성되었는지에 관한 것이다. 한편 내용의 체계성은 논문의 내용이 서론부터 결론에 이르기까지 앞과 뒤가 자연스럽게 연결되어 물 흐르듯이 이해할 수 있게 전개되었는지를 의미한다.

2. 논문의 요건

대학에서 쓰는 논문은 학문적 글쓰기가 되어야 한다. 학문 분야의 특성에 따라 논문의 구체적인 형식이나 표현하는 방식에 차이가 있을 수는 있지만 논문이 갖추어야 할 근본적인 요건은 다를 수 없다. 그렇다면 학문적인 글인 논문이 갖추어야 할 요건은 무엇인가?

독창성

논문은 독창적이어야 한다. 그 누구도 제기하지 않은 연구자의 새로운 생각과 주장을 담은 글이어야 한다는 것이다. 물론 그것은 조사와 연구를 통해서 체계적으로 작성된 것이기도 해야 한다. 독창성이나 창의성이 없는 논문, 즉 다른 연구자들의 생각과 주장만을 수집해서 정리하고 분석한 것에 그치는 논문은 가치 있는 논문이 될 수 없다.

논문에는 이미 이루어진 연구의 결과나 알려진 사실, 주장과는 다른 새로운 것이 제시되어야만 한다. 연구대상에 관한 새로운 내용을 보태거나 새로운 결론을 내리거나, 혹은 연구문제의 해결을 위한 새로운 방법을 가지고 있어야 한다. 만약 이러한 조건이 충족되지 않으면 기존의 지식에 아무것도 더해지는 것이 없기 때문에 결과적으로는 기존의 지식을 답습한 것에 불과하게 된다.

그러므로 연구대상에 대해 기존의 연구결과와는 다른 결론을 도출해서 기존의 학설을 수정·보완하거나 완전히 새로운 시각을 갖는다면 훌륭한 논문이 될 수 있다. 그렇다고 새로운 결론만이 논문의 요건이 되는 것은 아니다. 기존의 연구결과를 확인시켜주는 새로운 연구결과를 찾아내거나 새로운 해결 방법을 찾아내는 경우에도 훌륭한 논문이 될 수 있다.

구체성

논문은 연구대상이 구체적이어야 한다. 현재 존재하고 있는 사물이나 사건이 연구의 대상이 되어야 하는 것은 당연하지만, 실제로 존재하지 않는 것도 연구의 대상이 될 수 있다. 지진이나 태풍과 같은 자연현상, 기업의 도산이나 살인 사건 등과 같은 사회현상은 구체적으로 존재하고 인지할 수 있는 것이기에 연구의 대상이 될 수 있을 것이다. 또한 인간의 관념 속에 존재하는 것이거나 과거에 존재했을 것으로 추정되는 것도 연구대상이 될 수 있다. 예를 들어 사랑, 행복, 불행, 신념과 같은 것, 혹은 과거에 존재했을 것으로 추정되는 공룡과 같은 것도 연구대상이 될 수 있다.

다만 존재를 인지할 수 있어야 하고, 다른 것과 구별되는 특징을 가지고 있어야 하며, 존재를 증명할 수 있어야 하는 기준점은 인간의 정신적이거나 관념적인 것에 대해서도 동일하다. 즉 연구대상이 되기 위해서는 '연구자나 다른 사람들이 인지할 수 있는가?', '여타의 대상과 다른 특성이나 차이가 있는가?', '실재하는가?', '존재 유무로 인해 달라지는 것들이나 차이가 있는가?' 등의 연구문제들을 증명할 수 있어야 한다.

검증 가능성

논문은 연구를 통해 주장하는 내용의 정당성이 검증 가능한 것이어야 한다. 아무리 독창적인 내용을 담고 있는 논문이라도 연구과정에서 제시한 새로운 내용이나 해결 방식, 결론 등이 옳은지 그른지를 검증할 수 있어야 한다. 기본적으로 연구자가 주장하고자 하는 내용이 타당함을 설득력 있게 뒷받침해줄 수 있는 논거에 기초하여 가설의 검증이 이루어져야 한다는 것이다.

예를 들어 공룡의 존재에 대한 연구논문을 작성하기 위해서는, 첫째, 공룡이 정말 존재했음을 보여주는 증거를 제시해야 한다. 공룡의 화석이나 뼛조각 등을 제시하면 직접적인 증거가 될 것이고, 공룡의 발자국은 간접적인 증거가 될 것이다. 둘째, 이러한 증거물이 어디에 어떻게 존재하고 있는지를 확인할 수 있는 방법이나 절차 등에 대해 설명할 수 있어야 한다. 셋째, 그 외 증거물의 존재 가능성과 존재 양상 또는 이것을 찾을 수 있는 방법을 제시할 수 있어야 한다. 공룡에 대해 현존하는 증거물의 일부를 제시했다면 아직 발견하지 못한 공룡에 대한 증거가 어떠한 조건에서 어떻게 존재할 수 있을 것인가에 대한 가설이 있어야 한다. 넷째, 이러한 가설에 대한 다른 가능성도 분명히 제시해야 한다. 예를 들어 다른 지역에서 발견하게 된 화석이나 뼈가 공룡이 아닌 다른 생명체의 뼈일 가능성이 있다면 이에 대해 언급해야 할 것이다. 다섯째, 자신의 증거물이 다른 식으로 해석될 수 있는 소지가 있다면 이것도 분명히 명시해주어야 한다. 예를 들어 공룡의 존재에 대해 공룡 발자국을 증거로 제시하는 경우, 해당 지역의 암석에 대한 충분한 연구가 필요하며, 암석의 성분이 오랜 기간 자연 작용으로 형성된 것일 수 있음을 명시해야 한다. 이러한 논거를 갖고 연구를 진행함으로써 이후 공룡에 대해 다른 사람들이 계속 연구할 수도 있고, 연구과정에서 나온 정보나 발견, 혹은 결론에 대한 정당성을 스스로 검증해볼 수도 있다.

논리성

논문은 체계적이고 논리적이어야 한다. 연구주제에 대해 단편적인 글을 제시하는 것이 아닌, 많은 선행연구를 조사하고 연구하여 논문 작성자의 생각을 설득력 있게 제시해야 한다. 그래서 연구주제에 관해 다른 어떤 글보다 체계적인 동시에 논리적으로 논문을 작성할 수 있어야 한다. 서론-본론-결론, 혹은 기승전결을 통해 자신의 주장을 일관된 논리를 갖고 전개해나가야 한다. 한쪽으로 치중하거나 주관적인 사고에 빠져서 자신의 생각을 즉흥적·비논리적으로 풀어나가는 글은 아무리 좋은 내용을 담고 있어도 좋은 논문이 될 수 없다.

효용성

논문은 유용한 것이어야 한다. 연구의 결과로 제시된 새로운 정보가 그 학문 분야나 인접 학문 분야에서 잘 활용될 수 있는 의미를 지녀야 한다. 연구는 어떤 주제로든 할 수 있지만, 과연 그 연구가 정말 필요한 것인가는 또 다른 문제이다. 논문은 논문 작성자가 그냥 하고 싶은 연구를 해서 내놓은 결과물이 아니다. 선행연구를 바탕으로 연구의 필요성을 끌어내는 작업이 선행되어야만 한다. 그렇게 해야만 연구결과가 해당 주제의 연구에 유용한 자료로 남게 된다. 새로운 연구방법을 개발하는 경우 혹은 기존의 이론을 변화시키는 경우에도 방법론 자체와 결론에 대한 논쟁으로 이어질 수 있으므로 유용하다. 또한 다른 연구방법으로 기존의 이론과 동일한 결과를 확인하게 되는 경우 역시 기존의 방법과 결론이 정당하다는 것을 다른 방법으로 확인시켜주기 때문에 유용할 수 있다.

3. 논문의 유형

논문은 연구주제에 관해 일관된 생각을 가지고, 그 주장을 뒷받침할 수 있는 자료와 함께 자기주장의 정당성을 증명해야 한다. 그리고 자기주장을 정확하게 전달하기 위해서는 자신의 생각을 글로 잘 정리해서 명확히 표현해야 한다. 더 나아가 그 의미가 다른 사람들이 읽었을 때 쉽게 잘 전달되어 자신의 주장을 받아들일 수 있게 작성해야 한다. 논문의 유형에는 여러 가지가 있다. 가장 대표적인 것이 학위논문과 학술논문이고, 이외에 대학생이 주로 쓰는 학기논고나 소논문, 졸업논문 등이 있다.

학위논문

학위논문은 석사학위나 박사학위를 받기 위해, 자격을 갖춘 사람이 정해진 절차를 거쳐 작성하고 제출한 논문이다. 학칙과 내규에 따라 소정의 학점을 이수하고, 외국어시험과 종합시험에 합격한 사람이 논문 중간 발표와 최종 발표를 거쳐 학위청구논문을 제출하게 된다. 기본적으로 논문을 지도하는 지도교수의 영향을 많이 받아서 작성된다는 점, 그리고 원고의 분량이 많다는 점에서 학술논문과 차이가 있다. 학위청구논문은 심사위원들의 심사와 수정을 거쳐 학위논문으로 제출되는데, 학위논문 양식과 체제는 대학별로 약간씩 차이가 있다.

학위논문은 연구주제가 사실이라는 믿음을 갖게 하는 타당한 이유와 주장을 제시해야만 한다. 주장하는 바를 거부하기보다는 수용할 수 있게 하는 근거를 제시하며 논쟁해야 하고, 논문의 진실성에 대한 의심에 타당한 이유를 대며 편견 없는 명확한 사고를 보여주어야 한다. 온라인 어원 사전인 'Online Etymology Dictionary(https://www.etymonline.com)'에서 학위논문(thesis)의 어원을 찾아보면 고대 그리스어의 '제안하다(propose)', '특정 입장에 서다(stand)' 또는 '자리나 위치(position)'를 의미하는 개념에서 왔다고 나온다. 즉 학위논문은 하나의 주제에 대한 연구자의 지지 입장 및 자리를 보여주는 것이다. 그래서 일반적으로 학위논문은 연구의 시작 부분에서 자신의 생각을 서술하고 나머지 부분에서 그러한 입장이 왜 옳고 타당한 것인지를 밝혀야 한다. 그러므로 학위논문 작성의 주된 목적은 중요한 주제에 관하여 독립적인 연구를 한 자신의 능력을 입증하고, 해당 학문 분야에서 자신의 연구가 월등함을 보여주는 것이다. 학위논문 작성 과정은 연구설계나 통계 등의 원칙을 적용하는 능력, 그리고 연구의 기술적 측면을 시험하며 드러나는 연구자로서의 탁월함을 확인하게 해준다. 나아가 이러한 과정의 결과물인 논문은 모든 지식의 새롭고 뚜렷한 공헌으로 남게 된다.

학술논문

학술논문은 학자들이 자기 분야의 연구성과를 전문 학술지에 게재하기 위해 쓴 논문이다. 학술지에 공개적으로 연구결과를 발표하기 위해 작성하는 것으로, 특정한 연구문제를 해결하거나 일반적인 원리를 찾으려는 목적을 지닌다. 그렇기 때문에 연구분야와 주제, 전문 학술지의 특성에 따라서 그 규모와 성격이 조금씩 다르다. 학술논문이 제대로 성립하기 위해서는 새로운 사실, 새로운 방법, 새로운 결론 중 어느 하나를 갖추어야 한다. 양적 또는 질적 연구방법론에 의거해 새로운 결론을 도출하고자 한다는 점에서 학생들이 주로 작성하는 학기논고와 다르며, 기존의 지식을 비판하는 수준을 넘어 새로운 지식을 전달해야 한다는 점에서 학위논문과 공통점을 갖는다. 그러므로 논문의 기본 요건을 갖추고 작성되어 전문 학술지에 투고되며, 이후 학술지에 게재되기 위해서 엄격한 심사 절차를 거쳐야 한다.

소논문

소논문이나 학기논고는 대학원생이나 학부생이 작성하는 것으로, 본격적인 학술논문은 아니지만 논문의 격식과 내용을 어느 정도 갖춘 논문이다. 일상생활에서 사람들은 자주 자신의 생각을 표현하고, 신문이나 잡지에서 수집한 정보를 통해 자기 자신의 목소리를 내며 다른 사람의 관점을 비판한다. 하지만 하나의 주제에 대해 완전하게 자신의 생각을 개발하는 데에는 많은 시간을 들이지 않는다.

소논문을 작성한다는 것은 깊이 있는 방식으로 하나의 주제에 대한 자신의 생각을 개발하는 데 좋은 방법이다. 이를 통해 자신의 생각을 미리 또 다시 생각해보는 노력을 하게 된다. 최대한 좋은 방법으로 최선의 생각을 하고 표현하며 잘못된 어휘를 다시 작성해볼 수 있다. 얼마나 잘하고 있는지는 끝내기 전까지는 알 수 없다. 그 결과는 자부심을 가질 수 있는 것이어야만 하고, 분명한 사고와 좋은 언어 능력이 반영되어 있는 것이어야 한다. 소논문의 결과는 하나의 주제에 대한 자신의 판단을 보여주는 인쇄본의 형태로 산출되어야 한다. 그러므로 소논문을 작성하는 것은 학생의 능력을 시험하는 방법 중 하나이며, 학생 자신의 생각을 표현하는 기회이다.

일반적으로 학생이 쓰는 소논문이나 학기논고는 담당 교수가 교과목 강의 내용과 관련해 부과한 주제로 작성하기도 하고, 과제에 대한 자발적인 연구를 통해 학생이 담당 교수에게 제출할 목적으로 작성하기도 한다. 혹은 드물게 학생이 학생 중심의 연구회나 학보에 싣기 위해 자발적으로 공부해서 작성할 수도 있다. 어느 경우이든 학생은 자료의 수집과 정리, 평가, 분석 및 해석, 이에 대한 논리적인 종합 등을 스스로의 힘으로 해내야 한다. 그 과정에서 때로는 시행착오를 겪기도 하고, 논리적인 오류를 범할 수도 있겠지만, 학생 스스로의 힘으로 작성한다는 것 자체에 큰 의의가 있다.

대학교에서 교수가 학기논고를 부과하는 일차적인 목적은 강의 내용을 충실히 소화했는지, 공부한 내용을 토대로 얼마나 창의적인 생각을 하고 표현할 수 있는지 등을 확인하기 위한 것이다. 부차적으로는 논문을 작성하는 방법에 익숙하지 않고 학문적으로도 성숙하지 못한 학생들에게 학습방법과 연구방법을 습득하게 함으로써 논문 쓰는 요령과 형식을 습득하게 하려는 것이 소논문을 부과하는 목적이 될 것이다.

그러므로 학생이 학기논고나 소논문을 작성할 때는 최대한 일반 논문의 형식과 체제를 따르면서, 문제제기 및 이에 대한 해결 과정에 중점을 두고 작성하는 것이 필요하다. 소논문은 학술논문에 비해 내용의 깊이나 체계성이 떨어지고 분량도 적다. 하지만 논문의 일반적인 형식을 모두 갖추어야 하며, 주제에 대한 논문 작성자의 창의적이고도 설득력 있는 주장 및 논리적인 해석이나 결론을 담고 있어야 한다.

졸업논문

졸업논문은 대학 생활을 통해 이룩한 학문적인 성장을 총결산하는 보고서라고 할 수 있다. 학과나 대학의 성격에 따라 졸업논문을 요구하지 않고 졸업시험 혹은 전공실습으로 대체하는 경우도 있겠지만, 인문·사회계는 대체로 졸업논문을 대학 졸업 자격의 하나로 간주하는 경우가 많다. 대학에서의 졸업논문은 대학생들이 가지고 있는 능력의 한계를 고려해, 학술논문과 같은 독창성과 논리성을 강력히 요구하지는 않는다. 그러나 학생의 입장에서는 대학 생활을 총결산하는 의미가 있으므로, 다른 사람에게 대신 써달라고 한다거나 다른 사람의 논문을 베끼는 행위를 해서는 안 된다.

졸업논문 지도교수 역시 학생의 주제 선정, 자료 정리, 개요 작성, 집필 등 논문 작성의 전 과정에 관여하고 지도해야 한다. 학생의 입장에서는 논문 작성의 시작부터 끝까지 모든 과정을 지도교수와 상의할 필요가 있다. 즉 주제 선정 방법, 논문 작성 방법, 문제해결 방법, 구체적인 집필 방법 등 모든 내용에서 지도교수와 상의하며 작성하는 것이 필요하다. 이렇게 함으로써 좋은 졸업논문을 작성할 수 있을 뿐만 아니라, 지적으로도 한 단계 더 성장하는 계기가 될 수 있다.

4. 논문의 평가

논문을 평가하는 데에는 다양한 요소가 있을 수 있지만, 그중 공통적인 요소를 제시하면 다음과 같다.

① 주제: 주제가 지나치게 광범위해서 전체를 다뤄서는 안 되며, 반대로 연구 범주가 지나치게 좁아서도 안 된다.

② 관점: 자신의 주장을 내세울 때, 상당히 개방된 입장으로 보여야 한다.

③ 균형: 정보나 증거를 제시할 때, 항상 그 문제에 대한 다른 관점을 논하면서 약해지기보다는 오히려 강해질 수 있는 위치를 유지해야 하고, 왜 그렇게 생각하는지를 이성적으로 설명할 수 있어야 한다.

④ 구성: 문장은 항상 연구자가 취하려는 바를 알리면서 시작되어야 하고, 논문의 주요 부분을 먼저 보여줌으로써 명확하고 자연스럽게 조직되어야 한다.

⑤ 독창성: 자기 자신만의 독창적인 아이디어가 담겨야 한다. 그리고 다른 사람의 글이나 생각을 가져올 때는 그 출처를 반드시 논문에 명시해야 한다.

⑥ 정확성: 정보를 제시하거나 다른 사람의 관점을 설명할 때는 잘못 제시하지 않도록 주의해야 한다. 단어 하나라도 잘못 사용하여 원문과 미묘한 차이를 만들어내면 원래의 뜻이 심각하게 훼손되거나 독자에게 완전히 잘못된 의미로 전달될 수 있다.

⑦ 언어의 사용: 올바른 문법과 철자법을 사용해야 하며, 구두점도 올바르게 사용해야 한다. 불필요하게 복잡하거나 애매한 어휘 및 문장을 피하고 파편적인 문장은 삭제해야 한다. 정확한 글로 조심스럽게 단어를 선정해야 하며, 계속 편집하면서 다시 작성해야 한다.

⑧ 명쾌함: 분명한 문장, 깔끔한 문단, 논리적인 사고의 흐름을 통해 핵심 용어를 정의할 필요가 있다.
⑨ 일관성: 급하게 작성하거나 무신경하게 준비된 논문은 그 안에서 하나의 논지가 지속되지 않고 주장이 상반되거나 충돌할 수 있다. 그러므로 충분한 시간을 갖고 세심하게 논문을 작성해야 한다.
⑩ 강력한 논쟁: 논문 안에서 하나의 관점을 주장할 때는 편견에 치우치지 않고 다른 사람들을 충분히 설득할 수 있는 분명한 이유를 갖고 주장해야 한다.
⑪ 연구다움: 항상 신뢰할 수 있는 정보원을 논문에 사용해야 하며 주장하는 바를 정당화할 수 있는 충분한 연구 정보를 사용해야 한다. 그래서 연구는 주제에 적합하고 철저하게 진행되어야 한다.
⑫ 체재: 특정한 참고문헌 양식을 사용하고, 구체적인 논문 작성 형식을 처음부터 끝까지 따라야 한다.
⑬ 깔끔함: 논문은 반드시 보기 좋고 깨끗하게 작성해서 쉽게 읽을 수 있게 해야 한다.

이와 같은 평가 요소 개개의 중요도는 지도교수와 연구주제에 따라서 매우 다를 수 있다. 그렇지만 이 요소들 중 어느 하나라도 부족하면 나머지에서 평가를 잘 받는다 한들 심사에 쉽게 통과하지 못할 수 있으므로, 논문 작성을 시작하기 전에 이러한 평가 요소를 염두에 두고 준비해야 할 것이다.

3장

논문 작성 준비

1. 연구와 논문 작성 계획

연구는 인간의 지식 탐구 활동으로, 새롭게 알게 된 지식 혹은 이미 존재하던 지식의 발견, 해석, 정정, 재확인 등에 초점을 맞추고 이루어지는 체계적인 조사를 일컫는다. 그러므로 연구과정은 연구문제나 연구질문을 설정하고, 유사한 연구질문을 이미 제기한 다른 연구자들이 있는지 관련 자료를 조사한 후 선행연구를 검토하는 것에서 시작한다. 비슷한 연구문제에 대한 연구결과가 이미 있다면 새로운 연구문제를 설정해야 하고, 아직 연구결과가 나오지 않아서 연구가 가능하다면 가설을 설정한 후 연구대상과 연구방법을 설정해야 한다. 그리고 예상 가능한 이론적 가설을 세우고 이를 검증 가능한 가설인 경험적 가설로 바꿔야 한다. 검증에 필요한 데이터를 수집하고 해당 데이터를 분석한 뒤에는 분석 결과를 바탕으로 가설을 검증하거나 반증해서 새로운 결과를 제시해야 한다. 이러한 결과가 다른 영역에도 적용할 수 있는 모델로 구축된다면 연구성과의 가치가 커지며, 이를 연구의 의의로 밝히면서 연구의 한계와 함께 후속연구를 제안할 수 있다.

루데스탐과 뉴튼(Rudestam & Newton, 2015)은 이러한 연구과정을 연구의 수레바퀴(research wheel)라고 하면서, 수레바퀴가 계속 돌아가며 앞으로 나아가듯이 연구도 반복적으로 순환·발전하는 과정이라고 보았다. 그리고 이러한 연구과정에서 필요한 기술은 집중력과 문제해결 능력, 의사소통 능력이라고 했다. 이러한 능력들이 있어야 개념과 아이디어를 연구하고 이론을 정리하는 데 있어서 논리적으로 사고하고 체계적으로 연구를 기획할 수 있으며, 데이터를 수집하고 분석하여 실제 적용하는 데까지 나아갈 수 있다고 본 것이다. 그리고 이러한 연구과정의 전체 흐름을 연구자가 일정한 형식에 맞추어 일관성 있게 체계화하고 해당 분야 전문가들의 심사와 동의를 받으면 이를 학술논문이라고 일컫는다.

1) 논문 작성 준비와 점검

논문을 쓰기로 결심하는 것은 쉽지 않아서 알게 모르게 시간을 흘려보내게 될 수 있다. 대부분의 학생이 아직 준비가 되지 않았다고 자책하면서 자꾸만 다음으로 미루게 된다. 그러나 더는 논문을 미루면 안 된다고, 지금이 시작할 때라고 알려주는 사람은 어디에도 없다. 그러다가 논문을 쓸 수 있는 수년의 시간이 지나가버리고 논문 학기를 한 학기나 두 학기 정도 남기고 나서야 더 이상 미루면 안 되겠다는 불안감과 함께 다급한 마음을 갖게 된다.

논문 작성을 시작해야 하는 시점이 정해져 있지는 않다. 이에 관한 첫 번째 조언은 '당장 시작하라'이다. 논문 작성 기한이 언제까지이든 오늘이나 내일 논문을 작성하기 위한 준비를 시작해야 한다는 것이다. 너무 할 일이 많아서 당장 시작할 수 없는 상황일지라도 논문을 쓰기 위한 어떠한 준비든 일단 시작한다면 그 자체로 마음이 편해질 것이다. 또한 논문에 대해 다시 생각해볼 수 있고 논문 작성의 시간을 계획해볼 수도 있을 것이다. 지금 시작조차 하지 않는다면 너무 늦게 시작하게 되거나 논문의 질이 부실해지는 결과를 초래할 수 있다. 그렇다면 어떻게 시작할 것인가? 이것은 어떤 연구주제에 관해 언제까지 작성할 것인지, 그 연구주제에 관해 얼마나 잘 이해하고 있는지에 달렸다. 결국 최고의 논문 준비 작업을 함으로써 행운을 가져올 수 있다는 마음가짐으로 논문 작성에 임해야 하며 그러기 위해서는 무엇보다도 당장 시작해야 한다는 것을 다시 한 번 강조할 수밖에 없다.

그럼에도 스스로 논문 작성을 할 충분한 준비가 되어 있는지 판단해볼 필요는 있다. 논문을 쓰겠다는 결심과 올바른 마음가짐은 논문 작성의 시작과 과정에 있어서 매우 중요하지만 또 다른 준비도 필요하다. 벨과 포스터, 콘(Bell, Foster, & Cone, 2020)은 연구 준비 점검표(research readiness checklist)를 통해 논문 작성 준비 시 확인해야 하는 사항을 세 가지로 제시하고 있다. 첫째, 글을 얼마나 잘 쓰는가, 둘째, 논문 작성에 필요한 연구방법론적인 준비가 되었는가, 셋째, 논문을 쓸 수 있는 환경이 준비되었는가이다. 이 점검표는 경험적으로 명확하게 검증된 것이 아니고 복잡한 연구과제를 성공적으로 진행하기 위한 준비 방법을 알려주는 것도 아니지만, 논문 작성의 여정을 순탄하게 하기 위해 필요한 준비 유형을 점검할 수 있게 해준다. 적시에 연구를 효율적으로 완성하는 데 필요한 기술과 정보원을 분석할 수 있게 해주는 것이다.

준비가 안 되었다는 것이 논문 완성의 실패를 의미하는 것은 아니므로, 준비가 안 된 부분을 확인했다고 해서 불안감을 가질 필요는 없다. 다만 준비된 것이 많으면, 예를 들어 통계, 연구설계, 과학적 글쓰기에 대해 잘 알고 있으면 대학원에서 논문 작성을 상당히 일찍 시작할 수 있다. 그렇다고 모든 준비가 완료된 것으로 점검되었다고 해서 논문 작성이 반드시 문제없이 진행될 수 있는 것은 아니다. 반대의 경우도 마찬가지이다. 준비가 안 된 부분이 있다면 그에 대한 계획을 진행하는 데 있어서 잠재적인 문제를 알려주고 이를 피할 수 있게 함으로써 잘 준비할 수 있게 도와주는 것으로 사용하면 된다. 개선이 필요한 부분이 무엇인지 알게 되는 것을 부끄럽게 생각할 필요는 없다. 논문 작성은 다양한 기술을 요구하는 복잡한 연구과정이다. 논문을 완성하기 위해 완벽할 필요는 없으며, 경험이 부족하고 덜 전문적인 영역에서 연구를 시작하는 것은 당연한 것이다. 사실상 연구속도는 평생 전문직으로 연구활동을 하면서 얼마든지 높여갈 수 있다. 그러므로 논문 작성은 연구를 배우면서 성장하는 기회로 삼으면 된다. 결국 학문적으로 자신이 가진 기술을 적용하고 부족한 부분을 채우고 끝까지 해나가면 되는 것이다.

글 쓰는 능력

글쓰기와 연구방법론에 대한 이해는 논문을 성공적으로 완성하는 데 필요한 가장 중요한 기술이다. 먼저 글쓰기에 대해 논하자면, 글을 효율적으로 정리하지 못해 글의 논리가 불분명하고 흐름이 명확하지 않다는 피드백을 받은 경우 연구를 진행하기 전에 글 쓰는 연습을 집중적으로 해야 한다. 스스로 글 쓰는 기술이 부족하다고 생각하면 연구를 진행하기 전에 글 쓰는 연습과 훈련을 심각하게 고민해야 한다. 글쓰기에서 조직화하는 기술은 자신이 생각하는 방법과 그 생각을 글의 형식 안에 집어넣는 방법을 분명히 보여주는 것이다. 명확한 사고는 분명한 글이 된다. 구조화에 실패하는 이유는 논리적인 형태 안에서 생각하는 데 문제가 있기 때문이다. 불행히도 이러한 기술을 습득할 수 있는 빠르고 쉬운 프로그램은 없다. 만약 전체적인 글을 잘 조직화하지 못한다는 생각이 들면 논문 작성을 잠시 미루고 자료의 조직화나 정리에 관한 개인 지도 혹은 특별 프로그램을 수강함으로써 보완할 수 있어야 한다.

학기논고나 시험에서 대부분의 글을 명확하고 논리적으로 작성한다고 해도 논문은 그 성격이 상당히 다르다. 엄청나게 깊이 있는 더 많은 정보를 길고 복잡하게 다루기 때문이다. 논문은 다수의 문헌 연구와 자기 자신의 특별한 연구에 대한 기술 및 그 결과를 보여주는 복합적인 검토를 통해, 연구자와 다른 독자들에게 투명하고 명확한 구조화를 전달할 수 있어야 한다. 또한 자신의 연구방법에 대한 명쾌한 기술 및 그 결과와 한계, 적용에 대한 깊이 있는 논의를 제공해야 한다.

목차를 작성하는 것은 생각을 조직화하고 연구가 그에 따라 진행되도록 만드는 확실한 과정이다. 이러한 기술을 개발하는 데 도움이 되는 글쓰기 수업, 워크숍, 개인 지도를 대학교에서 제공하는 경우, 그러한 강좌를 수강하는 것이 큰 도움이 된다. 그러나 이러한 수업도 학문 분야별로 다르다는 것을 알고 있어야 하며, 전공별로 해당 교수 혹은 과학적 글쓰기를 제공하는 학습 기회를 찾아봐야 한다.

글쓰기에서 문법적인 부분은 구조화보다 좀 더 특수한 성격을 지닌다. 문장 구조, 어휘 구조, 적절한 단어 사용, 철자 오류 문제에 취약하다면 논문을 쓰기 전에 해결할 수 있도록 심각하게 고려해야 한다. 논문의 편집 과정에서 일부 도움을 받을 수 있긴 하지만 심각한 문법적 결함은 사전에 교정되어야 한다. 문법적인 기술을 향상하기 위해서 할 수 있는 방법은 문법·맞춤법 교재로 공부하거나 관련 수업을 들어보는 것이다. 문법과 철자, 구두점 등에 대한 기본을 터득하게 되면 그다음 단계는 워드 프로세싱 프로그램에서 제공되는 맞춤법·문법 검사 도구를 이용해 확인해보는 것이다. 대부분의 프로그램은 맞춤법과 철자를 확인하는 기능을 갖고 있어서 자동으로 체크해준다.

지도교수가 학생이 준비한 논문을 검토하면서 일부 수정해줄 수도 있지만, 이 부분에 있어서는 광범위한 피드백을 받지 못할 것이다. 지도교수나 심사위원들이 순간적으로 그들의 머릿속에 있는 수천 가지의 규칙을 끌어내기는 힘들다. 설령 이러한 수준의 피드백을 제공할 수 있다고 하더라도 지도교수의 임무는 학생이 독립적으로 연구할 수 있도록 가르치는 데 있다. 따라서 글쓰기에 있어서 개선이 필요함을 지적하며 약간의 사례를 언급하는 수준으로 그칠 가능성이 크다. 그러므로 이러한 문제는 학생이 스스로 해결해야 하는데, 여기에 들어가는 시간과 노력이 줄어들수록 연구주제에 더 많은 시간과 에너지를 쏟을 수 있을 것이다.

글을 전문적으로 써야 한다는 것은 지나치게 공식적이고 특수한 용어나 긴 단어로 복잡한 문장을 만들어야 한다는 의미가 아니다. 글쓰기 기술을 증진시킬 수 있는 한 가지 방법은 해당 분야에서 가장 저명한 학술지의 논문을 읽고 그에 따라 직접 써보는 것이다. 정기적으로 발행하는 학술지의 최근호에서 연구하고자 하는 주제와 가장 유사한 연구 논문을 선정해서 글 쓰는 체재부터 꼼꼼히 검토해보면 저자가 논문을 조직화한 방식을 파악할 수 있다. 이때 논문 안에서 논리적인 방식으로 문장의 흐름과 순서를 어떻게 제시하고 있는지 파악할 수 있도록 논문의 구조, 순서, 흐름과 문장 구조를 따라 스스로 써보면 다른 저자들의 방식을 자신의 글에 적용해보는 것이 최선의 방식임을 알게 될 것이다.

각각의 장제 아래에 문장을 쓸 공간을 남겨두고 유사한 순서와 구조의 흐름을 사용해서 개요 안에 각각의 부분을 확장·지지하는 문장을 써보는 것도 효과가 있다. 뮐러와 오펜하이머(Mueller & Oppenheimer, 2014)는 타이핑이 작문 능력을 증진시키는 훈련의 효율성을 떨어뜨릴 수 있다고 했다. 그러므로 연필이나 볼펜, 종이를 사용해서 연구의 개요를 직접 손으로 써보는 것도 좋은 시도이다. 특히 지도교수가 잘 썼다고 추천하는 논문도 활용해, 몇 개의 논문을 가지고 연습하다 보면 자신의 글이 나아진 것을 실감할 수 있을 것이다.

연구방법론에 대한 이해

연구방법론의 기술은 연구방법과 데이터 분석의 준비에 있어 정확성 및 최신성을 기하는 것을 의미한다. 대부분의 전공에서 두 개 이상의 데이터 분석 수업을 수강하는 것이 성공적인 논문 작성의 요건이 될 것이다. 물론 이때 필요한 특수한 유형의 수업은 양적 연구, 질적 연구, 행동분석, 브레인 이미징 등과 같이 사용하려는 연구방법에 따라 다를 것이다. 현재 대학원 과정의 통계 수업에서 다루는 통계 개념과 도구에 능숙하지 않다면 이를 보충하는 단계가 필요하다. 대학원에서 통계 수업을 모두 들었지만 그 수업에서 다루지 않은 부분의 기술이 필요하다면 해당 수업을 찾아 청강하거나 자기주도학습형 유튜브 비디오를 들어볼 수 있다. 이러한 과정을 통해 자신에게 추가적인 데이터 분석 수업이나 워크숍이 필요한지를 파악해보는 것도 좋다.

많은 학생이 연구하는 데 있어 통계를 매우 도전적이고 위협적으로 느낀다. 통계학에서 좋은 성적을 받았어도 실제로 연구에 적용하고 해석할 때는 매우 당황스러울 수 있다. 따라서 적절한 지도를 통한 해결이 필요하다. 통계 분석 경험을 가진 심사위원들이 통계와 관련해서 전반적인 피드백을 해줄 수도 있고, 전공이나 기관에서 학생들에게 도움이 되는 통계 특강을 제공하기도 한다. 기본적인 통계 개념을 갖고 있다면 이러한 도움만으로 충분할 수 있지만, 그렇지 않다면 추가적인 통계 관련 교육이나 지도를 받아야 한다. 특히 자신만의 측정 척도를 만들어야 하는 연구를 계획하고 있다면 측정 이론을 수립하는 것이 매우 중요하다. 좋은 측정도구를 찾을 수 없는 연구주제를 계획하고 있다면 척도 개발이나 조사 설계 개념에 훨씬 더 능숙해야만 한다.

연구설계에 대한 수업도 들어야 한다. 이것은 내부적인 정당성뿐 아니라 외부적 정당성까지도 극대화하는 연구설계 방법을 이해하는 데 있어서 중요하다. 이러한 용어가 익숙하지 않다면 연구설계 원칙을 다시 공부할 필요가 있다. 연구용어로 말하는 법을 배우고 올바르게 얘기할 수 있게 된다는 것 또한 연구설계 수업이 필요한 이유이다. 용어의 올바른 사용은 다른 사람들의 연구는 물론 자신의 연구에서도 방법론을 논하는 데 있어 매우 중요하다. 연구계획서나 심사에서 잘못된 용어를 사용하는 것은 연구자가 무엇을 논하고 있는지 잘 모른다는 것을 심사위원들에게 알려주는 신호가 되고, 이 문제는 연구 전체에 심각한 흠집을 낼 수 있다.

출판된 논문이라고 해서 연구방법의 수준이 모두 동일하지는 않다. 좋은 연구를 하려면 문헌 연구에서 다른 사람들이 사용한 연구방법과 자신의 연구방법에 비평적일 필요가 있다. 이렇게 비평적으로 접근해보는 것이 자신의 연구방법을 보다 완벽하게 만든다. 대학원 수업에서 문헌을 비평적으로 읽고 평가해보는 경험은 연구에 있어 비평적 접근 기술을 키우고, 사고하는 능력을 예리하게 만드는 데 효과적이다. 논문 지도교수의 학회지 게재 논문을 읽어보는 것도 좋은 연습과 훈련이 될 수 있다.

대부분의 대학원 프로그램은 학생들이 연구를 효율적으로 할 수 있게 지원하는 컴퓨터 소프트웨어를 제공한다. 가장 많이 쓰는 것이 'SPSS', 'SAS', 'Mplus', 'R'과 같은 것으로, 이러한 도구를 이용할 수 있는지 알아보고 궁극적으로 생산할 데이터를 분석하는 데 어떻게 사용할 수 있는지 알아봐야 한다. 필요한 것이 무엇인지 알 수 없는 경우에는 현재 자신이 이용할 수 있는 것이 무엇인지 알아보고 익숙해져야 한다. 연구를 설계하고 난 다음에 구체적으로 파악하면 분석할 데이터의 유형을 알게 되고, 어떤 프로그램을 사용하는 게 도움이 될 것인지도 알게 될 것이다.

주변 환경과 지원

이러한 엄청난 작업을 하기 위한 물리적 공간은 어떻게 이루어져야 하는가? 상당 기간 작업이 진행되므로 작업 공간을 세밀하게 준비해야 한다. 일정 기간 지속적으로 다른 사람의 방해를 받지 않는 조용한 장소를 찾아야 한다. 가능하다면 논문을 작성하는 동안 문을 닫고 글을 써 내려갈 수 있는 개인 공간을 마련하는 것이 좋다. 많은 대학도서관이나 단과대학에서 연구를 위해 예약할 수 있는 개인 작업 공간을 제공해주고 있다. 철저히 통제 가능한 물리적 공간은 논문 작성 작업의 집중도를 높일 수 있게 해준다. 체중 조절을 해야 하는 경우 흰색 테이블보가 깔린 식탁에서만 식사를 하게 하고, 불면증이 있는 경우 침대에 누우면 잠만 자게 하는 것처럼 물리적 환경을 구조화하는 것이다. 그러므로 스스로 가장 글이 잘 써지는 시간과 공간을 찾는 것이 중요하다. 자신의 사고가 구조화, 논리, 창조, 집중을 포함하여 언제 가장 예리하게 작동하는지, 긴 시간을 쉬지 않고 하는 것이 나은지 아니면 짧게 자주 쉬면서 하는 게 나은지, 하나의 업무에 집중하는 게 나은지 아니면 약간 다른 업무를 중간에 하면서 논문을 작성하는 게 더 효과가 있는지 판단해봐야 한다.

또한 논문 작성에 방해가 되는 요인이 무엇인지 예상하는 것도 필요하다. 매일 같은 시간에 글을 쓰는 게 좋지만, 다른 사람들과 회의도 해야 하고 가족들이나 친구들과 함께 해야 하는 상황도 있다. 이러한 경우 지나친 일관성은 오히려 전체적으로 도움이 안 될 수 있으므로 시간을 유용하게 사용할 수 있어야 한다. 그리고 가족들이나 친구들, 주변인들로부터 논문 작성에 대해 지지를 받는다면 이러한 일관성을 꾸준히 유지할 가능성도 커진다. 논문을 계속 쓰는 동안 가족이나 소중한 사람들과 함께 필요한 것이 무엇인지 대면하고 현실적이 되어야 한다. 그들에게 헌신하고 그들과 특별한 시간을 보내고자 한다는 것을 그들이 안다면 논문 작성에 방해가 되지 않도록 도움을 주고 든든한 힘이 되어줄 것이다.

가능한 시간 내에 더 많은 일을 할 수 있는 것은 단순히 시간을 잘 관리한 덕분이라기보다 육체적 · 감정적 · 정신적 · 영적인 측면을 포괄하는 사람의 에너지가 더 큰 원인이 된다고 한다. 그러므로 논문 작성을 마치면 보상하는 방식도 필요하다. 심사위원들에게 프로포절 최종본을 제출하고 나서 가족이나 친구들과 함께 보내는 시간을 계획하는 것이다. 자신에게 중요한 사람들에게 이렇게 보상을 하는 경우, 그들은 논문을 작성하는 내내 적극적인 지지를 보내줄 것이다. 계획표에 미리 이러한 보상을 표시해둔다면 모두가 기대하게 될 것이고 스스로에게도 큰 동기부여가 될 것이다. 이런 방식으로 논문 작성의 각 단계가 끝날 때마다 어떻게 자축할 것인지, 또 자신과 다른 사람들을 위해 무엇을 준비할 것인지도 계획에 포함할 필요가 있다.

일부 학생들은 논문 학기에 있으면서 서로를 지지하는 논문 작성그룹을 함께 결성하기도 한다. 이들은 매주 하루씩 도서관에서 모여 함께 논문을 작성하거나, 집에서 독립적으로 논문을 작성하면서도 서로를 격려하며 좋은 아이디어를 온·오프라인에서 소통한다. 이러한 소통은 최종 학위논문 탈고라는 공통의 목표를 달성하기 위해 서로를 강화하는 것이다.

끝으로 논문 지도교수와 다른 교수들의 필수불가결한 지지를 받아야 할 것이다. 논문 심사위원회의 교수진에게 문제해결과 관련해서 도움을 받을 수 있는 능력을 갖춰야 한다. 정기적으로 논문 지도교수와 만나고 있다면 훌륭한 시작을 한 셈이지만, 연구의 모든 단계에서 지원을 받을 수 있는지도 확인해야 한다. 논문 지도교수에게 논문의 각 장을 작성하면서 정기적인 검토를 받아야 하고, 이러한 검토의 적시성은 매우 중요하다. 만약 지도교수가 제1장 '서론과 연구방법론'만 수개월에 걸쳐 검토한다면 이는 연구 진행에 심각한 지연을 가져올 수 있다. 그러므로 문제에 직면할 때마다 의논할 수 있는 충분한 시간을 가진 지도교수를 만날 수 있어야 한다. 2주에 한 번씩 각 장을 작성해 지도교수에게 제출하고, 1주나 10일 정도 검토할 시간을 주는 방식으로 진행하는 것이 가장 바람직하다. 하지만 연구와 논문 작성이 꼭 이처럼 순조롭게 진행되지는 않는다. 논문 지도 학생이 많은 지도교수는 많은 학생들의 논문을 검토하느라, 또 연구과제가 많거나 보직을 맡고 있는 교수는 늘 다른 업무를 처리하느라 바쁘다. 논문 지도는 지도교수의 많은 임무 중 하나이고, 한 사람의 논문만 특별히 봐줄 수는 없다. 물론 지도교수도 학생들의 논문을 빠르게 검토하려 애쓰겠지만 하루 24시간 매일 그렇게 하는 것은 가능하지 않으며, 그들에게도 일에서 벗어나 가족과의 시간이나 개인적인 시간을 갖는 것이 필요하고 휴식도 필요하다.

그럼에도 분석이 어렵거나 데이터 수집에 도움이 필요한 경우 등 연구가 제대로 진행되지 않는 상황에서는 지도교수에게 바로 연락해 의논할 수 있어야 한다. 논문 지도교수와 학생은 함께 작업을 하는 데 있어서 기대치를 맞추고, 학생이 독립적으로 논문을 작성할 수 있게 지도교수가 격려하며 지속적인 관심을 가져주어야 한다. 그러므로 논문 지도교수는 학생과 만나는 정기적인 일정을 미리 정해놓고 불가한 경우 조정하는 것이 바람직하다. 학생은 논문 지도교수가 자기에게 얼마나 독립성을 부여하고 어떻게 지지해줄 것인지 미리 파악해야 한다. 논문 지도교수에게 대부분의 작업을 맡기고 학생은 따라갈 것인지, 아니면 지도교수에게 약간의 지도만 받고 학생 자신이 주도할 것인지, 아니면 능숙한 스승의 지도 아래 연구능력을 키우고 배우는 도전을 할 것인지 등의 기대와 역할에 관해 논문 지도교수와 분명하고 직접적인 의사소통을 하는 것은 매우 중요하다.

이러한 기대치를 아는 것은 논문과 관련된 모든 사람들에게 논문 작성 과정을 덜 힘들게 만든다. 교수들이 이러한 정보를 제공할 수도 있고 제공하지 않을 수도 있으므로, 논문 계획 단계에서 직접적으로 이에 관해 의사소통할 수 있는 방법을 생각해봐야 한다. 이렇게 기대치를 정해놓는 것이 심사위원들의 전문성과 강점, 자원을 활용하는 데 도움이 될 수 있고, 나중에 문제가 발생하는 것을 방지할 수도 있다. 이러한 과정이 연구자가 경험하게 되는 시험 과정임을 명심하고, 교수들과의 관계를 어떻게 발전시켜야 하는지, 교수들로부터 논문 작성에 필요한 부분을 어떻게 구할 수 있는지 잘 파악하는 것이 논문 작성의 성공에 주요한 영향을 줄 것이다.

대인 관계 기술

연구를 하면서 다른 사람들과 좋은 관계를 유지하는 것도 중요하다. 대인 관계나 정치적인 기술은 함께 연구하는 핵심 당사자들과 효율적으로 상호작용하는 데 중요한 영향을 미친다. 논문 작성과 관련해서 가장 중요한 사람은 지도교수이다. 지도교수와 효율적으로 작업하는 데 필요한 대인관계 기술을 자신이 갖추고 있는지, 비판받은 부분을 수용해서 수없이 다시 작성하고 제출할 생각이 있는지, 과학적 논문을 작성하기 위해 필요한 수많은 수정 작업에 대한 각오가 되어 있는지 등을 자문해봐야 한다. 결국 논문은 쓰고, 삭제하고, 수정하고, 다시 쓰고, 또 수정하는 과정을 수도 없이 반복하는 작업을 통해 완성되기 때문이다.

그다음에 심사위원들과 좋은 관계를 유지하는 것도 중요하다. 각 위원과 그들의 역할 및 논문 주제에 관한 기대를 공유하는 것에서부터 시작해야 한다. 서로 일치하지 않는 지점에 대해 긍정적이고 건설적인 방식으로 심사위원들을 어떻게 설득하고 자신의 제안을 받아들이게 할 수 있는지, 수정을 위한 제안에 방어적으로만 반응할 것인지, 심사위원들 간의 관계는 어떠한지, 논문을 잘 검토해줄 심사위원들을 선정할 수 있는지, 심사에서 지적받은 문제점을 잘 파악하고 이를 효과적으로 다룰 수 있는지, 교외 기관의 도움이 필요한 경우 이러한 지원을 획득하고 유지할 수 있는 인적 자원을 갖고 있는지, 이러한 기관과 원활히 소통할 자신이 있는지 등의 다양한 관계를 조정하는 데 있어서 지도교수는 종종 핵심적인 역할을 한다. 만약 지도교수가 없다면 다른 사람들에게 소통 방식을 배우고, 교수들로부터 조언을 구하고 친구와 소통하면서 피드백을 받는 것은 논문 작성에 큰 도움이 될 것이다.

공식적·비공식적 규칙

대학원에는 전체 논문 과정을 아우르는 공식적인 규칙과 비공식적인 규칙이 있다. 논문의 최종 양식, 논문 심사비, 일정, 작성 체재 등은 공식적인 규칙을 지닌다. 예를 들면 심사를 받기 위해서 심사위원들에게 프로포절 검토 시간을 어느 정도로 제안해야 하는지, 이러한 시간이 어느 정도 정해져 있는지 등이다. 논문 심사를 공개적으로 하는 전공의 경우 해당 전공 대학원생들이나 교수들이 모두 참여하기도 하고, 비공개로 진행하는 전공도 있다. 어떤 경우든 충분한 시간적 여유를 갖고 심사 일정, 즉 시간, 장소와 함께 최소 2주 전에는 알려야 한다. 이러한 공식적인 일정이나 규정은 일찍 파악해야 하며, 전공이나 대학원에서 관련 자료를 받거나 온라인에서 찾아서 궁금한 사항은 명확히 물어봐야 한다.

그리고 비공식적인 규칙도 있다. 지도교수나 외부 심사위원, 교내 심사위원은 어떻게 선정하는 것이 좋을지, 지도교수를 논문 주제 선정 및 문헌 연구를 다 마치고 나서 만나야 하는 것인지 그 전에 만나야 하는 것인지, 다수의 교수들과 만나면서 특정 교수와 일해도 되는 것인지, A 교수가 제안한 논문 주제를 B 교수에게 가지고 가서 그 주제로 지도를 받아도 괜찮은 것인지, 지도교수에게 보이기 전에 논문이 어느 정도로 완전하고 상세하게 검토되어야 하는지, 프로포절 심사를 하는 데 피해야 하는 기간이 있는지, 논문을 쓰는 동안 지도교수가 연구년을 계획하고 있지는 않은지 등이다.

이러한 비공식적인 규칙은 미리미리 파악해야 하는데, 이와 관련된 정보는 논문 작성을 거의 마친 다른 대학원생에게 물어보면 대부분 파악할 수 있다. 그리고 전공 관련 규정에 대해서는 지도교수나 심사위원이 될 교수들에게 물어봐야 한다. 이러한 비공식적인 규칙들이 공식적인 것만큼 중요함에도 교수나 대학원 선배들은 누군가 물어보지 않으면 일일이 언급할 필요가 없다고 생각할 수도 있다.

비용과 자원

연구를 하는 데 있어서는 시간뿐 아니라 돈도 필요하다. 학생이 연구를 지속할 수 있도록 학교나 교수가 제공하는 재정적 지원은 매우 다양하다. 연구를 수행하는 데 들어가는 비용을 학생에게 전부 지원하는 경우도 있지만 전혀 지원하지 않는 경우도 있다. 전부 지원하는 경우는 지도교수가 대규모 연구과제를 수주하고 학생의 연구가 지원을 받는 해당 연구의 목적에 부합할 때이다. 어떤 경우든 학생은 논문이 끝날 때까지 들어갈 잠재적인 비용을 감안해야 한다. 데이터 수집을 완성해야 하는 경우에는 설문지 측정이나 동의서 수집에 들어가는 비용을 마련해야 한다. 논문을 준비하고 데이터를 분석하기 위한 컴퓨터와 인쇄비도 필요하다. 특수한 소프트웨어를 돌리기 위해 업그레이드가 필요할 수도 있으며 홍보나 우편, 장비, 소프트웨어, 저작권 있는 측정도구, 연구조교, 연구 참여자에 대한 대가 등 연구과제에 따라서 고려해야 할 추가 비용도 있을 것이다. 또한 출장 비용과 작업 공간 대여료 등의 연구 관련 비용들이 생길 수 있다. 학위논문 제작을 위한 비용이나 졸업 관련 비용도 부담해야 한다.

이러한 비용을 어떻게 감당할 것인지 따져보고 대학원에서 논문 작성과 관련해 지원하는 장학금이 있는지도 알아볼 필요가 있다. 다른 대학원생들이 비용을 어떻게 해결했는지 알면 아이디어를 얻을 수도 있다. 어떤 식으로든 재정적 지원을 받는 경우는 소수이지만 상황이 돼서 약간이라도 도움을 받을 수 있다면 그러한 기회를 활용하는 것이 좋다.

인지생태적 검토

모든 것이 쉽게 진행될 것이라고 생각하는 것은 비이성적이며, 실제로도 그렇게 되지 않는다. 그러므로 예상치 못한 변수에 대비해야 한다. 예를 들면 면담에 참여하기로 한 사람이 약속을 어길 수도 있고, 장비가 제대로 작동하지 않을 수도 있고, 데이터를 잃어버릴 수도 있고, 지도교수가 다른 대학으로 이직할 수도 있다. 이러한 상황에 준비가 되어 있는가? 만약 지도교수가 다른 대학으로 이직하는 경우와 같은 상황이 발생하면 지도교수를 변경하고 다른 연구주제로 전환해야 할 수도 있다. 자신의 연구가 그 분야에서 반드시 해야만 하는 절대적인 것이라고 생각하는 식의 야망을 가질 수도 있지만, 노벨 신드롬은 경계해야 한다. 즉 자신만이 해당 분야의 문헌을 완벽히 연구했다거나, 자신의 연구질문 및 가설이 가장 적절하다거나, 자신이 최고의 연구설계를 선택했다거나 하는 믿음을 완고하게 고집해서는 안 된다는 것이다. 모든 중요한 변수는 통제하기 어려우며, 하나만이 옳거나 최상인 연구 아이디어 혹은 프로젝트는 거의 없다. 지식은 증대되어가는 것이라서 단 하나만의 연구결과로 과학적 혁명이 이루어지는 경우는 매우 드물다. 결국 궁극적으로 자신의 선택사항과 장단점을 고려해 수많은 아이디어 중 하나를 수행해야 한다.

연구를 진행하며 떠오르는 생각들이 모여 방법론적인 완벽성에 대한 신화가 만들어진다. 모든 연구는 문제를 안고 있지만 과학적 연구 집단이 그 작업을 상세하게 진행할 때까지는 파악하기 힘들다. 이러한 문제들의 공통점은 내적·외적 정당성으로, 예를 들면 한쪽으로는 과학적 통제, 다른 한쪽으로는 혼돈되는 현실 세계로의 일반화이다. 자신의 연구가 다를 것이라고 기대하는 것은 간단히 말해서 현실적이지 않다. 그렇다고 연구를 하는 데 있어서 우수성이 아닌 다른 것을 더 높게 추구해야 한다는 것은 아니다. 다만 방법론적인 완벽함만을 고집하다가 이것을 달성하지 못하게 되면 미완성 연구로 끝날 수 있음을 깨달아야 한다. 그러므로 현실주의의 높은 기준과 완벽주의의 집착을 빨리 멈추게 하는 실용주의, 그리고 일단은 논문을 완성시키고 보자는 마음가짐 간의 적절한 균형을 유지하는 것이 중요하다.

2) 시간 관리와 계획표 작성

논문 작성을 계획할 때 중요한 또 하나의 요소는 시간을 효율적으로 관리하는 것이다. 시간 관리는 곧 순차적으로 이루어지는 사건의 발생을 관리하는 것이라고 할 수 있다. 따라서 시간을 효율적으로 이용한다는 것은 순차적인 일을 효과적인 방식으로 관리한다는 것이다. 그리고 일을 효과적으로 관리한다는 것은 원하는 결과, 즉 논문의 완성이라는 결과를 얻을 수 있게 일의 순서를 나열한다는 것을 의미한다.

목표를 갖고 시작하기

연구를 성공적으로 완성하기 위해서는 가장 중요하고 분명하며 즉각적인 목표에서 시작해야 한다. 상세하게 쓰인 목표는 언제까지, 무엇을 달성할 것인지가 분명하게 명시되어 있다. 따라서 최대한의 효율성을 이끌어내기 위해 측정할 수 있는 개념으로 목표를 명시해야만 한다. 즉 논문을 몇 년도 몇 월 며칠까지 완성하겠다고 목표를 정하는 것이다. 언제까지 어느 기관으로부터 연구 승인을 받겠다고 정하는 것도 구체적인 목표의 예가 된다. 이렇게 목표를 세우는 것에서 가장 어려운 부분은 '언제'를 결정하는 것이다. 이것은 대학원 학칙에도 정해져 있다. 예를 들면 석사학위 과정의 종합시험은 3학기 이상 등록하고 각 학위 과정의 수료학점을 모두 취득한 경우 혹은 취득하는 학기인 경우에 응시할 수 있다든지, 박사학위 과정의 논문 제출 연한은 입학년도로부터 11년 이내라는 것 등이다. 이처럼 시간에 대한 상세한 계획과 효율적인 사용은 특정한 일자에 논문을 반드시 마쳐야만 하는 경우에 더욱 중요하다.

단계별로 작성하고 소요 시간 예측하기

논문은 연구 프로젝트와 같이 연구 진행 흐름에 따라 수많은 단계들을 포함한다. 이때 반드시 거쳐야 하는 단계를 상세하게 파악하고 순서를 매김으로써 연구의 용이성과 관리 가능성을 높일 수 있다. 그렇다면 어떻게 그 단계들을 파악할 수 있는가?

우선 필요한 사항에 대해 자신이 아는 것을 작성해본다. 공식적인 규정이나 비공식적인 규정을 잘 모르는 경우에는 해당 규정을 찾아봐야 한다. 그럼으로써 자신이 해야 할 일을 상세하게 나열해보는 것이다. 예를 들면 참여자를 모집해야 하는 경우에는 "참여자를 모집할 공간이나 방법 확보", 자료의 복사본이 필요한 경우에는 "도서관에 복사본 ○부 요청"과 같이 쓰는 것이다.

연구에 있어서 중간 목표를 작성해보면 논문을 시작할 때 학생들에게 필요한 순차적인 단계별 목록을 완성할 수 있다. 많은 학생들이 이것을 가치가 있다고 생각하는데, 왜냐하면 중간 목표를 작성하는 것이 전체적으로 수행해야 할 것을 구체화해주고 실제로 논문 작성을 도와주기 때문이다. 일반적으로 작고 쉽게 달성할 수 있는 것들부터 시작할 것을 권하지만, 학생에 따라서 목록에 들어간 단계를 얼마나, 어떻게 선정하는지는 상당히 다양하다. 예를 들면 "프로포절 작성"처럼 커다란 덩어리를 쓰기도 하지만 "프로포절 개요 작성" 또는 "프로포절의 첫 번째 다섯 페이지 작성" 또는 "지도교수에게 1장 1절 제출"과 같이 쓰기도 한다.

단계별 목록의 순서를 매기는 방법에는 두 가지가 있다. 거꾸로 뒤에서부터 시작하는 방법과 앞에서 하나씩 나아가는 방법이다. 뒤에서부터 시작하는 방법은 작업의 마지막부터 거슬러 올라오는 것이다. 이것은 특정한 일자에 논문을 끝마쳐야 하는 경우 계획 단계에서 도움이 된다. 만약 특정한 일자에 논문을 마쳐야 하는 경우가 아니라면 좀 더 여유를 갖고 시작부터 종료 시점까지 모든 단계와 해당 일자를 써보는 것이 좋다. 전체 과정을 상세히 작성하기가 힘들면 대략적인 중간 목표를 우선 작성하고 나서 그 과정의 각 부분을 위한 단계를 개발한다.

목표 달성을 위한 시간을 배분하는 데 있어서 주의해야 할 점은, 첫째, 현실적이어야 한다. 대부분의 학생들이 연구의 목적을 연구질문으로 바꾸는 데 들어가는 시간의 양을 대체로 적게 할당한다. 학생들은 소요 시간을 계획하는 데 있어서 스스로 얼마나 빨리 완성할 수 있는지를 솔직하게 생각해야 한다. 둘째, 각 단계에서 다른 사람들, 예를 들어 지도교수, 심사위원들, 연구참여자들 등 각각에게 책정한 시간이 충분히 고려되어 있는지를 확실히 해야 한다. 만약 책정 시간과 단계의 순서에 자신이 없다면 다른 학생들에게 그들의 경험을 물어보고 지도교수에게도 확인해볼 필요가 있다.

계획 세우기

논문을 쓰기 위해서는 연구계획 혹은 논문 작성 계획을 짜야 한다. 연구계획은 논문의 주제와 제목을 정하는 일에서부터 출발한다. 자료 조사를 언제, 어디서, 어떻게 할 것인가 하는 문제를 포함하며, 서문을 작성하는 일과 논문의 목차 및 개요를 짜는 일도 포함한다. 아울러 어느 정도의 분량으로 언제까지 논문을 완성할 것인가 하는 문제도 포함한다. 계획을 세운다고 항상 계획대로 논문이 진행되는 것은 아니다. 하지만 계획 없이 논문을 작성하려고 하다 보면 계속해서 여기저기 방황하며 시간만 보내는 결과를 초래할 가능성이 크다. 그러므로 진행 가능한 시간표를 만들어 논문 작성을 실행해나가야 한다.

논문 작성 계획을 세우기 위해서는 우선 논문 작성의 과정에 따라 해야 할 세부 과업을 나누고, 논문의 목차에 따라 전체 논문을 세분해 각각의 기한을 정해놓아야 한다. 계획표를 작성하는 데 있어서는 학사 일정, 필요한 자료나 도구를 입수할 수 있는 상황, 설문조사나 심층면담 진행을 위한 소요 시간, 논문 프로포절 일시나 심사 일정 등을 최대한 고려해야 한다. 일정은 지나치게 촉박하게 잡지 말아야 하는데, 때로는 예측하지 못한 일들이 생길 수 있기 때문이다.

논문 작성 계획을 세울 때는 논문 최종 제출일로부터 거꾸로 계획해 보는 것이 도움이 된다. 심사 일정은 정해져 있는 편이므로 목차, 개요, 서론, 본론, 결론, 초안, 수정안, 최종안 등의 정해진 날짜를 잡아보는 것이 바람직하다. 스스로 작성, 편집, 수정 등의 과정까지 소요될 것으로 보이는 시간을 빠듯하지 않게 여유를 갖는 일정으로 할당해 계획을 세우도록 한다. 그리고 논문 주제 선정, 목차 설계, 작성을 위한 자료 수집 기한, 논문 초초안·초안·수정본·최종본 작성일과 논문 심사 시작일 및 종료일에 관한 목표 일자를 잡아야 한다.

계획대로 진행하다 보면 논문 작성에 있어서 원하는 만큼의 충분한 시간이 없음을 알게 될 것이다. 그럼에도 결국에는 논문 작성 일정표로 돌아가서 압박감을 느끼며 시간에 맞추려고 하는 것 외에는 선택지가 없다. 엄격한 시간적인 제약 아래에서 논문을 작성한다고 해도 일정 기간 안에 논문을 완성하게 만들 수 있는 일정표가 있다는 것은 안도감을 준다. 때로는 자신이 통제할 수 없는 상황으로 인해 일정이 연기될 수도 있다. 이러한 상황은 가능한 한 빨리 파악하고 대처해가는 것이 필요하다. 예를 들면 심층면담을 하기로 했던 사람들이 취소하는 경우이다. 그러므로 늘 추가 면담 대상자 명단을 예비로 확보해두는 것과 같은 준비가 필요하다.

그리고 깨끗하게 인쇄한 논문 작성 일정표는 매일 볼 수 있는 곳에 붙여놓고 각오를 다지는 것이 도움이 된다. 하루하루가 지나고 몇 주가 지나면서 각각의 일정에 해당하는 사항을 완수하게 되면 줄을 그으며 성취감을 느낄 수 있다. 만약 일정표대로 진행되고 있지 않은 경우에는 논문 작성 일정표를 다시 작성하고 어디에 문제가 있는지를 찾아내야 한다.

논문 작성 일정표는 시각적으로 표현하는 것이 유용할 수 있다. 간단한 갠트 차트(Gantt chart)부터 좀 더 복잡한 PERT(Program Evaluation and Review Technique) 분석까지 수많은 방식이 있다. 이러한 도구는 계획을 구조화하는 데 도움을 주는데, 갠트 차트는 일을 완수하기 위한 시각적인 시간 창이 포함된 업무의 목록을 보여준다. 갠트 차트로 온라인 검색을 하면 수많은 유튜브 비디오가 갠트 차트를 만드는 방법에 대해 다루고 있어서 참고할 수 있다.

1년 예정으로 논문을 작성하기 위한 갠트 차트의 예는 <표 3-1>과 같다. 이 차트의 왼쪽에는 작성을 완료해야 하는 논문 부분과 순서를 파

<표 3-1> 논문 작성을 위한 갠트 차트

논문 작성 항목	연간 계획(월)											
	1	2	3	4	5	6	7	8	9	10	11	12
1. 서론												
2. 논문 중간발표												
3. 본론: 연구의 이론적 배경												
4. 본론: 현황 분석(설문조사)												
5. 본론: 현황 분석(심층면담)												
6. 본론: 통계 분석(조사·면담 결과 분석)												
7. 본론 완성												
8. 결론												
9. 참고문헌 확인												
10. 초록(국문, 영문)												
11. 부록 및 표, 그림 검토												
12. 논문 전체 검토												
13. 논문 심사본 제출												
14. 논문 심사												
15. 최종 논문 수정·보완												

악할 수 있게 나열했다. 차트의 맨 위에는 계획된 단계별로 예정된 시간대(주간, 월간 등)대로 진행되는지 여부를 한눈에 볼 수 있게 해두었다. 그리고 옅은 색 음영 칸은 원래 계획, 검은색 칸은 실제로 진행된 것으로 표시할 수 있다. <표 3-1>에서 3월만 검게 되어 있는 것은 계획보다 두 달이 늦어졌다는 의미이다. 논문을 진행하면서 보다 세부적인 내용을 바탕으로 추가적인 진행 상황을 모니터링하기 위해 필요한 만큼 줄이나 행을 추가할 수도 있다. <표 3-1>은 석사학위논문 작성 기간을 가장 짧은 1년 예정으로 하는 경우, 하나의 사례를 보여주는 것이며, 논문의 주제에 따라서 작성 기간은 더 길어질 수 있다.

이러한 논문 작성 단계 및 연속적인 흐름을 시각적으로 표시하는 것은 계획의 완성을 인식하게 해주며 달성해야만 하는 단계의 상관성을 보여줌으로써 좀 더 논문 작성의 전 단계를 명확하게 해준다. 그리고 이러한 차트는 지도교수에게 무엇을 계획하고 있는지 정확하게 설명하는 데에도 도움이 되며 논문 작성자가 모든 것을 생각하고 있음을 보여준다. 이렇게 논문 계획표를 미리 작성한 학생들은 논문을 좀 더 일찍 마치고 덜 힘들게 논문 작성을 완수할 수 있다. 중요한 것은 논문 작성 계획표의 효과를 극대화하고 그것을 철저히 지키려고 해야 한다는 것이다.

그러므로 주어진 시간 안에 논문 완성에 필요한 각 단계를 미리 파악하고 계획하는 것은 가장 어려운 부분일 수 있다. 논문 계획표상 각 단계를 가능한 한 상세하게 많은 단계로 만드는 것이 유용하다. 가장 좋은 법칙은 월별로, 그 안에서 주별로, 더 상세하게는 매일 달성해야 하는 것으로 작게 세분해 만드는 것이다. 그리고 이러한 단계를 스마트폰의 일정표에 집어넣고 매일 달성해야 하는 계획을 확인하며 수행해가는 습관을 들이면 좋다. 또한 논문 작성을 위해서 자신이 얼마나 많은 시간을 투자하고 있는지를 기록할 필요가 있다. 여기서 핵심은 하나씩 완성해나가면서 논문 작성을 지속적으로 논문 작성표의 단계별로 진행하는 것이다. 그리고 이러한 논문 계획표를 자신과 다른 사람이 자주 볼 수 있는 확실한 장소에 붙여놓는 것도 논문 작성표대로 진행하게 만드는 데 효과적이다.

일단 일정표에 모든 단계를 집어넣고 나면 걱정하는 것을 멈추고 연간 계획표 또는 매일 해야 하는 목록에 쓰인 대로 각각의 작은 업무를 완성해나갈 수 있다. 학자들도 학술 서적을 집필할 때 '매주 5장씩'과 같이 작은 목표부터 계획·달성해가면서 초판을 완성한다. 계획에 집중하며 한 달에 한 챕터씩 써서 계획대로 완성하게 되는 것이다. '일주일에 5시간씩 쓴다'보다는 '일주일에 5장씩 쓴다'처럼 좀 더 구체적으로 목표를 설정하는 것이 효과적일 수 있다.

무엇을 언제 해야 할 것인지를 알고 그대로 수행하면 그 시간에 다른 일을 하며 느낄 죄책감으로부터 편해질 수 있다. 기억해야 하는 것은, 최종 목표는 논문이 진행되는 것이고, 계획표에서 철저함과 융통성의 균형을 잡아야 한다는 것이다. 즉 자신만의 필요와 스타일, 그리고 인생에서 자주 마주치게 되는 예상치 못한 변화구를 충족시키는 방법을 알아내는 것이 이 목표의 달성을 도울 것이다. 그러므로 이러한 계획표를 만들 때는 이것이 돌에 새긴 것이 아니라는 것, 즉 시간적·공간적인 상황에 따라 논문 작성을 시작하고 나서 계획을 변경할 수밖에 없을 수도 있고, 시간이 얼마나 소요될지를 아직 알지 못할 수도 있으며, 이러한 기술을 습득하면서 마감 시간을 변경해야 할 수도 있다는 융통성을 갖는 것이 필요하다.

그렇다면 일반적으로 논문 작성에 소요되는 시간은 어느 정도로 예상하는 것이 적절할까? 이와 관련하여 움베르토 에코(김운찬 역, 2006)는 3년 이상도 안 되고 6개월 이하도 안 된다고 했다. 그는 3년 안에 연구주제를 정하고 필요한 자료를 수집하지 못했다면 그 이유는 다음 중 하나라고 했다. 첫째, 자신의 능력을 넘어서는 논문 주제를 선택한 경우, 둘째, 모든 주제를 모두 연구하려는 무리한 시도를 한 경우, 즉 연구의 한계를 인정하고 그 안에서 무언가를 찾아내려고 하지 않은 경우, 셋째, 논문에 대한 방황으로 포기와 재기, 절망과 재시도를 반복하며 시간만 보내면서 결국 졸업하지 못하게 되는 경우라는 것이다. 또한 6개월 이하가 안 되는 이유는, 연구의 필요성을 끌어내기 위한 선행연구를 조사하고 분석·정리하는 것만으로도 6개월이 금세 지나가기 때문이라고 했다. 그러므로 논문 작성을 위한 시간은 최소한 1년에서 2년으로 생각하고 시간표를 작성하는 것이 바람직하다. 처음부터 2년으로 계획을 세우면 2년보다 시간이 더 걸릴 수 있으므로 1년 동안 논문 작성을 시도해보는 것으로 계획을 세워 진행하면서 계획을 조금씩 수정해나가는 것이 나을 수 있다. 논문을 완성하는 방식은 앞으로 나아가는 것이다. 계획을 세우는 데에는 많은 아이디어가 있을 수 있고, 논문을 완성하는 데에도 여러 개의 길이 있을 수 있다. 자신의 지식과 시간 관리 방식을 사용해 자신에게 가장 잘 맞는 것을 찾아야 한다.

2. 주제와 지도교수 정하기

1) 주제 설정의 과정

어떤 주제의 연구가 반드시 이루어져야 하는지 잘 알고 있다고 해도 연구는 어려울 수 있다. 그러므로 명확하지 않은 연구주제를 설정해서는 좋은 논문이 나오기 힘들다. 무엇에 관해 글을 쓸 것인지, 논문을 통해 무엇을 연구하고 어떤 주장을 펼칠 것인지를 정하지 않고 논문을 시작할 수는 없다. 하지만 논문의 주제를 처음 정하는 단계에서 새로운 발견이나 주장까지 의식하다 보면 논문 작성의 진행이 더뎌진다. 더군다나 요즘같이 연구 인력이 지속적으로 증가하는 상황에서 중복 연구를 피하면서 연구가치가 큰 주제를 찾는다는 것은 쉽지 않다.

연구주제에 대해 잘 알고 해당 분야에서 광범위한 연구를 수행했거나, 이미 연구주제를 몇 개 갖고 있는 교수를 만나게 되면 주제 선정이 쉽게 해결되기도 한다. 그래서 특정 주제를 연구하고자 하는 학생이 해당 분야의 연구 업적이 많은 교수와의 연구에 참여하기 위해 그 교수가 있는 대학원으로 진학해 논문 지도를 받으려는 경우도 있다. 그러나 자신이 원하는 주제에 관해 깊이 연구한 교수를 만나서 논문 지도까지 받게 될 가능성은 그다지 크지 않다.

그러므로 적합한 연구주제를 선정하려면 아직 연구되지 않은 부분을 찾아내기 위해 선행연구를 많이 읽고, 해당 주제에 관한 내용을 잘 파악하는 과정이 선행되어야 한다. 그 과정에서 연구할 만한 가치가 있는 주제인지, 이미 다 밝혀져서 기존의 업적을 확인하는 데 그치는 것은 아닌지, 연구문제가 주변적인 것이어서 연구결과도 주변적이고 상식적인 것은 아닌지를 충분히 고민해야 한다. 이러한 연구주제에 대한 사전 탐색 과정이 없으면 연구의 필요성을 도출해낼 수 없다.

그런데 이미 알려진 내용이나 연구결과를 바탕으로 자신이 관심 있는 주제가 무엇인지를 찾아내는 데는 많은 인내심과 시간이 필요하다. 연구주제에 따라 선행연구가 상당히 많을 수 있고, 다른 사람의 논문을 읽고 자신의 것으로 만든다는 것이 쉽지도 않기 때문이다. 그래서 자신이 관심을 갖는 주제가 정말 무엇인지 찾아내는 것이 첫 번째 관문이다. 본인의 관심이나 흥미, 지적 호기심이 없으면 관련 자료를 읽어보게 되지 않고 그 분야에 대해 잘 모를 수밖에 없으며, 연구를 계속하고자 하는 의지와 열정을 가질 수 없다. 즉 문제를 해결하고자 하는 열정과 의지를 끝까지 갖기 위해서는 자신의 경험, 생각, 정서 등을 바탕으로 자신이 관심과 호기심을 갖는 주제를 선택해야 한다.

그리고 정해진 기간 안에 자신이 감당할 수 있는 정도로 연구의 범주를 설정해야 한다. 여기서 주제의 범주를 설정한다는 것은 연구의 범위를 한정한다는 의미로, 즉 학부생은 학부 수준, 석사과정생은 석사 수준, 박사과정생은 박사 수준에 맞는 주제로 연구를 진행해야 함을 의미한다. 연구문제는 무궁무진하지만 인간의 능력으로 해결할 수 없거나 굳이 해결할 필요가 없어서 남아 있는 것들이 많다. 이런 문제를 논문의 주제로 선택한다면 시간과 에너지의 낭비로 끝나버리게 될 가능성이 크다. 예를 들면 인간 의지의 본성, 자유의 개념, 신의 존재와 같은 주제는 수십, 수백 년에 걸친 성찰이 필요한 주제이다. 그러므로 학문적 경험이 짧은 연구자에게 이러한 연구주제는 매우 개인적이고 일반적인 수준의 빈약한 논문으로 끝날 가능성이 크다. 그리고 어떤 논의를 최초로 제기한다는 것은 매우 어렵다. 특히 존재나 자유의 개념과 같이 모호한 문제에 대해서 기준점을 찾는 데는 많은 시간이 필요하다. 또한 최신의 주제는 언제나 어렵다. 참고문헌이 매우 제한적이고 확실한 연구 토대가 마련되어 있지 않아서 소수의 견해가 일치되지 않은 채 모호하게 산재해 있기 때문이다. 그러므로 자신이 수행할 수 있는 주제인지, 주제가 해결 가능한 연구질문을 담고 있는지, 더 나아가 그 연구질문에 대한 답을 증명할 수 있는 방법이 존재하는지를 냉정하게 판단하여 결정해야 한다.

루데스탐과 뉴튼(Rudestam & Newton, 2015)은 학생들이 논문 주제를 선정할 때 참고할 만한 유용한 팁으로 여덟 가지를 제시했다. 첫째, 아이디어를 저장하는 컴퓨터 파일을 만든다. 도서관에서 찾아볼 자료 목록, 인용할 만한 문구, 향후 연구를 위한 영감과 생각들을 기록하라는 것이다. 둘째, 연구주제를 '한 조각이 빠진 퍼즐'로 보고 이 부분을 채우는 것이 자신의 연구가 될 수 있도록 빠진 부분을 찾기 위해 선행연구를 최대한 많이 참고한다. 셋째, 연구를 시작하기 전에 지도교수가 추천하는 우수한 학위논문들을 읽는다. 넷째, 연구가 진행되면서 연구문제가 작아질 수 있지만, 그 작은 연구문제도 학문에 큰 기여를 할 수 있으리라는 믿음을 갖는다. 다섯째, 연구의 의의를 잊지 않기 위해 연구결과를 알고 싶어 할 사람들을 상상한다. 여섯째, 자신과 주변 사람들에게 논문의 주요 일정을 확인시키면서 책임감을 갖는다. 일곱째, 관심이 가는 연구자들에게 먼저 연락해서 도움을 받는다. 여덟째, 관심 있는 연구분야와 학회에 최소한 한 번 이상 참여해서 자신의 연구주제를 공유하고 활력을 찾을 수 있어야 한다.

최근 발생하는 많은 사회과학적 문제들은 특정한 한 분야만으로는 해결할 수 없는 복합적인 성향을 띄고 있다. 이러한 문제들을 해결하기 위해서는 과학기술 분야의 융합연구뿐만 아니라 인문·사회과학과의 융합연구가 절대적으로 필요하다. 사회가 복잡해질수록 융합연구가 필요하며 학제 간의 유기적인 융합 없이는 기후변화나 에너지 문제 등 여러 종류의 크고 작은 공동체 문제를 해결할 수 없다. 연구자 차원에서는 기존 연구의 한계를 극복하고 기술적 난제에 도전하기 위해 융합적 접근이 필수적인 상황이 되었다. 또한 세계 경제는 급속한 산업 성장의 시대를 지나 새로운 발전 모델과 다양성을 추구하는 시대로 전환되고 있다. 이는 2000년을 기점으로 기존 발전 모델이 창출할 수 있는 부가가치의 한계를 체감하며 융합을 통한 새로운 가치의 생성을 지향하는 경제로 체제가 전환되었음을 의미한다. 이러한 전환은 다양한 학문, 기술, 산업 간 전방위적 융합을 추구하며, 복잡한 사회문제의 해결을 위해 분절화된 지식체계에 대한 반성을 촉구하게 되었다. 융합은 수단으로서 중요한 의미가 있으며, 주체 간 융합을 지향하는 '과정적 융합'을 통해 더 놀라운 결과를 끌어낼 수 있다. 이는 우리가 겪고 있는 문제를 해결하려는 노력들이 인류 지식의 총체적 활용을 지향하는 융합의 본질에 닿아 있기 때문이다.

이렇게 다양한 학제 간 연구의 필요성이 커지고 있으며 공동으로 연구해야 하는 복합적인 연구가 늘어나고 있다. 하지만 대부분의 연구자들은 그 중요성을 인식하면서도 시대적 요청에 부응하는 것만으로는 개별 학문의 벽을 허물기 어렵기도 하고 융합연구주제에 익숙하지 않아서 엄두를 내지 못한다. 언어장애를 가진 아동의 언어치료에 관한 논문를 작성한다고 하면, 이 연구에서는 언어장애의 심리적 측면과 신체적 측면에 관한 충분한 선행연구가 축적되어 있어야 한다. 언어장애의 실태를 파악하기 위해서는 언어학자, 인지발달 측면에서는 아동발달학자, 심리적 요인을 알아내기 위해서는 발달심리학자의 도움이 필요하다. 더 나아가 소리가 나오는 과정의 이상 유무를 파악하고 치료하기 위해서는 생물학자나 의사의 도움이 필요하다. 그러므로 융합연구가 제대로 이루어지기 위해서는 분야별로 학문적 전문성이 확보되어야 하고, 전문가들이 서로에 대한 강한 신뢰를 통해 공통의 목표에 관심을 가져야 하며, 융합에 대한 지식을 잘 활용해야 한다.

다양한 분야에서 다수의 연구자 간 공동 연구가 필요한 만큼 개개 학문의 연구나 개인 연구도 필요하다. 개별 학문의 발전 없이 전체 학문의 발달을 이룰 수 없고, 개인의 우수성이 보장되지 않으면 집단의 우수성도 보장될 수 없다는 평범한 사실에서 부분과 전체의 조화가 중요함을 알 수 있다. 또한 세분된 학문을 단순 통합하는 것만이 학제간 연구는 아니라는 인식도 중요하다. 각각의 학문 분야는 그 나름의 독자성을 가지고 있는 동시에, 다른 분야와의 관계 속에서 존재하고 있다는 인식을 바탕으로 연구주제의 결정을 심사숙고해야 한다. 즉 연구주제와 관련된 다른 분야의 선행연구를 철저히 살피고, 연구결과를 바탕으로 해당 주제에 총체적으로 접근하되, 자기 분야의 튼튼한 토대와 그에 대한 깊이 있는 성찰을 바탕으로 해야 한다.

융합연구를 하고자 하면 다음과 같은 지향점이 필요하다. 첫째, 융합연구는 인문·사회와 기술의 융합을 통해 궁극적으로 인간에게 필요한 지식의 산물을 도출하는 것이 되어야 한다. 지금까지 행해온 융합연구는 과학기술과 인문 분야가 큰 벽을 쌓고 쉽게 융합되지 못한 것이 현실이다. 인간에 대한 심리적 이해와 과학기술을 결부하여 전달하고자 하는 가치를 전환해야 한다. 이렇게 인간을 지향하는 융합은 기술 환원적 사고의 틀을 깨고 인간을 위해 존재하는 지식으로서 거듭날 수 있다. 둘째, 복잡한 문제를 해결하기 위해 다학제적 지식의 주체가 계층과 경계를 넘나들며 협력해야 한다. 인간은 서로 협력하여 공동체의 번영을 추구하는 존재적 본질을 가지고 있으며, 융합연구도 같은 맥락에서 그렇게 진행되어야 한다. 융합연구는 연구의 단계, 연구의 목적, 주제에 따라 서로 협력하는 방법, 시점, 내용, 강도가 달라질 수 있다. 이러한 점을 잘 이해하고 접근한다면 융합연구는 기존과는 다른 새로운 해법을 창출하는 요람이 될 것이다. 셋째, 융합연구는 무엇보다도 더 높은 문제해결력을 확보한다는 데 큰 의미를 두고, 실제적 문제의 해결이라는 측면에서 '실용적'이어야 한다. 실용을 지향하는 융합은 실제로 작동하는 해법을 향한 동력이 되며, 이 과정에서 문제의 본질을 파악하여 연구가 지향하는 목표와 성과를 명확하게 할 수 있다.

2) 지도교수 찾기

자신이 연구하고자 하는 주제를 찾으면 논문 지도교수와 반드시 상의할 필요가 있다. 자신의 능력이나 수준보다 지나치게 높고 어려운 주제, 혹은 반대로 너무 평이한 주제로 연구영역을 설정하다 보면 논문 작성이 어려워지거나 논문 가치가 거의 없는 논문으로 끝나게 되기 때문이다. 연구자의 첫 경험이라는 것은 평생에 걸쳐 영향을 미칠 수도 있을 만큼 중요한 것이다. 새로운 것인가, 핵심적인 것인가 하는 문제를 점검해보기 위해 지도교수와 반드시 상의해야 하며, 지도교수는 논문의 주제를 선정하는 데 있어서도 도움을 줄 수 있다. 그러므로 자신의 연구주제에 적합한 논문 지도교수를 찾아내는 것은 논문 작성 과정에서 매우 중요한 단계이다. 좋은 지도교수는 주제 분야의 전문성을 갖추고, 논문에 대한 상세한 검토와 지원을 제공하며, 논문을 계속 진행할 수 있도록 경우에 따라 모진 비난도 서슴지 않는다. 이처럼 논문을 작성하는 데 있어서 최고의 정신적인 스승이 곧 논문 지도교수이므로 지도교수를 선택하기 전 다수의 잠재적인 후보군을 탐색하는 시간을 갖는 것이 필요하다.

논문 지도교수의 역할은 학교마다 또 교수마다 다양함에도 일반적으로 논문의 시작부터 완성까지 질적인 보장을 제공한다는 공통점이 있다. 구체적으로, 첫째, 학생의 연구 아이디어, 방법론, 연구설계의 개발을 돕고 학생의 실행을 전체적으로 관장한다. 둘째, 논문 프로포절과 최종 심사본의 각 장에 이르는 다수의 결과물을 읽고 비판적으로 검토 의견을 준다. 셋째, 프로포절과 논문 심사본을 다른 심사위원들에게 제출하는 것을 허락하기 전에 논문 프로포절과 최종본에 대한 승인을 한다. 넷째, 심사가 진행될 수 있도록 준비하고 학생이 심사의 내용에 집중할 수 있게 하며 프로포절과 구두 심사를 감독한다.

모든 전공과 대학, 대학원은 논문 지도교수와 심사위원의 자격 및 심사위원회 구성 방식에 관한 학칙을 갖고 있다. 이러한 학칙을 미리 확인하고, 논문 지도교수의 자격 요건을 충족시키는 교수와 논문 주제에 대한 논의를 시작해야 한다. 또한 공동지도교수나 추가적인 논문 심사위원, 또는 조언자의 역할 등 논문을 작성하는 데 있어서 누구를 어떤 역할로 채울 수 있는지도 파악해야 한다. 당장 도움을 줄 수 있는 전문가를 활용하는 것은 논문의 수준을 높이고 해당 분야의 협업과 조언을 얻을 수 있는 좋은 기회가 될 것이다. 최종적으로 제출 서류에 그들의 역할에 동의한다는 사인을 논문 지도교수와 심사위원들에게 받아서 제출하면 이것이 쌍방의 합의를 공식화하는 결과가 된다.

학위논문은 지도교수와 학생 간 협업 프로젝트와 같다. 그래서 외국의 박사학위논문은 'Dissertation Abstract International'에 학생과 지도교수의 이름이 함께 수록된다. 이렇게 누구와 함께 어떤 유형의 작업을 했는지 밝히는 것은 논문 지도교수와 심사위원들이 져야 할 책임을 보여주므로 대부분의 교수들은 이를 가볍게 여기지 않는다. 그래서 협업이 성공적이기 위해서는 학생과 논문 지도교수가 이성적으로 함께 일을 잘 해나가야 한다. 학생이 경험이 부족하고 좋은 지도를 받고자 할 때는 더욱 그렇다. 교수와 얼마나 잘 맞는지 알기 위한 첫 번째 단계는, 자신이 지도교수로부터 원하는 것이 무엇이고 지도교수가 그 역할을 수행할 수 있는 최적의 방법을 알고 있는지에 대한 의견의 일치 여부를 살피는 것이다. 논문 지도교수에게 무엇을 원하는지, 가령 특별한 연구주제를 정해줄 교수를 원하는지, 아니면 하고 싶은 연구를 하게 하면서 자신의 방향을 따라오는 교수를 원하는지, 학생과 정기적으로 만나는 교수와 논문을 잘 쓸 것 같은지, 아니면 좀 더 느긋하게 알아서 논문을 쓰게 놔두는 교수가 나은지, 사람들을 많이 알고 따뜻하게 지지해주는 교수와 함께 하기를 원하는지, 아니면 전문가 네트워킹과 같은 다른 성격이 좀 더 중요한지 등, 도움을 주는 유형, 주제 개발에 있어서의 지도 방법, 우선시하는 대인관계 스타일에 대해 생각해보는 게 좋다.

그다음에 교수의 스타일이 논문을 쓰는 방식과 얼마나 잘 일치하는지를 평가해볼 수 있다. 물론 이때 자신의 선호와 더불어, 자신이 반드시 필요로 하는 것이 무엇인지도 고려해야 한다. 학생이 목표를 세우고 마감 시한을 정하게 허락하는 따뜻한 지도교수를 선호할 수도 있지만, 과연 자신이 지도교수의 정규적인 논문 검토 없이 어려운 분석을 하거나 논문 작성을 할 정도로 자기주도적인가에 대해서도 생각해봐야 한다는 것이다. 궁극적으로 원하는 것은 논문 작성을 마치는 것이기 때문에 자신의 강점을 칭찬하고 자신의 약점을 채워줄 수 있는 스타일의 지도교수를 선정해야 한다.

지도교수의 전문성에 있어서, 지도교수는 해당 주제에 관해 훨씬 더 많이 알아야 한다. 지도교수의 역할은 좋은 방법론과 분석적 기술을 적용하면서 논리를 따지는 것이다. 물론 때로는 학생이 주제에 대해 거의 모르는 지도교수와 함께 우수한 연구결과를 생산하기도 한다. 그럼에도 일반적으로는 주제 분야에서 전문성을 가진 논문 지도교수에게 지도받는 것이 학생을 위해 최선이다. 더 나아가 학생은 유사한 관심을 갖는 지도교수와 함께 공동으로 연구질문을 개발할 수 있다. 그런데 연구를 위한 데이터 수집과 분석 방법은 좀 더 특별한 방법론적 지식과 분석 기술을 요구한다. 특히 경험이나 기술이 짧고 연구의 모든 단계에서 지도가 필요한 석사과정생이 연구를 수행하는 경우, 더 중요하다. 그래서 시간과 고통이 덜 들어가면서 보다 나은 결과를 가져올 수 있는 논문 지도교수의 전문 분야 안에서 주제를 잡고 진행하는 것을 강력히 추천한다. 오랫동안 그 분야의 선행연구를 한 교수는 그 분야 문헌을 잘 알고 있으므로 그동안 어떤 연구가 이루어졌고 어떤 연구가 진행되지 않았는지, 또 현재는 무엇이 이루어지고 있는지를 안다. 그들은 그 분야의 효율적인 참여자를 구하는 방법, 공통적인 연구설계와 과정에서의 문제, 방법론적인 규범을 잘 알고 있으며 해당 연구에 적합한 논문, 챕터, 도서를 가르쳐줌으로써 최고의 시작점을 제공할 수 있다. 이러한 지식은 학생이 생각하고 설계하는 데 들어가는 시간을 수개월은 단축할 수 있게 해주며, 이러한 교수들은 학생이 그 분야에 공헌할 수 있도록 연구를 지도해줄 가능성이 크다.

대부분의 전공에 있어서 일부 교수는 매우 높은 수준의 상세함과 철저함을 지니는 반면, 비평적이지 않고 수정 요구가 적으며 까다롭지 않은 교수들도 있다. 지도교수의 높은 기준은 학생들에게 긍정적인 결과를 가져오는데, 가령 철저하게 지도를 받은 논문은 학생이 프로포절 심사와 구두 심사 준비를 잘할 수 있게 만든다. 논문 지도교수와 함께 심사위원들이 제기할 가능성이 큰 주요한 논점에 관해 올바른 판단을 하고 준비해왔을 것이기 때문이다. 그러므로 논문 작성을 열심히 하라고 하면서 논문이 나아지게 하기 위해 무엇이 필요한지를 상세하게 말해주는 논문 지도교수를 만나는 것은 중요하다. 또한 논문 지도교수가 어떤 수준의 피드백을 제공할 것이고, 논문이 향상되기 위해 필요한 것은 무엇인지, 전자파일을 선호하는지 인쇄본을 선호하는지도 알아야 한다. 일부 교수는 인쇄본을 선호하지만 다른 교수들은 스크린을 보며 직접 메모하고 편집할 수 있는 전자본을 선호하기도 한다. 전자본으로 논문을 제출하는 경우, 교수가 어떤 컴퓨터 프로그램을 선호하는지 알아야 하고 어떤 방식으로 얼마나 작성해서 언제 논문 검토를 받을 것인지도 논의해야 한다.

그리고 논문 지도교수가 연구주제를 찾아준다거나 결정해주면서 부족한 문장을 다시 작성해줄 것을 기대해서는 안 된다. 논문의 주제를 찾는 과정이 힘들고 어떻게 해야 할지 몰라서 교수가 연구주제를 하나 정해주면 좋겠다는 생각을 하는 학생들이 있다. 그런데 이러한 선택은 학생 본인이 아닌 교수의 관심 주제를 대신 하게 만들 수 있고, 학생 자신이 관심이 없는 주제인 경우에는 빨리 논문 작성을 마치려는 데에만 목적을 둠으로써 오히려 더 오랜 시간이 걸리게 되거나 논문을 마무리하지 못하게 되는 결과를 초래할 수 있다. 물론 학생은 지도교수의 지도나 충고, 조언에 경청해야 한다. 지도교수가 논문의 주제에 대해 긍정적인 의견을 주지 않거나 부적절하다는 판단을 한다면 반드시 거기에는 이유가 있기 때문이다. 지도교수가 만족하지 못하는 논문은 논문 심사위원회에서도 논쟁의 위험에 직면하게 되고 통과되기 어려운 상황에 빠지게 될 가능성이 크다.

그러므로 평소에 자신이 관련 관심사와 배경 지식을 갖고 있고, 관련 자료가 어디에 있는지 남보다 많이 알고 있으며, 해결해야 할 문제점이 무엇인지 알고 있는 것을 중심으로 주제를 정해야 한다. 그리고 연구에 필요한 자료를 입수할 수 있어야 하며 자신의 능력으로 연구가 가능한 주제여야 한다. 일단 학생 자신이 관심이 있어야 다른 이들의 관심과 흥미를 끌 수 있을 뿐만 아니라 관련 분야의 발전에 도움이 될 수 있기 때문이다. 그리고 이 모든 것을 논문 지도교수와 충분히 논의한다면 주제를 정하는 것은 생각보다 수월해질 수 있다. 흔히 무엇에 관해 쓴 논문인지는 제목을 통해 파악하게 되는데, 그 이유는 제목이 논문의 내용을 대표하는 주제어들로 구성되기 때문이다. 물론 논문 작성 초기에 정한 제목이 논문을 완성할 때까지 그대로 유지되는 경우가 드물 정도로 제목은 계속해서 변경·수정되는 편이지만 그 안에 담긴 주제는 논문 작성을 시작할 때 가장 먼저 확정되어야만 한다.

3) 주제문과 연구질문

자신이 연구하고자 하는 주제는 어느 날 갑자기 영감처럼 떠오르는 것이 아니다. 그래서 주제를 정할 때는 주제문과 연구질문을 함께 작성하는 것이 도움이 된다. 주제문은 주제어를 넘어서 하고자 하는 연구의 방향, 취지, 목적을 보여주는 문장이다. 연구질문은 연구문제로, 이는 논문에서 주장하려고 하는 것을 분명하게 해주고 연구하고자 하는 주제를 명확하게 다듬어준다. 물론 논문 작성 초기의 제목이 가제이듯이 주제문도 임시로 정해놓은 것이지만, 연구를 진행하면서 점점 더 구체화될 수 있다. 예를 들면 주제가 '챗GPT와 대학생'이라고 할 경우, 주제문은 "챗GPT가 대학생에게 미치는 영향을 살펴보고, 이를 바탕으로 바람직한 대학생의 챗GPT 활용 방안을 제시한다."가 될 수 있다. 또는 연구질문을 "챗GPT가 대학생에게 어떤 영향을 주었는가? 긍정적 영향은 무엇이고 부정적 영향은 무엇인가? 그러면 챗GPT를 어떻게 활용해야 하는가?"와 같이 정할 수 있다.

그런데 연구질문을 설정하는 것은 생각처럼 쉽지가 않다. 연구질문을 설정하는 방법을 가르칠 수 없고 아무도 제기한 적이 없는 질문이나 아직까지 명확한 답이 나오지 않은 질문을 설정하는 것이 연구자의 경험 혹은 직관에 따라 다르기 때문이다. 연구질문을 통해 우리에게 대답해 줄 것은 무엇인지, 왜 그게 중요한지, 그 지식을 가지고 무엇을 할 수 있는지 등, 결국 모든 연구의 목적은 일반적으로 적용할 수 있고 의미 있는 지식을 생산하는 것이다. 이를 통해 지식을 축적하고 현상에 대한 우리의 이해를 증진함으로써 삶의 질을 높이는 데 적용할 수 있는 지식을 생성해야 한다. 그러므로 이미 진행된 연구와 이론 위에 새로운 연구가 세워질 수 있다면 최상의 결과를 얻게 될 것이다.

연구질문의 정보원

연구질문을 위한 아이디어 중 나쁜 것은 없다. 그래서 사람들은 부족한 정보원인 인터넷에 연구질문을 공유하는 것을 좋아한다. 그런데 다양한 웹사이트는 수많은 문제를 안고 있다. 첫째, 누가 그 연구질문을 만들었는지, 그리고 그 사람이 그 주제의 기초를 구성하는 선행연구를 잘 알고 있는지가 분명하지 않다. 둘째, 인터넷에서 찾은 주제는 자신이 연구하고자 하는 분야와 일치하지 않을 수 있다. 셋째, 대부분의 이러한 주제는 좋은 연구질문을 구성하는 상세성이 부족하다. 그러므로 선행연구와 해당 분야의 전문가를 활용해서 자신의 생각을 구체화하는 방식을 사용해 연구질문을 개발하려는 시도를 하는 데 집중하는 것이 바람직하다.

개인적인 경험이 있는 경우 혹은 자신이 많은 관심을 갖고 관련 연구를 해온 경우에도 연구질문이 떠오를 수 있다. 이런 경우에는 그 분야를 잘 아는 동료나 같이 연구했던 동료가 있으면 그 사람이 연구질문을 개발하는 데 제안을 해줄 수도 있다. 결국 연구는 더 많은 질문을 자극하고, 이러한 질문 중의 하나가 논문의 토대를 제공할 수 있기 때문이다.

또한 학술대회나 교내에서 대학원생 및 교수로부터 연구 가치가 있는 아이디어를 얻을 수도 있다. 그러므로 학회나 학술대회에 참석하고 다양한 강의나 세미나에 적극적으로 참가하는 것이 도움이 된다. 최근 2~3년 안에 나온 선행연구는 연구질문의 훌륭한 정보원으로, 대부분의 학술논문은 후속연구를 위한 제안으로 마무리된다. 이러한 후속연구 제안 중에서 관심이 가는 것에 대해, 어떻게 연구 제안으로 개발할 것인지 생각해보는 시간을 갖는 것도 한 가지 방법이다. 전공 교수들이나 논문 지도교수와 논의해보고 그들의 반응을 살펴 긍정적인 반응을 보이면 그 주제에 대해 좀 더 심도 있게 연구해볼 수 있다. 이때 그 학술논문의 저자들과도 연락해보고 그들이 현재 어떤 연구를 하는지 알아보아야 한다. 그들이 이미 그러한 연구를 수행하고 있을 수도 있기 때문이다. 혹은 후속연구를 하지 않고 있다면 왜 하지 않는지도 확인해야 한다. 이러한 과정은 연구가 헛수고가 되지 않게 하고, 황당한 상황에 처하지 않게 할 수 있다.

한 집단에서 다른 집단으로 그 구조를 적용해보는 것도 연구질문의 좋은 정보원이 된다. 물론 하나의 맥락이 다른 곳에도 쉽게 적용될 수 있다는 것은 아니다. 다른 상황이나 다른 집단에 동일한 연구질문을 적용할 수는 있지만 이전 연구의 한계를 그대로 답습하지 않도록 해야 하며, 이러한 적용이 문제가 없는지 살펴볼 필요가 있다. 새로운 지식을 추가할 새로운 방식 안에서 원래의 연구를 확장하는 방식은 박사학위논문의 주제가 될 가능성이 크지만, 최근 연구는 그렇지 않은 것이 더 주목을 받고 있다.

마지막으로 좋은 정보원은 관련 분야의 석·박사학위논문이다. 학위논문은 학술지 논문처럼 동료심사를 받지 않아서 논문의 질에 대한 평가가 다를 수 있지만, 좋은 학위논문은 학술지에 게재되기도 하고 선행연구의 중요한 부분이기도 하므로 반드시 검토해야만 한다. 그러므로 정기적으로 석·박사학위논문을 살펴보면서 하나의 모델로서 예시가 되는 과제를 찾아보고, 이를 실제로 시험해보거나 연구의 확장을 제안할 수도 있다.

연구질문의 요건

연구질문을 만들기 위해서는 스스로 크게 네 가지 항목을 고려해야 한다. 첫째, 무엇을 연구하려고 하는가, 둘째, 왜 그러한 연구를 하려고 하는가, 셋째, 그러한 연구를 이미 진행한 다른 연구에서 밝혀진 점과 밝혀지지 않은 점은 무엇인가, 넷째, 연구의 새로운 내용을 밝힐 수 있는 방법은 무엇인가이다. 모든 연구는 문제의식을 갖고 의문을 제기하는 데에서 출발한다. 대부분의 의문은 내가 알아야 하는 것, 혹은 알고 싶지만 알지 못하는 것에서 흔히 발생한다. 그런데 많은 경우에 자신이 연구대상에 대해 무엇을 모르고 있는지조차 알지 못하기 때문에 의문을 제기할 수 없다는 것이 문제가 된다. 그러므로 스스로 새로운 문제를 제기하기 위해서는 다음과 같은 사고를 가져야 한다.

① 동일한 연구대상을 바라보는 관점은 수없이 많을 수 있다는 사실을 명심해야 한다. 모든 사물은 일반적으로 받아들여지는 존재 그 자체의 특성도 있겠지만, 연구자에 따라 다르게 조명된 시각이 반영된 것일 수 있다. 그러므로 지금까지 그 누구도 보지 못하거나 보지 않은 시각으로 시도할 여지가 남아 있다고 생각하는 유연한 연구자세가 필요하다. 이러한 자세는 연구자와 비슷한 질문을 이미 제기한 사람이 있는지 알아보기 위해 선행연구를 다각도로 검토하면서 얻을 수 있다. 이러한 과정은 이미 결론이 났는지, 아니면 아직 결론이 도출되지 않아서 여전히 연구할 만한 가치가 있는지를 판단할 수 있게 해주며, 연구대상과 연구방법까지 설정할 수 있게 해준다.

② 인간이 발견한 모든 것이 완벽하고 절대적인 것 같지만 그렇지 않을 수도 있다는 생각을 해야 한다. 모든 연구는 세상의 모든 것을

연구대상으로 할 수 없다는 한계를 갖기 때문에 어딘가에 미흡한 부분이 남게 된다. 그래서 대부분의 연구가 연구의 제한점이나 한계, 후속연구 등을 제안하면서 마치게 되는 것이고, 이 부분을 다시 채우고 좀 더 완성시키기 위해 연구가 끝나지 않고 계속되는 것이다. 그러므로 이전 연구자들의 연구결과나 내가 알고 있는 지식, 지금까지 당연하다고 생각했던 것들에 대해 문제제기를 하는 연습이 필요하다. 이 모든 생각과 판단이 정말 옳은 것인가, 정말 타당한 것인가, 왜 그렇게 생각하는가, 왜 그것이 당연한 것인가, 그렇지 않을 가능성은 전혀 없는가 등을 계속해서 자문해봐야 한다.

③ 기존의 이론과 주장에 어긋나는 경우가 있는지 찾아봐야 한다. 특정한 현상이나 사실을 다루는 과정에서 예외가 없기란 쉽지 않기 때문이다. 이는 연구의 한계나 제한점과 연관이 되는데, 만약 연구결과가 모든 것에 적용된다고 기술되어 있다면 그 연구결과의 일반화를 의심해보아야 한다. 그리고 예외가 있을 경우에는 그 경우를 다시 검토해볼 필요가 있다. 연구에서 제외된 부분을 설명하는 과정에서 새로운 문제해결 방법을 찾을 수도 있기 때문이다.

④ 답이 도출될 수 있는 연구질문인지를 판단해봐야 한다. 예를 들어 영혼의 존재 여부나 삶의 가치는 검증할 수가 없다. 연구자에게 절실한 주제일 수는 있지만 답이 도출되지 않는 주제이다. 하지만 인간이 언제 삶의 가치를 느끼는지를 묻는 질문으로 바꾸면 잠정적이더라도 답을 도출할 수 있다. 그러므로 선행연구를 통해 새로운 질문을 찾아내는 것이 중요하다. 선행연구를 살펴보면 하고자 하는 연구에 관해 현재까지 얼마나 연구가 진행되었고 아직 해결되지 않은 부분은 무엇인지를 파악할 수 있다.

자신이 연구하고자 하는 분야에서 이미 많은 연구가 이루어졌다면 새로운 질문을 제기하는 것이 쉽지 않을 수 있다. 반대로 선행연구가 거의 이루어지지 않았다면 매우 창의적인 연구로 그 분야의 선구자적인 역할을 할 수는 있겠지만 관련 데이터가 거의 없는 상태에서 토대를 마련해야 하는 어려움이 있을 것이다. 더 나아가 데이터나 자료 수집의 가능성이 드문 경우도 많기 때문에 자료에 접근이 가능한 주제인지도 먼저 파악할 필요가 있다. 그 주제에 관한 연구가 부족하다는 이유만으로 특정한 연구를 제안하는 것은 좋은 생각이 아니다. 그 연구질문에 대해 아무도 답하지 않은 타당한 이유가 있을 수 있다. 더 중요한 것은 그러한 이유가 우선적으로 질문되어야만 하는 것, 혹은 답하지 않아야 하는 것을 의미하지는 않는다는 것이다. 다른 말로 하자면, 연구질문은 반드시 문헌 안에서 놓일 곳이 있어야 한다. 그러므로 그 연구질문이 문헌과 개념적·방법론적으로 맞는지, 그리고 해당 문헌을 확장할 수 있는지를 알아야 한다.

연구질문에는 보편적인 질문과 핵심적인 질문이 있다. 예를 들어 '지구 환경의 미래'는 매우 광범위한 주제로서 예측이 불가능하며, 환경 자체도 엄청나게 세분될 수 있다. 그러므로 너무 넓은 주제의 질문은 핵심이 되는 세부 질문으로 나누고 그중 가장 관심 있는 질문에 집중해야 한다. 예를 들어 '2000년대 이후로 한국 신문에서 환경 문제를 얼마나 다루었는가?'와 같은 질문은 시간과 공간을 나누고 구체적인 연구대상을 범주화함으로써 그 답을 도출할 수 있게 한다.

처음 연구를 시작하고 논문을 작성해보는 사람일수록 자신이 감당하기 어려운 주제로 접근하는 경향이 있는데, 그보다는 자신이 해낼 수 있는 연구주제의 범위로 연구질문을 축소해나가는 것이 필요하다. 연구는 훈련 과정이므로 처음에 쉬운 연구질문으로 시작해서 질문의 답을 도출해가는 법만 익히면 그다음에는 좀 더 수월하게 응용할 수 있다. 무모한 도전을 하기보다는 작은 시도로 시작하여 조금씩 난이도를 높이는 것이 효율적일 것이다.

3. 자료 조사

주제가 결정되었으면 다음으로 할 작업은 연구주제에 관한 관련 연구를 조사하고 정리·분석하여 이를 통해 새로운 연구의 필요성을 도출해내는 일이다. 논문 주제에 관한 자료의 검색과 수집, 정리와 분석은 논문 작성의 성패가 달린 중요한 과정이다. 논문 작성을 처음 하는 경우에는 기존 자료를 활용하는 것이 서툴 수밖에 없다. 연구하고자 하는 주제에 관한 자료가 많을 때는 어떤 자료를 선택해야 하는지, 자료를 읽고 어떻게 정리해야 하는지 잘 모를 수 있다. 때로는 해당 주제에 대한 자료가 너무 없어서 주제를 어떻게 확장해나가야 할지 알 수 없기도 하다. 이런 경우 가장 먼저 도움을 청할 수 있는 곳은 도서관의 전문 사서이다.

사서는 적합한 정보를 찾을 수 있는 최적의 장소를 보여줄 수 있고 필요로 하는 결과를 생산하는 데이터베이스의 탐색어나 탐색 요소의 작성법을 설명해줄 수도 있으며, 산더미 같은 문헌에 파묻히지 않고 탐색을 재정비할 수 있게 도와줄 수도 있다. 사서는 정보 전문가로서 다양한 주제에 관한 자료를 모아놓은 학문 분야별 학술데이터베이스를 잘 알고 있기 때문에 연구주제에 관해 연구자와 충분히 소통하며 해당 주제에 적합한 선행연구 목록을 뽑아줄 수 있다.

여기서 중요한 것은 연구자가 연구하려는 주제에 대해 사서와 면담하며 명확하게 설명할 수 있어야 한다는 것이다. 이를 위해서는 찾고자 하는 내용을 기술하는 단어나 핵심어, 탐색 용어로 파악해야만 하는데, 이때 이미 읽어본 논문 중에서 도움이 된 논문의 초록에 자주 나온 단어나 핵심어들이 탐색을 위한 후보군이 될 수 있다. 핵심어를 찾는 것은 매우 중요하지만 쉽지 않다. 모든 저자가 그들의 연구에서 동일한 의미로 동일한 용어를 사용하는 것은 아니기 때문이다. 그래서 특정 단어로 검색을 제한하기보다는 오히려 다양한 핵심어와 동의어, 유사어를 사용해서 탐색을 시작하는 편이 낫다.

여기에 있어서도 사서가 핵심어 기반 탐색을 하는 데 상당히 도움을 줄 수 있다. 자료 검색을 하는 데 있어서 주제와 관련된 키워드를 나열하는 정도로는 만족스러운 관련 자료를 수집하는 것이 어렵기 때문이다. 사서는 핵심어와 데이터베이스 선정뿐만 아니라 신뢰도 높은 자료에 대해서도 잘 알고 있으므로, 학술지 논문이나 학술 저서를 통해 전문가들에게 검증된 자료를 중심으로 도움이 될 관련 자료를 가려내 줄 수 있다. 인터넷 포털 사이트에서도 다양한 주제에 관한 관련 자료를 손쉽게 구할 수 있지만, 그 자료가 담고 있는 내용의 정확성은 보장할 수 없다. 그러므로 정보 전문가인 사서의 도움을 받아서 신뢰할 수 있는 선행연구를 수집·정리해야 할 것이다.

한편 연구주제 분야의 교수야말로 해당 연구주제에 관한 선행연구를 가장 잘 알고 있기 때문에 큰 도움을 받을 수 있다. 물론 학생의 입장에서는 처음 하게 되는 교수와의 면담이 부담스럽고 매우 어려울 수 있다. 그러나 대부분의 경우 교수들은 자기가 전공하고자 하는 분야에 관심을 기울이는 학생이 있으면 반갑게 대하고 열심히 가르쳐주고자 한다. 그러므로 교수에게 연락하고 찾아가 도움을 청하는 일을 어려워해서는 안 되며, 해당 분야의 교수와 나누는 대화는 논문만이 아니라 학문적 삶에도 도움이 될 수 있다는 것을 명심하고 적극적으로 만남과 조언을 구하는 것이 좋다.

이렇게 해서 관련 자료를 수집하게 되면 해당 자료의 서지사항을 잘 기입하여 정리해야 한다. 그렇게 해야만 나중에 해당 자료를 인용하는 경우 번거롭게 서지사항을 찾을 필요가 없게 된다. 중요 내용은 해당 쪽수까지 적어두는 것이 좋고 참고문헌 작성 원칙도 미리 파악하여 일관성 있게 잘 작성하는 것이 필요하다.

1) 1차 자료와 2차 자료

흔히 논문을 쓸 때는 특정한 연구대상을 다루고, 이 연구대상에 대해 자기의 주장을 내세우는 데 도움이 될 자료를 이용하거나 다른 방법을 동원한다. 연구대상은 책이나 작가가 될 수도 있고, 실제로 일어나는 현상일 수도 있으며, 정부나 관련 단체의 제도 및 정책, 그 밖의 다양한 사람들이 될 수도 있다. 이 중 직접적으로 연구대상이 되는 자료를 1차 자료(primary sources)라 하고, 1차 자료를 위해 활용하는 자료를 2차 자료(secondary sources)라고 일컫는다. 1차 자료는 저자가 직접 경험한 것이거나 저자가 처음으로 만들어낸, 새롭고 이전에 출판되지 않은 자료이다. 예를 들면 일기, 시, 편지, 각서, 조약, 신문기사, 사진, 경제적 통계, 설문조사, 인구조사와 같은 것이 될 수 있다. 반면에 2차 자료로는 저자가 직접 얻은 데이터뿐만 아니라 1차 자료의 데이터를 사용하며, 이때 자료를 작성하기 위해 다양한 1차 자료를 인용할 수 있다. 가장 흔한 2차 자료는 학술논문이다.

자연현상을 관찰하거나 실험하는 경우 이들이 1차 자료가 된다는 것은 이론의 여지가 없다. 특정한 문헌이나 자료가 1차 자료가 되느냐 혹은 2차 자료가 되느냐 하는 문제는 문헌의 성격에 의해 결정되는 것이 아니라, 다루고자 하는 대상이나 영역의 특수성에 의해 결정될 사항이다. 예를 들어 「플라톤의 철학」이라는 논문을 작성한다면, 여기에서는 플라톤의 모든 저서가 연구대상이 되고 플라톤에 대해 다른 사람들이 연구한 자료들이 도움이 될 수 있다. 이런 경우에 플라톤의 저서들은 1차 자료가 되고 플라톤에 대한 다른 사람들의 책들은 2차 자료가 된다. 만약 미국의 독립선언문을 연구하고자 한다면, 1차 자료는 원래의 선언문 그 자체가 되고 2차 자료는 선언문을 다룬 다른 사람들의 저서나 논문들이 된다. 연구주제에 관한 자료를 수집할 때 가장 주의해야 할 점은 1차 자료와 2차 자료를 엄격히 구분하는 일이다. 이와 관련해 유의해야 할 사항은 다음과 같다.

① 다른 사람이 한 요약은 그것이 아무리 상세하고 요지를 분명히 옮겼다 하더라도 1차 자료가 아니며 1차 자료를 쉽고 빠르게 이해할 수 있게 해주는 2차 자료일 뿐이다. 요약이라는 행위 자체는 원래 의미를 충분히 살려야 할 의무를 가지고, 잘된 요약은 원래의 의미를 잘 전달해야 하겠지만, 요약 행위 자체에 요약자의 의도가 포함될 수밖에 없으므로 1차 자료가 갖고 있는 의미가 순수하게 전달되기는 어렵다.

② 번역물은 1차 자료가 아니다. 번역이라는 행위는 번역자가 그 내용을 이해하고, 그것이 다른 언어로 효과적으로 전달될 수 있도록 번역자 나름의 의도나 사고를 반영한 것일 수밖에 없는 창조적인 행위의 일부분이다. 그러므로 이것이 원래의 의미를 잘 전달하고 있다 하더라도 번역자의 사고가 반영되어 있기 때문에 1차 자료일 수는 없다. 즉 번역물 역시 1차 자료를 빨리 쉽게 이해할 수 있게 도움을 주는 2차 자료일 뿐이다. 예를 들어 「생텍쥐페리의 삶과 문학」이란 주제로 글을 쓰고자 한다면, 우선 프랑스어로 된 생텍쥐페리의 작품이나 논문을 직접 읽어야 한다. 프랑스어를 모르기 때문에 한국어로 번역된 생텍쥐페리의 작품과 논문을 읽고 논문을 쓰겠다고 하는 것은 바람직하지 않다. 물론 프랑스어 원문과 한국어 번역물을 대조해가면서 원문을 자신의 것으로 해석해가는 경우라면 가능할 수는 있지만, 이 역시 프랑스어로 직접 이해하는 것과는 차이가 있을 수밖에 없다.

③ 선집도 원자료의 전부가 아닌 몇 개의 조각들을 모은 것에 불과하다. 선집이라는 것은 한 작가나 저자의 글 중 일부를 선정하여 대

표적이라고 생각하는 것을 뽑아놓은 것이므로, 여기에는 선정한 사람의 의도가 은연중에 작용하게 마련이다. 그러므로 선집으로 논문을 쓸 경우 자칫 잘못하면 선정한 자가 의도한 대로 논문의 방향이 나가게 될 위험성이 있다. 특정한 작가나 주제에 대해 연구하려면 그의 전부를 대상으로 전체를 이해하겠다는 의도로 출발해야 한다. 이렇게 하더라도 원래 대상과 논문 작성자의 능력 차이나 경험 차이 때문에, 혹은 다른 이유로 논문 작성자는 원래 대상의 전부를 보지 못하고 일부만을 이해하게 되기 쉽다. 그런데 논문 작성자가 선집을 1차 자료로 삼는다는 것은 출발부터 미완성으로 끝나는 논문을 쓰겠다는 의도나 한계를 인정하는 것이므로, 1차 자료(원자료)의 전부를 직접 보아야 연구결과를 충실하게 가져올 수 있음을 명심해야 한다.

그런데 가끔은 예외적인 경우가 생길 수 있다. 역사적인 것을 대상으로 하여 연구하고자 하는데, 원자료 자체가 전부 남아 있지 않은 경우이다. 예를 들어 한국의 15세기 문헌인 『석보상절』은 일부만이 남아 있다. 이럴 경우 『석보상절』에 대해 논문을 쓰고자 하는 사람에게 원문의 전부를 보아야 한다든가, 현재까지 남아 있는지, 없어져버렸는지 모르는 나머지 부분을 스스로 발굴해 논문을 쓰라든가, 그렇지 못할 경우에는 『석보상절』에 대한 논문을 작성하면 안 된다든가 하는 식의 요구는 할 수 없을 것이다. 따라서 과거의 유물에 대해 글을 쓰고자 할 때는 발굴된 것 혹은 세상에 공개된 것 전부를 대상으로 했다는 유보 조항을 달아야 한다. 그런데 이 유보 조항에는 새로운 단서가 붙는다. 바로 발굴은 되었는데 소장자가 공개하지 않았을 경우에 대한 단서이다. 소장자에게 직접 찾아가 소장된 자료를 볼 수 있는 경우가 아니라면 그에 관한 논문을 쓸 욕심을 버려야 한다. 자칫 잘못하다가는 발굴된 자료와 반대되는 결론이 담긴 논문을 쓸 위험성이 있기 때문이다.

다음으로 고려할 것은 원본을 보는 것이 불가능한 경우이다. 많은 경우 역사적인 유물은 그 자체가 귀중한 가치를 지니고 있기 때문에 일반 연구자나 대학생이 원본을 보는 것이 불가능한 경우가 많다. 이 경우에는 영인본이나 복사본을 볼 수밖에 없을 것이다. 원본을 본다는 것은 원칙론적인 요구 사항이지 원본을 알기 위한 필수적인 사항은 아니기 때문이다. 이때 유의할 점은, 원본에는 원내용과 후대에 개칠한 사항이 구분되어 있지만 영인본이나 복사본에는 그것이 구분되어 있지 않아 후대에 개칠한 사항을 원래의 내용으로 오해할 위험성이 있다는 점이다. 이러한 내용은 다른 사람의 연구 업적에 소개되어 있는 경우가 많으므로 이미 이루어진 업적에 비추어 수정할 수밖에 없다. 그러므로 논문 작성자는 우선적으로 현존하고 있는 1차 자료(원본)의 전부를 원래의 내용대로 직접 보면서 연구해야 할 것이다.

2) 참고문헌 작성

원하는 자료의 존재 여부를 모를 때는 연구주제에 관한 참고문헌 목록을 작성하는 것부터 시작하는 것이 좋다. 그렇다면 자신에게 필요한 자료는 도서관에서 어떻게 찾아야 하는가? 도서관에서 어떤 자료를 구할 수 있을지조차 모르는 상황에서 내게 꼭 필요한 자료를 어떻게 구할 것인가? 연구주제가 얼추 정해졌다면 이에 관해서 연구한 사람들이 누구이며, 이들의 연구결과물이 얼마나 있는지를 찾아내야 한다.

가장 먼저 하게 되는 것은 도서관의 목록을 검색해보는 것이다. 이전에는 도서관의 카드 목록함에서 저자명, 서명, 주제명으로 일일이 찾아야 했지만 이제는 도서관의 웹 목록을 활용해 주제나 키워드에 대한 다양한 검색을 시도할 수 있다. 그런데 이러한 검색도 자신의 연구주제에 대해 명확한 개념을 가진 사람만이 효과적으로 수행할 수 있다. 그러므로 자신에게 필요한 자료를 얻기 위해 자신이 선정한 주제와 관련된 듯 보이는 책의 제목이나 논문의 제목을 찾아가는 작업을 시작해야 한다. 일단 작성하고자 하는 주제와 직접적으로 관련된 논문이나 저서를 하나라도 찾게 되면 그다음부터 참고문헌을 찾아내는 일은 어렵지 않다. 우선 하나의 참고문헌에서 한 연구자의 이름을 알게 되면, 대부분의 연구자는 비슷한 분야의 논문이나 저서를 작성하기 마련이므로 그 이름으로 검색해 해당 연구자의 다른 논문이나 업적을 찾아낼 수 있다. 그리고 참고문헌에 실려 있는 다른 문헌들을 바탕으로 도움이 될 다른 논문이나 저서를 찾아낼 수도 있다. 특히 자신이 작성하고자 하는 분야를 집중적으로 다루는 학술지를 알 수 있다. 이것은 대단히 중요한 의미를 가지는데, 그 학술지의 최신호를 찾아보고 관련된 논문의 참고문헌을 통해 미처 찾지 못했던 논문들까지 찾아낼 수 있기 때문이다.

그런데 이러한 작업, 즉 도서관에 따라서 수백만에서 수천만 권에 이르는 책의 제목 혹은 논문의 제목을 일일이 확인하고 해당 분야의 주요 저자를 찾아 추적하는 작업은 많은 시간과 노력을 필요로 한다. 물론 도서관에는 다양한 분야별 학술데이터베이스가 있어서 각 분야의 국내외 주요 논문을 검색할 수 있지만, 좀 더 효율적인 데이터베이스 검색을 위해서는 도서관에서 진행하는 도서관 이용 교육 프로그램과 학술데이터베이스 활용 교육을 신청해 들어보는 것이 도움이 된다.

또한 참고 정보원의 존재 여부를 알려주고 참고문헌 작성 및 도서관 이용과 관련해 도서관 사서의 도움을 받을 수도 있다. 도서관 사서는 연구자에게 탐색 정보에 대해 조언함으로써 탐색에 소요되는 시간을 절약할 수 있게 해준다. 사서에게는 자신의 능력, 즉 풍부한 정보자원을 누구보다도 잘 알고 활용할 수 있음을 학생들이 인정해주는 것보다 더한 기쁨은 없다. 그러므로 사서에게 도움을 요청하는 것을 주저하지 말아야 한다. 물론 사서의 조언에 귀를 기울이되, 여전히 학생이 나름대로 관련 자료를 찾아봐야 한다. 사서가 모든 분야에 있어서 전문가는 아니며, 연구자가 어떤 연구를 하고자 하는지 완벽히 알지도 못하기 때문이다. 그러므로 사서의 도움을 구할 때는 먼저 학생 자신이 최대한 관련 자료를 찾아본 후에 충분한 면담 과정을 거쳐야 하며, 연구주제에 대한 범주 역시 명확히 설정할 수 있어야 한다. 이러한 과정을 통해 참고문헌을 작성했다면 이후에는 해당 자료를 입수해야 하는데, 도서관의 소장 자료가 아니더라도 다른 방법을 통해 해당 자료를 소장하고 있는 다른 도서관에서 대출할 수 있으며, 해당 자료의 국내외 도서관 소장 여부에 대한 정보까지 확인할 수 있다. 하나의 연구과제를 사례로 들어보면 다음과 같다.

한 학생이 「한라산에서의 화산 폭발과 백록담의 생성」이라는 주제로 논문을 작성한다고 하자. 그러면 이 연구주제의 핵심 키워드는 한라산, 화산, 백록담인데, 관련 자료를 효과적으로 찾기 위해서는 검색 전략이 필요하다. 즉 핵심 키워드인 한라산과 화산과 백록담의 세 키워드가 모두 들어가 있는 자료의 검색을 시도해볼 수 있다. 그러나 이렇게 완벽하게 맞춰진 관련 자료를 찾는다는 것은 불가능한 경우가 대부분이다. 그러므로 각각의 키워드를 중심으로 관련 자료를 찾아보고, 자료가 너무 많으면 '한라산과 화산' 또는 '한라산과 백록담'과 같이 두 개의 키워드가 모두 들어간 자료를 검색해본다. 이렇게 핵심 키워드를 중심으로 조합하여 연구주제와 관련이 높아 보이는 항목을 찾아본다. 만약에 기대만큼 관련 자료의 검색 결과가 나오지 않는 경우, 유사어나 핵심 키워드의 범주를 조금씩 키워나갈 수 있다. 그다음에는 논문 작성자의 지식이나 예측을 활용해 주어진 항목과 관련이 있는 것들을 찾아본다. 백록담은 화산호의 일종이므로 화산호, 그리고 한라산이 화산 중에서도 활화산이므로 활화산 등으로도 함께 검색해보는 것이다.

그러므로 연구주제에 관해 연구자 스스로 정의를 내리고 이에 관한 핵심 키워드와 유사어, 동의어, 관련어 등을 미리 작성해놓으면 관련 자료를 검색하는 데 큰 도움이 될 수 있다. 이렇게 도서관을 활용하고 사서에게 도움을 청하면서 참고문헌을 조사할 때 논문 작성자가 항상 기억해야 하는 중요한 사항은, 도서관의 목록이나 학술데이터베이스는 검색 도구일 뿐이고 사서도 논문 작성의 조언자일 뿐이라는 사실이다. 가장 중요한 것은 무엇을 연구하고자 하는지, 왜 이 연구를 하려고 하는지에 대한 자신만의 정리가 먼저 이루어져 있어야지만 연구에 진짜 도움이 되는 관련 자료를 찾을 수 있다는 것이다. 그러므로 항상 자신의 연구에 대해 한 줄씩이라도 정리를 하는 습관을 들여야 한다. 그러다 보면 한 줄 한 줄이 모여서 한 문단이 되고, 이를 바탕으로 자신만의 연구에 대한 정의나 개념이 확립되어 사서 혹은 교수와도 원활히 의사소통함으로써 효과적인 조언을 받을 수 있게 될 것이다.

3) 참고문헌 정리

참고문헌은 수많은 정보를 생성하므로 인용한 문헌을 어떻게 정리하느냐가 중요하다. 적합한 자료를 찾기 위한 참고문헌을 훑어보면서 따로 적어두거나 컴퓨터 파일로 완벽한 인용을 복사해놓아야 한다. 도서관에 태블릿이나 노트북을 가지고 다니며 검색하는 경우, 혹은 집에서 검색을 하는 경우 파일로 인용을 옮기는 습관을 갖는 것이 좋다. 그렇게 하면 나중에 참고문헌 목록을 생성할 때 또다시 찾아보지 않고 편리하게 인용을 끌어와 붙일 수 있다.

궁극적으로 자신의 참고문헌 목록에서 사용할 참고문헌 작성 체재에 대해 배우는 시간을 가져야 한다. 이러한 체재로 참고문헌을 제공하는 정보원들이 있긴 하지만, 그 경우 인용이 종종 잘못되거나 빠뜨리는 부분이 있다는 점을 알고 있어야 한다. 처음 참고문헌을 적을 때 제대로 하지 않으면 해당 쪽수, 저자명, DOI(Digital Object Identifiers)와 같은 것을 찾아다니는 데 수많은 시간을 소모하게 된다. 'EndNote'(https://endnote.com/)는 많은 체재 안에서 인용과 체재의 정리를 도와주는 서지도구로, 파일을 위치시키고 동료들과 정보원 인용을 공유할 수 있게 해주는데, 대부분의 대학도서관에서도 학생들에게 이러한 서지도구를 제공하고 있다.

그러므로 자신의 인용 문헌을 조직화할 최선의 방식이 무엇일지 생각해야 한다. 수기로 노트를 작성해서 색인카드에 기록하는 옛날 방식을 선호하는 사람들도 있지만, 이제 대부분의 학생들은 전자적으로 인용을 관리한다. 예를 들면 참고문헌의 각 영역을 위한 세부 폴더를 만들어 문헌을 분류하고 정리할 수 있다. 이 방식을 이용하면 검토 단계에서 그다음 단계로 인용을 쉽게 움직일 수 있고, 다운로드한 원문과 함께 저장할 수도 있으며, 언제 어디서나 컴퓨터 파일에 쉽게 접근할 수 있다. 어떤 참고문헌 양식을 택하든 각각의 자료를 정확히 기입하고 필요로 하는 인용 문서를 올바르게 작성해야 한다. 그리고 문서 파일을 저장할 때 어떻게 할 것인지, 무엇을 기준으로 정리할 것인지도 정해야 하며, 본인이 쉽게 자료를 찾고 일관성 있게 사용할 수 있는 방식도 정해야 한다. 그렇게 해야만 시간이 한참 지나고 나서도 이 방식을 참고문헌 정리에 편하게 쓸 수 있을 것이다.

4. 선행연구 분석

모든 연구는 비슷한 의문을 제기한 다른 연구자가 이미 유사한 질문을 설정했을 수 있다. 완전히 새로운 독창적인 문제나 아무도 생각해보지 못한 문제를 끌어내는 것은 매우 어렵다. 연구자 자신이 독창적이라고 생각했어도, 실은 이미 다른 연구자가 제기한 문제를 알지 못했던 것일 수도 있다. 연구자 자신이 아닌 다른 연구자가 동일한 연구를 이미 진행했는지 알기 위해서는 선행연구를 검토할 필요가 있다. 자신이 하고자 하는 연구의 맥락이 무엇인지, 왜 이 연구가 중요하고 지금 해야만 하는지, 선행연구와의 관계를 통해 명확히 밝혀줘야 한다. 이를 통해 선행연구와의 차별성과 하고자 하는 연구의 가치에 대해 독자를 설득할 수 있다. 선행연구를 통해 연구자가 진행하려는 연구 중 이미 해결된 부분은 무엇이고 어떤 부분이 아직 남아 있는지, 그래서 어디부터 연구하면 되는지를 파악할 수 있다.

그러므로 엄청난 시간과 노력으로 진행한 연구결과가 이미 다른 연구에서 나온 결과임을 뒤늦게 확인하게 되어 모두 헛수고가 되지 않기 위해서는 선행연구 분석을 철저히 해야 한다. 그래서 논문을 작성하기 위한 참고 자료로 1차 자료와 2차 자료를 확인한 후에는 선행연구 문헌을 차근차근 읽어나가면서 주요 내용을 정리하고 기록해두어야 한다. 다른 사람들이 무엇을 했는지를 읽고 생각하는 것은 이 주제에 대한 핵심 개념과 방법론적 문제가 무엇인지를 가르쳐준다. 또한 이러한 과정은 하고자 하는 연구를 다른 사람이 이미 진행하고 있는지 알려줌으로써 쓸데없이 시간이 소모되지 않도록 돕는다. 선행연구 목록을 작성해보면 이전에 나온 다른 논문의 참고문헌을 파악할 수 있는데, 이렇게 참고문헌 안에서의 연결을 통해 그 안에서의 관계나 관련성을 찾을 수도 있다.

무엇보다도 선행연구를 통해 새롭게 제안하려는 연구를 향한 일관된 주장을 전개할 수 있어야 한다. 연구가 어디를 향해 가고 있는지, 연구의 목적이 무엇이고 어떤 주장을 하고자 하는지를 관철함으로써 선행연구의 마지막 지점에서는 독자들이 꼭 필요한 연구라고 결론을 내릴 수 있게 되어야 한다. 즉 충분한 논리적 근거를 제시함으로써 연구자의 주장이 타당함을 받아들일 수 있게 해야 한다.

1) 선행연구 검토

선행연구를 살펴보는 것은 연구주제와 관련하여 이전의 다른 연구자들이 연구를 어떻게 진행했고, 또 어떤 연구결과를 도출했는지를 검토하는 것이다. 그리고 연구자가 자신의 연구를 정당화하기 위해 해당 주제에 대해 충분한 지식을 갖고 있음을 독자가 확인할 수 있게 하는 것이기도 하다. 선행연구가 존재하지 않는다는 이유만으로 연구가 필요하다거나 전혀 연구할 가치가 없다고 쉽게 정당화할 수는 없다. 다만 선행연구가 없는 이유가 분명히 있을 것이므로 그 이유를 충분히 살펴볼 필요가 있다. 이전에는 연구자가 선행연구를 조사하기 위해 도서관에 가서 카드목록함을 일일이 살펴보고 필요한 부분은 복사실에 가서 복사해 봐야만 하는 시절이 있었다. 하지만 이제는 웹을 통해 다양한 학술데이터베이스를 검색해서 초록을 읽어보고, 필요한 논문 파일은 다운로드하고, 참고문헌 작성 도구를 활용하여 쉽게 참고문헌을 작성할 수도 있다.

일단 참고문헌을 수집하고 난 다음에는 선행연구를 꼼꼼하게 읽고 비평해야 한다. 그 자료의 주된 의의와 강약점을 강조하며 일관성 있게 검토함으로써 모든 정보를 합성해야 하기 때문이다. 그렇게 하기 위해서는 숲과 나무 모두를 볼 필요가 있다. 이를 위해 선행연구 분석 안에서 이러한 문헌을 어떻게 정리할 것인지 생각해야 한다. 먼저 수집한 문헌을 쭉 살펴봐야 한다. 이전 연구자들이 사용한 방법론과 개념적 틀 안에서 주제와 공통점을 찾는다. 실제로 학생은 참고문헌에 있는 모든 문헌을 인용하지도 않을 것이며 똑같은 깊이로 모든 문헌을 읽지도 않을 것이다. 그러므로 자신이 하고자 하는 연구에 가장 적합한 것과 정말 다루어야 할 필요가 있는 주제가 무엇인지를 파악해야 한다. 특히 아직까지 답을 찾지 못한 주제와 방법론적 강약점을 정리해놓을 필요가 있다. 이러한 메모는 선행연구 검토 부분에서 즉각적으로 활용할 수 있다.

그리고 선행연구에서는 결론보다 연구의 타당성과 연구결과를 가장 상세하게 읽음으로써 자신의 생각하는 연구결과를 파악할 수 있어야 한다. 그래야만 이전 연구자들이 주장한 바가 그들의 실제 생각과 일치하는지를 파악할 수 있다. 이전 연구자들이 논의하지 않았던 결과를 갖거나 그들의 결과가 과장되었다고 생각되더라도 놀랄 필요는 없다. 자신만의 관찰을 기록해두면 선행연구의 많은 부분에서 유사한 관찰로 확인되는 특징과 연구에 대한 주된 관점을 가질 수 있을 것이다. 참고문헌을 훑어볼 때는 논문을 비슷한 것들끼리 덩어리로 나누고 각각의 주제 안에서 하나의 논문을 요약해야 하며, 논문에서 살펴볼 필요가 있는 주제나 관점은 따로 정리해놓아야 한다. 중요한 요소의 목록을 표로 정리하거나 자신에게 유용한 형식으로 작성해놓을 수도 있다. 선행연구를 읽으면서 각각의 연구에 대해 한두 문장으로 요약을 하다 보면 자신의 연구에서 서론이나 논의의 장을 쓸 준비가 되었을 즈음에는 이미 몇 개의 문장이 떠오르게 될 것이다.

참고문헌은 보통 두 번 정도 읽게 되는데, 각각 다른 방식으로 진행된다. 첫 번째는 훑어보는 것이다. 그 분야의 핵심 주제에 대해 배우고 어떤 자료가 적합하며 어떻게 조직화할 것인지 등 큰 그림, 즉 숲을 본다. 두 번째는 다시 논문을 고르고 참고해서 상세하게 읽어보는 것이다. 특정 연구자가 무엇을 했고 찾았는지에 대해 훨씬 더 자세히 알 필요가 있다는 것을 확인한 후 검토한 내용을 쓰는 것으로, 큰 그림에서 특정한 나무에 대해 쓰는 것이다. 이렇게 자신의 생각을 쓰기 시작할 때 그 논문을 집중해서 다시 읽게 된다.

논문을 쓸 때는 다음의 두 가지 사항을 분명히 기억해야 한다.

① 논문은 나 자신을 위해 쓰는 것이 아니다. 논문을 쓴다는 것은 어

떤 연구를 하려는 것인지를 해당 주제에 대해 알지 못하는 다른 사람들에게 이해시키는 작업이다. 그래서 선행연구 검토를 통해 그 주제에 대해 가르쳐주는 것이다. 논문 심사위원들에게 논문 작성자가 선행연구를 읽으면서 그 내용을 평가하고 자료를 통합했다는 것을 보여줌으로써 우수한 연구자임을 확인시키는 것이다. 그래서 심사위원들이 선행연구 부분을 검토하면서 그 분야를 특징짓는 연구질문, 연구과정, 연구결과를 이해할 수 있어야 한다. 그리고 선행연구의 제한점과 부족한 점, 앞으로 나아가기 위해 필요한 부분들을 알 수 있어야 한다. 심사위원들이 선행연구 부분을 읽으면서 논문 작성자의 연구질문의 타당성을 명확히 알 수 있어야 하며, 선행연구의 결과를 좀 더 향상시키려는 새로운 방법임을 수긍할 수 있어야 한다. 결국 선행연구를 잘 정리함으로써 독자들에게 논문 작성자가 제안하려는 부분이 절대적으로 연구할 필요가 있는 최상의 차기 연구라는 판단을 가져다줄 수 있어야 한다.

② 논문 작성자가 하려는 연구가 새로운 방향을 제시한다는 것, 그리고 이를 위해 제시한 연구질문과 연구방법이 매우 중요하다는 것을 보여주어야 한다. 그러므로 독자들이 선행연구를 통해 지난 연구에 대해 이해할 수 있게 해야 한다. 이를 위해 처음부터 끝까지 독자들을 이끌면서 선행연구의 마지막 지점까지 데려다주는 이론적·경험적 통로로서 선행연구의 검토가 이루어져야 한다. 그래서 독자들이 후속 연구로서 논문 작성자의 연구가 필요함을 수긍할 수 있어야 한다.

선행연구의 길이와 형식은 매우 다양하므로, 논문 지도교수와 어느 정도의 길이로 얼마나 상세하게 다룰 것인지를 의논해야 한다. 이것이 논문 작성자가 다루어야 할 선행연구의 범주를 정하기 때문이다. 일반적으로 10쪽 내외이면 연구주제를 종합하고 강조하는 선행연구의 양으로 충분하므로 지나치게 모든 것을 쓰려다가 쓸데없이 긴 비평이 되지 않도록 주의해야 한다.

선행연구의 초안 작성은, 무엇을 어떻게 다룰지 아이디어를 갖기 위해서 선행연구를 검토할 때 사용할 계획의 주된 표목이나 개요표를 만든 후 각 부분에 몇 쪽씩 배분할 것인지를 적어보는 것이다. 메모장이나 색인카드를 사용하는 것도 선행연구의 조각들을 전체적으로 볼 수 있게 해준다. 선행연구의 개요표는 선행연구를 하면서 계속 바뀌기 마련이며, 여기서 선행연구를 재조직하는 과정을 경험하게 되는 학생들이 대부분이다. 따라서 선행연구 개요표는 자료를 조직화하고 논문 작성의 시작을 도와준다고 생각해야 하며, 계속 쓰면서 변경해나갈 수 있도록 융통성 있게 사고해야 한다.

선행연구를 모두 읽고 그 안에 담긴 역사, 이론, 오래된 연구, 최신 연구, 관점, 특성 등을 모두 인용해서 다루려는 것은 잘못된 것이다. 좀 더 기능적인 접근으로서 하고자 하는 연구의 정당성과 방법론을 알려주는 문헌을 검토해야 한다. 연구의 배경 정보와 연구질문에 답할 수 있어야 하겠지만 그러한 내용을 다 인용해서 심사위원들에게 강조할 필요는 없다. 종종 10년 이상 된 선행연구를 검토해야 하는지, 언제까지 거슬러 올라가야 하는지를 궁금해하는데, 연구분야의 현재 상황을 평가할 수 있을 정도로 그 분야의 발전에 대한 폭넓은 관점을 제공해주는 연구는 반드시 읽어야 한다. 일반적으로 해당 분야의 상황을 잘 보여주는 최근 5년에서 10년 사이의 문헌을 주로 검토하게 되지만, 초기 연구 중에서 영향력이 크거나 매우 중요한 것 역시 포함해야 한다. 읽은 것을 모두 인용할 필요는 없지만, 무엇을 인용하고 인용하지 않을지를 결정하는 원칙은 필요하다. 선행연구의 범주에 대해서는 개인적 편견을 피할 수 있도록 선행연구가 포함하고 있는 부분과 포함하지 않은 부분을 선정 기준과 함께 상세히 기술해야 한다.

선행연구를 조직화하는 방법은 다양하지만, 특히 연구를 향상시키거나 지적하고 싶은 경우에는 문헌에서 중요한 부분을 강조하는 조직적인 틀을 선택해야 한다. 선행연구를 세부주제로 구분하면 독자들이 좀 더 쉽게 해당 주제를 이해하게 해줄 수 있다. 또 다른 유용한 방식은 선행연구를 검토하면서 요약하는 것이다. 특히 길고 복잡한 부분으로 나누어진 선행연구들에 매우 유용하다. 여기서 기억해야 할 사항은 독자들에게 왜 이 연구가 해당 분야에서 후속 연구가 되어야 하는지에 대해 좋은 논리를 설정해야 한다는 것이다.

글 쓰는 과정은 정리가 안 된 상태일 수 있지만 최종 산물은 깔끔하게 정리가 되어야 한다. 선행연구에 대한 문장을 쓰기가 힘들면 개요를 확장해본다. 각 부분에서 다루고자 하는 생각과 요점을 쓰고 이를 바탕으로 문단을 만든다. 연구들 간의 변천을 파악하기 어려우면 처음엔 연구에 관해 먼저 기술하고 나중에 변천에 대해 쓴다. 핵심은 일단 쓰기 시작하면 처음에는 불가능한 것처럼 보였던 것이 그다음에는 훨씬 더 쉬워진다는 것이다. 일단 시작하는 것이, 일정한 순서로 각 부분을 완성시키는 것보다 중요하다. 또한 단어를 수정하는 것이 처음 단어를 쓰는 것보다 쉽다는 것을 기억하고, 무엇이든 일단 쓴 후 순서를 주고 통합하고 나중에 잘 다듬어야 한다. 선행연구 검토를 시작하는 게 어려우면 한 쪽 쓰기, 한 개의 핵심 논문 읽고 요약하고 비평하기 등으로 매우 작은 목표부터 세우고 이 목표를 달성했을 때 자신에게 보상해서 동기화를 확실히 한다.

선행연구 부분은 서두에서 연구주제, 핵심 개념과 용어, 선행연구의 범주와 정리 방식에 대해 기술한다. 그다음에 각 부분으로 나누어 적합한 연구를 하나씩 기술하고, 관련 연구를 다루면서 비교 가능한 정보인 참여자, 독립변수, 종속변수, 연구설계, 연구결과 등을 연대순으로 인용한다. 이 과정은 지루하고 지치기 쉽지만, 연구방법과 연구결과를 간략히 비교하는 것은 연구들의 유사성과 차별성을 보여주는 데 유용하므로 선행연구의 마지막에 논하는 것이 대중적인 정리 방식이다.

선행연구를 검토할 때는 단순히 읽기만 해서는 안 되고 분석과 합성을 해야 한다. 연구자들의 연구결과에서 어떤 패턴이 나왔는지, 일관성이 있는지, 없다면 왜 그런 것인지 등, 선행연구의 끝에서 독자들은 연구 분야를 특징 짓는 연구결과와 패턴을 이해할 수 있어야 한다. 또한 최고의 연구와 최악의 연구는 무엇인지, 왜 그런지 등 문헌을 비판적으로 평가할 수도 있어야 한다. 출판되었다는 것만으로 방법론적 문제가 없다는 것은 아니므로 독자가 미래 연구에서 반드시 주지해야 하는 방법론을 알아볼 수 있도록 도와줘야 한다. 그리고 후속연구의 필요성이 있다고 언급한 주제를 강조하면서 자신의 연구로 끌어올 수 있도록, 선행연구를 읽으며 문제점과 논점을 잘 메모해두어 자신의 연구와 연결 짓는 것이 중요하다.

선행연구를 종합할 때는, 자신이 검증하고자 하는 문제가 매우 중요함에도 아직까지 답을 찾지 못한 것이며, 자신이 개선하고자 계획한 부분이 이전 연구들에서는 부족했음을 강조해야만 한다. 선행연구가 가진 강점, 약점, 빠진 부분을 자신이 제안하는 연구로 연결 짓고 다른 관점을 검토한 후 다른 연구자들이 문헌을 어떻게 통합하고 분석했는지를 보여줘야 한다. 이렇게 다른 사람의 글을 읽고 평가함으로써 자기 자신에 대해 어떻게 평가할 것인지도 생각해볼 수 있다.

선행연구 검토 시 지도교수의 피드백을 받고 나서 다시 작성할 부분이 생길 수 있다. 자신만의 논리 안에서 놓친 부분을 찾을 수 있고 새로운 아이디어가 떠오를 수 있다. 또한 자신의 연구주제에 지대한 관심을 갖고 있는 논리적인 글을 잘 쓰는 동료 대학원생들에게 도움을 받을 수 있다면 가장 이상적이다.

선행연구를 검토할 때 유의해야 할 사항을 정리하면 다음과 같다. 첫째, 적합한 문헌에 대한 정보원을 찾는다. 1차 정보원을 사용하고, 대중적인 출판사에서 나온 것은 피하며, 인터넷 정보의 질을 평가해 검색 전략을 잘 짜야 한다. 둘째, 검색을 수행하는 데 있어 핵심 저자와 주요 학회지를 파악하고, 서지 참고 정보원과 온라인 검색엔진을 활용하며, 다른 분야의 문헌, 핵심 저널의 목차, 학술논문과 도서의 참고문헌도 살펴본다. 셋째, 연구주제에 적합한 문헌을 수집하되 인용 방식을 정해서 일관성 있게 작성하고, 다운로드나 복사한 문헌을 모아서 정리하는 등의 문서 저장 방식을 계획한다. 넷째, 선행연구를 비평적으로 읽으면서 주제를 파악하고, 각 연구의 장점과 약점을 파악하며, 문헌에 대해 자신만의 관찰과 결론, 연구의 특수성에 대한 견해를 메모한다. 다섯째, 선행연구를 어떻게 작성할 것인지, 선행연구의 길이와 체재를 조사하고 자신의 선행연구 범주를 제한해 다루고자 하는 문헌을 정리하면서 초안을 작성한다. 여섯째, 서두를 작성하고 선행연구를 세분해 내용을 종합해서 비판적으로 분석하며 검토한다. 다른 연구자들의 문장을 참고하고 선행연구에서 부족한 부분을 자신이 하고자 하는 연구와 연결지어본다. 다만 이 과정 중에 표절하지 않도록 주의하고 계속 수정·보완해가며 작성해야 한다.

선행연구를 검토할 때 추가로 고려해야 할 사항은 다음과 같다. 첫째, 인문·사회 분야는 전공에 따라서 단행본이 도움이 될 수도 있지만, 이공계 분야는 오히려 학술논문이나 학술대회 발표문이 가장 최신의 정보를 제공하며 가장 최근 논의된 내용을 확인하게 할 수 있다. 둘째, 연구자 자신의 전공 분야에만 한정하여 선행연구 검토를 진행하다 보면 동일한 주제에 관한 다른 전공 분야의 연구를 놓칠 수 있다. 융합연구가 증가하고 있는 상황에서 학제적 연구 가능성을 열어놓고 선행연구 검토의 범위를 확장해 진행할 필요가 있다. 셋째, 선행연구를 국내에만 한정하지 않고 국외까지 확장해 검토해야 한다. 연구주제에 따라 상이하겠지만, 영어나 일본어, 중국어로 된 선행연구를 찾게 되는 경우 다른 국가의 연구자가 진행한 연구방법을 한국의 상황에 맞게 수정·보완해서 적용해볼 수 있다. 넷째, 연구주제에 따라서 선행연구가 너무 많은 경우와 너무 적은 경우가 있다. 선행연구가 많다는 것은 그 주제에 대한 관심이 높고 많은 연구자들이 이미 연구를 상당히 진행해왔다는 것을 의미한다. 그래서 검토해야 할 내용이 많고 웬만한 것은 이미 연구결과로 다 나와서 독창적인 연구를 시도하기 어렵다는 것이다. 이런 경우에는 연구대상을 특수한 조건으로 제한함으로써 새로운 연구질문을 제시하고 현상에 대한 다른 해석을 도출할 수 있다. 반대로 선행연구가 거의 없는 경우에는 매우 독창적인 연구를 시도함으로써 그 분야의 선구자가 될 수도 있지만, 연구의 필요성을 도출해내기 위한 근거를 처음 찾아야 한다는 어려움이 있다. 아무도 제기하지 않았던 연구질문이 어느 날 갑자기 나올 수는 없다. 연구주제에 대한 다양한 관점을 파악해야만 가능하며, 특히 새로운 관점의 접근이 필요하다. 다섯째, 선행연구를 비판적인 시각으로 검토해야 한다. 다른 연구자의 연구를 그대로 수용하기보다는 연구의 한계나 부족한 부분을 찾아보는 연습을 계속 해야 한다. 선행연구의 결과에 존재하지 않은 부분을 끌어내는 힘을 가져야 한다. 대부분의 연구에서는 결론에서 후속연구의 필요성으로 연구의 한계나 제한점을 제시한다. 그러므로 기존 연구의 부족한 부분을 메꿀 수 있는 새로운 관점이나 해석을 제시할 수 있어야 한다. 학문의 발전에 있어서 비판적 시각은 필수적인 요소로, 늘 후속연구자들의 특권이자 의무라는 사실을 명심해야 한다.

2) 선행연구 정리

루데스탐과 뉴튼(Rudestam & Newton, 2015, pp. 76-77)은 선행연구의 분석을 다음과 같이 다섯 가지 영역으로 나누어 제시했다.

① 개념화

- 연구하려는 관점이나 주된 연구문제는 무엇인가?
- 주된 개념의 정의나 설명이 명확한가?

② 이론적 틀과 가설

- 명확하게 설정된 연구질문인가?
- 가설이 있는가? 명확하게 설정된 가설인가?
- 주요 변수 간의 관계가 명확하고 타당한가?
- 가설을 검증할 수 있는 방식으로 기술했는가?

③ 연구설계

- 연구설계가 추가 변인을 적절히 통제할 수 있게 되어 있는가?
- 연구설계는 개선될 수 있는가? 어떻게 가능한가?
- 변인들이 명확하고 타당하게 조작적 정의를 갖고 있는가?
- 범주나 분류 선택이 타당한가?
- 측정의 신뢰도와 타당도에 대해 논의했는가?
- 측정도구의 선택이 적절한가?
- 연구의 모집단이 연구질문에 적합한가?
- 표본이 상세하게 적절히 명시되어 있는가?
- 연구결과가 표본을 기반으로 일반화가 가능한가?
  어느 집단에 가능한가?

④ 연구결과와 논의

- 연구를 위해 적합한 데이터인가?
- 통계적 기술이 적합하고 충분히 설명되었는가?
- 데이터 분석에 통제변수가 적절히 다루어지고 있는가?
- 고려했어야만 하는 다른 통제변수가 있는가?
- 연구결과가 통계 분석 결과와 일관성을 갖는가?
- 논의하고 설명한 데이터와 일관되는 대안적인 결론이 있는가?

- 연구결과의 이론적 · 실용적 영향이 충분히 논의되고 있는가?
- 연구의 제한점을 명시했는가?

⑤ 요약

- 연구문제 탐색과 관련해 연구 적합성에 대한 전반적인 평가는 어떠한가?
- 연구의 기여도에 대한 전반적인 의견은 무엇인가?

일반적으로 선행연구는 연구주제, 연구대상, 연구방법, 연구결과의 정당성과 연구의 의의와 효과, 연구의 한계와 문제점, 후속연구의 필요성을 나누어 정리하는 것이 필요하다. 이는 논문의 구성 형식과 유사하며, 각각을 구성 요소로 보고 선행연구를 분석해나가야 한다. 좋은 논문을 쓰기 위해서는 좋은 논문을 많이 읽어야 하며 해당 연구분야의 다양한 선행연구는 선행연구 분석을 위한 연습장이 될 수 있다. 즉 하나의 선행연구를 각 요소로 분해해서 해석한 후 정리하면, 하나의 논문을 각각의 부분으로 해체할 수 있게 된다. 이러한 분석 과정을 통해 연구자 스스로 자신의 연구에 있어서 구성 요소를 만들고, 이를 조합해서 하나의 논문을 만드는 능력을 키워나가게 되는 것이다.

선행연구를 검토하고 정리하는 것은 결국 어떤 연구질문이 남아 있고 그 질문이 무엇을 발견하기 위한 것이며, 과연 가치 있는 것인지를 판단할 수 있게 해준다. 선행연구의 정리가 끝날 즈음이 되면 연구자는 해당 연구주제에 대해 기존 문헌을 검토한 결과와 맥락을 자신의 논리에 연결시켜야 하고, 독자가 이를 수용하고 새로운 연구를 기대할 수 있게 만들어야 한다. 그래서 선행연구의 검토와 정리가 이루어지기 전에는 제대로 된 연구질문을 작성하기 어렵다. 그러므로 선행연구를 비판적인 시각으로 검토하고 정리하는 과정은 자신이 새롭게 제시하는 연구질문에 정당성을 부여하고 연구의 필요성을 강조할 근거를 마련해주는 것인 만큼,

논문 작성에 있어서 가장 단단한 기초가 되어 논문의 성패를 가르게 해 줄 것이다.

5. 연구계획서 작성

1) 연구계획

선행연구를 바탕으로 연구질문을 도출하게 되면 연구계획서를 작성해야 한다. 연구계획서(proposal)는 무엇을 연구하고자 하는지, 그리고 그것을 어떻게 연구하고자 하는지를 상세히 설명하는 글이다. 연구계획서를 작성하고 발표하는 것은 본격적인 학위논문 작성의 시작을 공식적으로 알리는 것이다. 그러므로 다음과 같은 관점에서 연구계획서를 작성하는 것은 매우 중요하다.

① 연구계획서는 연구의 필요성을 밝히고 연구내용을 설명하는 계획서로, 학위논문을 위해 작성하는 가장 중요한 부분이다. 즉 연구를 위한 훈련의 장이자 시험하는 기간의 역할을 한다. 연구계획서를 작성하는 것은 연구자가 선택한 특별한 연구영역과 조사 과정의 복합성에 대해 즉각적인 통찰력을 제공할 것이다. 그리고 계획한 연구와 부딪히게 될 어려움이나 도전을 명확하게 표현해주고 그러한 것에 어떻게 대응할 계획인지를 밝힐 수 있다. 이러한 방식으로, 학자로서 자신이 어떻게 연구를 수행할 준비가 되어 있는지 지도교수와 심사위원들에게 연구계획서를 통해 보여주는 것이다.

② 일단 연구계획서가 받아들여지면, 그것은 연구하려는 내용의 청사진 역할을 한다. 연구계획서는 연구를 어떻게 완성할 것인지 상세

히 제시한다. 물론 모든 교수나 학과에서 연구계획서를 하나의 계약서로 보는 것은 아니다. 하지만 프로포절은 학생과 심사위원들 사이에 체결하는 계획서와 같아서 프로포절이 승인되었다는 것은 연구계획대로 연구를 진행하여 완료할 수 있다는 의미로 받아들여진다. 물론 연구계획서를 승인했다는 것이 최종 연구결과나 분석이 승인되었다는 것을 의미하지는 않는다. 프로포절이 승인된 다음부터 학생은 프로포절에 기술된 절차에 따라 연구를 진행하며, 심사위원은 프로포절의 내용에 있어서 엄청난 수정을 요구해서는 안 된다. 연구계획대로 연구가 잘 진행되고 데이터가 적절히 분석되면 학위논문으로서 수용할 수 있는 최종본을 생산해야만 한다. 대부분의 연구자가 연구를 실제 수행하며 연구계획서에서 제안한 것에 소소한 수정, 약간의 내용 추가나 삭제를 해야 하는 상황에 직면할 수 있다. 사실상 심사위원들은 연구계획서에 매이기보다는 오히려 연구에 필요한 경우 일부 변경하는 것을 허용한다. 그러므로 연구계획서를 절대적으로 따를 것인지, 약간의 수정을 허용할 것인지 등은 학생과 논문 지도교수, 심사위원들의 판단에 따라 접근하는 것으로 보는 것이 타당하다.

③ 연구계획서는 학자로서 무엇을 할 수 있는지를 보여주는 기회이다. 그러나 연구를 개념화하고 실행하는 데 있어서 창의성과 독창성이 가치가 있는 특성임에도, 연구계획서를 쓸 때 이러한 내용을 보여주기란 쉽지 않다. 결국 서론에 해당하는 논문의 제1장이 연구자가 이 연구를 왜 하게 되었고 이 연구가 얼마나 중요하며, 앞으로 어떻게 진행할 것인가에 대해서 밝히는 논문의 나침판과 같은 역할을 한다. 최종 논문에서 가장 먼저 보게 되는 것이 바로 논문의 제목, 목차, 국문 초록, 서론이고, 독자는 이를 통해 논문이 전달하려는 내용을 반복해서 확인하게 된다. 그러므로 연구주제가

> 논문으로 전개될 수 있는지 점검하고 논문의 방향성을 제시하는 연구계획서는 논문의 시작이면서 논문의 성공을 담보하는 밑바탕으로 매우 중요한 부분이라고 할 수 있다. 이 부분을 완성하면 논문의 반 이상을 완성한 것이라고 할 정도로 논문의 성패를 좌우한다.

그렇다면 연구계획서 안에는 무엇을 담아야 하는가? 전공과 교수진에 따라서 연구계획서에 담는 내용은 매우 다양하다. 아주 간략한 문서로 연구지원서나 축약된 선행연구, 간단한 연구방법을 제시하는 경우도 있지만 다른 한편으로는 부록 안에 모든 보충 자료와 함께 최종 학위논문의 반 정도에 다다르는 문서를 필수적으로 넣도록 요구하기도 한다. 그러므로 참고할 수 있는 두세 개의 연구계획서를 논문 지도교수에게 추천받는 것이 좋다.

대부분의 경우, 연구계획서를 간단히 작성하기보다는 가능한 한 많은 것을 포함해 작성하는 경향이 있다. 논문을 계획하면서 갖게 된 자신의 생각과 선행연구, 설문지, 면담지, 참고문헌 등 가능한 모든 것을 연구계획서에 넣어서 데이터를 수집하고 분석함으로써 다시 만들어야 하는 부담을 덜어버리는 것이 좋다. 연구계획서를 상세하게 작성하는 것은 교수한테 특별한 생각과 계획에 대한 검토를 받을 수 있게 한다. 좀 더 완벽하게 작성하면 심사위원들과 핵심 구성 요소를 측정하는 방식이나 참여자를 최소화하는 방안, 또는 특별한 분석을 진행하는 최적의 방안에 대한 지혜나 경험을 더 많이 공유할 수 있게 된다. 또한 심사위원들이 구두심사에서 이렇게 하면 안 되었다고 지적하고, 그 결과 잘못된 부분을 고치기 위해서 설문조사를 다시 해야 할 것 같다는 심사평을 하게 할 가능성도 줄여줄 수 있다.

2) 연구계획서 서식

대학교마다 연구계획서 서식에 있어서 순서와 내용에 약간의 차이는 있지만, 공통적인 부분을 제시하면 다음과 같다.

① 제목	② 연구의 배경	③ 연구의 목적 및 필요성
④ 연구의 내용	⑤ 연구의 방법 및 일정	⑥ 연구의 의의 및 한계
⑦ 선행연구	⑧ 참고문헌	⑨ 부록

제목

논문의 제목은 구체적이어야 한다. 즉 굳이 연구내용을 보지 않더라도 어떤 연구를 담고 있는지를 파악할 수 있어야 한다. 연구내용을 구체적으로 표현하기 위해 필요한 경우 부제를 붙이기도 한다. 연구계획서에서 사용한 논문의 제목이 최종까지 가게 되는 경우도 있지만, 주로 논문의 제목은 논문이 완성될 때 만들어지는 편이다. 연구를 진행하면서 정말 무엇을 밝히고자 했는지가 분명해지는 경우가 많기 때문이다. 그러므로 연구계획서를 작성할 시점에 가장 적합하다고 생각되는 제목을 임의로 정하면 된다.

연구의 배경

연구의 배경에는 자신이 연구를 어떻게 시작하게 되었는지를 서술한다. 이 부분에서는 연구주제에 대한 일반적인 개념을 설명하고 이에 관한 선행연구가 얼마나 이루어졌으며, 어떠한 부분이 아직 부족한 상황이고 현재 어떤 방향으로 연구가 진행되고 있는지를 소개한다. 그리고 자신의 연구주제나 논문의 제목을 도출해낼 수 있도록 연구주제를 한 문장으로 정리해본다. 한 줄로 처음부터 작성할 수 없다면 두세 줄로 작성하고 핵심어를 중심으로 줄여나가면 된다.

연구의 목적 및 필요성

연구의 목적 및 필요성은 연구배경을 먼저 언급한 후 더 구체적으로 연구의 필요성을 피력하면서 연구의 목적을 제시하는 것이다. 연구주제에 관해 현재 동향을 설명하면서 왜 이 연구를 하는지, 이 연구를 통해 무엇을 얻을 수 있는지 등, 연구가 필요한 부분을 강조하면서 연구의 목적으로 연결시켜야 한다. 가장 효과적인 것은 이전 연구에서 연구의 한계와 후속연구를 제안한 선행연구를 찾아내는 것이다. 이렇게 할 수만 있다면 연구의 필요성이나 정당성을 선행연구가 보증하는 셈이 되기 때문에 연구의 목적을 매우 설득력 있게 작성할 수 있다. 왜 이 연구를 하게 되었는지, 무엇을 위해 이 연구를 하는지, 어떤 결과를 얻기 위해 이 연구를 하려고 하는지를 여기서 밝히는 것이다.

연구의 내용

연구의 내용에서는 연구의 목적을 달성하기 위한 연구질문이나 연구가설 등을 먼저 정해야 한다. 연구질문이나 연구가설은 그냥 만들어지는 것이 아니라 선행연구를 기반으로 한다. 물론 연구주제에 대한 호기심으로 접근할 수도 있지만, 그보다도 연구를 진행하기 전에 아직까지 밝혀지지 않은, 확인이 필요한 부분을 구분하여 설정할 필요가 있다. 이렇게 연구질문이나 연구가설이 먼저 나와야만 이를 증명하거나 반증하기 위한 연구대상을 결정할 수 있다.

연구의 방법 및 일정

연구방법은 이 연구가 어떻게 이루어질 것인가에 대한 생각으로, 어디서, 누구에게, 무엇을, 어떻게 수집하고 분석할 것인지 계획을 세우는 것이다. 이 부분에서 최고의 규칙은 타당성과 복제 가능성을 달성해야 한다는 것이다. 누구나 이 부분을 읽으면서 가능하겠다고 생각할 정도로 충분히 자세하게 방법에 대한 설명이 제공되어야 한다. 그래서 연구질문에 대한 답을 구할 수 있도록 연구방법이 충분하다고 평가되어야 하며, 해당 분야의 주요한 관점 안에서 연구가 적용될 수 있어야 한다.

연구방법의 구성은 연구설계, 연구대상, 연구조건과 장치, 실험 상황이나 조정, 측정 등으로 이러한 방법론을 모두 계획해야 한다. 연구방법에서 '누구'에 해당하는 것이 연구대상이다. 누가 연구에 참여할 것인지, 어떻게 그들을 선정할 것인지, 얼마나 많은 사람을 연구에 참여시켜야 할 것인지 등을 고려해야만 한다. 연구대상은 연구주제와 관련된 모두를 대상으로 할 수는 없으므로 연구 모집단의 표본을 잘 선택해야 한다. 이때 표본이 연구 모집단을 대표할 수 있도록 객관적인 선정 기준을 마련해야 한다. 연구대상은 하나일 수도 있고 다수가 될 수도 있는데, 대표성을 가질 수 있도록 조건을 만들어 사례 연구나 실험 연구 등 다양한 조사 방법을 적용해야 한다. 그리고 어느 시대로 한정할 것인지 특정할 필요가 있는데, 단순히 1990년대, 2000년대와 같이 정할 수도 있지만, 이보다는 학문 분야마다 적용되는 특정한 시대 구분이나 지표, 제도나 역사적 사건, 집권 정부에 따라 나누고 이 시기를 상징하는 명칭을 붙일 수 있다.

또한 윤리적인 연구를 수행하기 위한 준비로서 윤리지침서와 규정을 읽고 필요한 훈련을 마쳐야 한다. 연구에서 윤리적 기준의 적용을 제대로 하게 만드는 기관생명윤리위원회(Institutional Review Board, IRB)나 동물실험윤리위원회(Animal Care and Use Committee, ACUC)에 문의하고 연구참여자 모집 문구와 편지를 작성해 상세히 작성된 동의서를 전달해서 사전 동의 절차를 따라야 한다. 그리고 윤리적인 실천이 지속적으로 유지되는지를 확실히 하는 연구가 이루어지는지 점검해야 한다. 윤리적으로 책임 있는 연구를 수행하기 위해서는 인간 대상 연구인 경우 연구의 윤리적 수용성을 평가해야 한다. 윤리적인 문제 없이 연구를 수행하는지 확실히 하고, 연구보조원과 다른 연구자들도 감독해야 한다. 연구참여자들에게 분명하고 공정하고 자발적인 동의서를 받아야 하고, 연구에 절대적으로 필요하다거나 연구를 정당화해주는 것이 아니면 거짓말이나 속임수는 피해야 한다. 그리고 언제라도 연구참여자가 참여를 그만두거나 포기할 권리를 존중해야 하며, 연구과정에서 초래될 수 있는 육체적 손상, 위험이나 불편함으로부터 연구참여자를 보호해야 한다. 데이터 수집을 마치고 나서는 연구참여자에게 해당 내용을 보고해야 하고, 연구에 참여한 결과가 연구참여자에게 바람직하지 않은 결과를 낳는 내용은 재고해야 한다. 사전동의서를 받고 연구참여자들의 동의 여부에 따라서 연구하는 동안 연구참여자에 대해 수집된 정보의 엄격한 기밀유지를 해야 한다.

IRB 심사는 항상 파일럿 테스트와 공식적인 연구에 적용되어왔기 때문에 이러한 과정을 연구계획 초반에 검토하는 것이 중요하다. 특히 IRB 회의 일자에 특별히 신경을 써야 하는데, IRB 회의가 한 달에 한 번씩 열리는 경우라면 한 번 놓쳤을 때 연구를 다시 시작하기 위해 한 달을 더 기다려야 할 수 있다. 그리고 연구에 있어서 필요한 요구 사항이 정확히 무엇인지를 파악해 IRB 심사를 받지 않거나 신속한 검토를 받을 수 있게 해야 한다. 다른 정보원에게서 나온 데이터를 획득하거나 대중의 행위를 관찰하거나, 일상적인 교육 실무를 평가하는 경우에는 IRB 검토가 필요하지 않을 수도 있다. 지도교수나 다른 심사위원들은 IRB에 관해 잘 알고 있으므로 그 과정을 성공적으로 마치기 위해 필요한 조언을 해줄 것이다. 프로포절 심사 전에 IRB 승인을 미리 받아야 하는지 아는 것도 중요하다. 일부 전공은 학생들이 프로포절 심사를 받기 전에 승인받을 것을 요구하는데, 이는 승인 여부가 연구질문과 가설을 포함하는 연구의 관점에 엄청난 영향을 줄 수 있고, 심사위원회는 IRB와 관련해서 프로포절 심사를 다시 하길 원하지 않기 때문이다. 일부 다른 전공은 학생들이 프로포절을 통과하고 난 다음에 IRB 심사 지원서를 제출하게 하는데, 프로포절 심사에서 IRB 승인에 영향을 주는 변화를 가져올 수 있기 때문이다. IRB 승인을 프로포절 심사 전이나 심사 후에 받는 것과 상관없이 계획하고 있는 연구가 조금이라도 논란의 소지가 있다면 IRB에서도 조정이 필요할 수 있음을 예상해야 한다.

연구방법에서 가장 중요한 부분은 연구목적의 수행에 가장 적합한 연구방법을 적용하는 것이다. 양적 연구로 갈 것인지, 질적 연구로 갈 것인지에 대해서는 연구주제에 따라 다양한 연구방법을 선택할 수 있다. 예를 들면 양적 연구와 질적 연구를 함께 하기도 하고, 경험적 연구나 이론적 연구를 진행하기도 한다. 그리고 연구방법을 논할 때는 자신의 연구목적을 위해 어떤 연구방법이 가장 적합하다고 판단하게 되었는지에 대한 근거도 함께 제시해야 한다.

연구방법의 선택도 중요하지만 연구대상으로부터 얼마나 정보를 구할 수 있는가도 매우 중요하다. 아무리 관심이 집중된 연구라고 해도 정보를 입수할 수 없거나 상당히 어려운 경우라면 연구를 그만두는 것이 나을 수 있다. 연구결과 도출에 필요한 데이터가 제대로 수집되지 않으면 그다음 단계로 넘어갈 수가 없기 때문이다. 그리고 데이터를 수집하는 데 들어가는 돈과 시간, 노력도 염두에 두어야 한다. 연구가 공짜로 이루어지는 것이 아니므로 연구 자금이 얼마나 필요한지도 연구계획서에 반영해두어야 한다.

일반적으로 연구자가 직접 수집하는 정보를 1차 데이터라고 하고 이미 다른 연구자들이 가공해놓은 정보를 2차 데이터라고 한다. 새로운 연구결과를 도출하려면 1차 데이터를 많이 수집해야 하는데, 이 중 질적 정보는 관찰과 면접으로 이루어진 언어화된 정보이고 양적 정보는 통계나 설문조사 등으로 구한 수량화된 정보이다. 질적 정보를 수집하는 경우, 새로운 데이터를 발견하게 되어 의미 있는 결과를 가져올 가능성이 양적 정보보다 훨씬 높다(우에노 지즈코, 한주희 역, 2020). 모든 데이터는 수집 이후에 진행되는 데이터 분석, 즉 그 데이터에서 무엇을 찾아낼 것인지, 데이터를 어떻게 해석해서 새로운 발견을 제시할 것인지가 연구의 가치를 결정한다. 이렇게 연구자는 자신이 주장하고 싶은 바를 데이터로 전달하는 것이다.

연구 일정도 연구자에 따라 1년이나 1년 반, 또는 2년으로 잡아서 계획을 세워야 한다. 물론 선행연구를 얼마나 효율적으로 집중해서 진행하느냐에 따라서 연구 일정은 매우 달라질 수 있는데, 일단 선행연구를 6개월 동안 확실히 하고, 그다음 1장 서론과 목차 작성, 2장 본론 도입부 완성에 2개월, 데이터 수집에 1개월, 데이터 분석 및 정리에 1개월, 3장 본론 연구결과 총 정리 및 작성에 1개월, 4장 결론과 초록, 기타 부분 정리 및 작성에 1개월을 잡으면 전체 연구 일정을 12개월로 진행할 수 있다. 하지만 이는 매우 이상적인 것으로 이러한 일정으로 연구를 진행하려면 전일제 학생으로 오롯이 논문 작성을 위해 시간을 할애할 수 있는 경우여야만 한다. 그러므로 1년 연구 일정을 기본으로 하여 연구자 자신의 상황에 맞춰서 조정해나가야만 한다.

연구의 의의 및 한계

연구의 의의 및 한계는 실제 논문에서는 결론의 마지막에서 다루게 되겠지만, 연구계획서를 작성하면서 먼저 짚어볼 필요가 있다. 연구를 진행해보지도 않은 상태에서 이에 대해 작성하는 것이 무리라고 생각할 수도 있지만, 이 연구로 인해 사회적으로 어떠한 공헌을 할 수 있고 학문적으로는 어떠한 성과를 가져올 수 있는지를 예측해보는 것은 필요하다. 모든 연구는 계획할 때부터 연구자가 해결할 수 있는 부분과 여전히 해결하지 못하는 부분이 남을 수 있다는 것을 깨닫는 것이 중요하다. 또한 연구에서 사용하는 특정 개념과 용어가 있다면 어떤 의미로 사용했는지를 정의해줄 필요도 있다. 다른 연구자의 개념을 가져오는 경우에는 그것을 어떤 이유로 채택한 것인지 명시해야 한다.

선행연구

선행연구는 연구자가 연구를 진행하기 전에 연구주제에 대해 충분히 검토했는지를 보여주는 것이며, 연구의 배경부터 연구의 목적, 필요성, 연구내용 및 연구방법, 연구의 의의 및 한계까지를 끌어낸, 이전 연구자들의 연구결과를 분석하는 단계이다. 선행연구를 분석할 때는 연구계획서에 간단한 개요를 제시하고 문헌을 읽는 것보다 훨씬 더 깊이 있게 내용을 살피고 생각하는 정확성을 갖추는 것이 필요하다. 이렇게 작성하는 연습은 자신의 사고를 예리하게 만드는 데 도움을 준다. 다양한 연구로부터 나온 연구결과를 종합하는 것은 연구를 비교하고 대조할 수 있게 해주며, 연구주제를 찾게 만든다. 따라서 이러한 과정은 이전 연구자들이 놓쳤을 수도 있을 연구주제에 관한 폭넓은 생각을 할 수 있게 해준다.

선행연구를 분석하는 데는 이처럼 많은 시간과 노력이 소요되지만 그 결과는 분명 가치가 있다. 선행연구 분석을 하고 내용을 정리하면 연구의 필요성, 연구의 목적, 연구의 방법과 내용 등이 자연스럽게 나오기 마련이다. 선행연구 분석을 나중으로 미루면 연구의 끝에 힘든 작성 과정이 남게 될 것이며, 데이터를 수집하는 동안에 잊어버린 모든 선행연구들을 다시 읽어야만 하게 되었을 때 그다지 동기부여가 되지 않을 것이다. 선행연구 분석은 주제를 일반적인 내용으로 시작해 연구하고자 하는 연구질문이나 특별한 분야로 초점을 점차 좁혀가는 것이 바람직하다. 연구주제와 적합한 문헌을 모두 검토하고 나면 독자들에게 이전 연구에서 여전히 남겨진 부분, 즉 특정한 연구의 필요성을 분명하고 확실하게 보여줄 수 있다. 이렇게 함으로써 연구자는 앞으로의 연구가 새로운 발견을 가능케 하리라는 자신감을 갖게 되고, 연구계획서를 읽는 다른 사람들에게도 새로운 연구에 대한 신뢰감을 줄 수 있다.

참고문헌

참고문헌은 연구계획서를 작성하면서 참고한 국내외 자료들의 목록으로, 반드시 직접 또는 간접인용한 문헌만을 모두 일정한 참고문헌 양식에 따라 수록해야 한다. 연구계획서에 충분한 참고문헌이 제시되지 않으면 연구주제에 대한 학습이 부족하다는 인상을 줄 수 있으므로 최대한 해당 주제에 관한 최근 자료는 모두 검색해 선행연구를 철저히 했음을 보여줄 필요가 있다. 참고문헌 작성 양식은 전공마다 다양하므로 자신의 전공이 어떤 방식을 채택하고 있는지 확인해야 한다. 이때 가장 최근의 박사학위논문을 살펴보는 것이 도움이 된다. 그리고 연구계획서를 작성할 때부터 참고문헌 작성 시 서지관리도구 및 스타일 매뉴얼 활용 방법에 대해 알아두면 논문을 완성하는 단계에서 참고문헌 확인에 필요한 시간을 줄일 수 있다. 가끔 연구계획서에서 인용한 부분과 참고문헌의 내용이 일치하지 않거나 누락되는 경우가 있는데, 이 부분은 대조 작업을 통해 반드시 확인해야만 한다.

부록

부록은 심사위원들에게 완벽한 방식으로 연구에 접근했다는 것을 확실히 보여주는 자료로, 중요할 수 있는 추가적인 세부 내용을 모아두는 곳이다. 설문지, 심층면담지, 연구대상자나 기관의 동의서, 데이터 수집 도구나 지침 매뉴얼 등을 부록에 포함할 수 있다.

3) 연구계획서 발표 준비

연구계획서를 작성하고 심사하는 과정은 지도교수, 전공, 기관에 따라서 다양하다. 그러나 일반적인 연구계획서의 작성 과정은, 첫째, 학생과 지도교수가 함께 생각을 써내려가고, 둘째, 적합한 문헌을 수집해서 읽고, 셋째, 무엇을 어떻게 제안할 것인지에 대한 의견을 정리해 확정지어야 한다. 연구계획서를 완전히 작성할 때까지 지도교수에게 제출하지 않는 경우도 있고 일부만 완성된 상태에서 지도교수에게 검토를 받는 경우도 있다. 이 과정에 대해서 지도교수는 다음과 같이 조언을 할 수 있다.

논문 심사위원이 누구이고 어떤 분야에 관심을 갖고 있는지 계속해서 파악해야 한다. 일부 전공은 충분한 시간을 주기 위해 논문 심사위원을 일찍 확정하기도 하지만, 연구계획서가 거의 다 완성될 때까지 기다렸다가 심사위원이 되어달라고 요청하는 것이 좀 더 전형적이다. 일반적으로 논문 심사위원들은 해당 연구분야에 엄청난 관심과 전문성을 갖고 있지 않는 한 연구계획서의 초안 정도만 읽고 많은 검토 의견을 개진하지는 않을 것이다. 지도교수는 학생이 써 온 내용을 검토해야 하고, 심사위원들에게 전달해도 되겠다고 생각될 때까지 연구계획서를 계속해서 수정하게 한다. 연구계획서를 심사위원들에게 제출한다는 것은 심사받을 준비가 되었다는 것이며, 심사위원들은 연구계획서의 수정·보완을 재고하고 추가적인 사항을 제시할 수 있다. 연구계획서의 심사가 끝난 이후에는 심사위원들이 요구한 수정사항을 반영하고, 추가적으로 요구된 내용을 더하여 연구계획서를 다시 제출해야 한다.

연구과정에서 추가적인 문서를 준비해 제출해야 할 수도 있다. 데이터를 수집한다면 IRB의 인간 대상 연구와 관련해 윤리적으로 문제가 없는지 승인을 받아서 안전하게 진행해야 한다. 이러한 문서는 연구과정을 전체적으로 검토하게 하고 연구과정에서 윤리적인 문제를 어떻게 다룰 것인지 지침을 제공해준다. 또한 연구에 참여하는 사람들이 설문이나 심층면담 대상 기관으로부터 특정한 승인을 받아야 할 수도 있다. 다른 사람이나 기관의 데이터를 사용해야 하는 경우에는 데이터를 사용하는 방식에 주의해야 하며, 연구의 가치와 목적이 일관성을 갖고 윤리적·과학적으로 건전한지, 그래서 그 데이터를 사용하는 다른 연구와 광범위하게 중복되지는 않는지에 신경 써야 한다. 이러한 일련의 과정에 있어서 적시성과 적용의 기준은 전공과 지도교수에 따라 매우 다르다. 그러므로 최근에 학위논문 심사를 통과한 학생들에게 조언을 구하고 논문 지도교수와 긴밀히 논의하는 것이 필요하다.

6. 목차 작성

1) 목차의 구성 요소

주제를 결정하고, 이와 관련된 선행연구를 수집하고 정리한 후 연구계획서를 완성하면 목차를 작성할 수 있다. 목차는 논문을 어떤 체제로, 또 어떠한 서술 방법으로 작성할 것인가를 항목으로 만들어 별도로 정리해서 보여주는 것이다. 목차를 통해 논문의 전체 내용을 일목요연하게 설명하는 동시에 논문 작성자의 전체 연구 틀을 파악하게 할 수 있다. 목차는 인간의 육체를 지탱해주는 머리부터 발끝까지에 이르는 골격과도 같아서, 균형 잡힌 신체를 만들기 위해서는 적절한 뼈대를 잘 구축해 몸 전체를 지지하게 만들듯이 논문에서도 목차를 잘 구성하는 것이 매우 중요하다. 목차를 통해 논문의 질까지 판단할 수는 없지만, 목차를 보면 논문 작성자가 어떤 생각으로 연구를 진행하고자 하는지 정도는 알 수 있다. 잘 정리되지 않은 목차는 논문 작성자가 자신의 연구에 대해 스스로 정리되지 않았음을 보여준다. 목차를 준비하는 것은 자료의 개념화 문제를 파악하고 피할 수 있게 하며, 연구에서 무엇이 이루어질 것인지를 명확하게 볼 수 있게 해준다.

목차를 잘 구성하기 위해서는 다음 세 가지 원칙을 지켜야 한다. 첫째, 논문 전체를 보여줄 수 있어야 한다. 둘째, 논문 구성의 기본 원칙을 잘 알고 있어야 한다. 셋째, 논문 구성의 유형을 잘 알고 있어야 한다. 먼저 논문 전체를 보여줄 수 있어야 한다는 것은, 목차를 통해 작성하고 있는 글의 전체 흐름을 보여주면서 내부적인 틀의 구조와 각 구성 요소의 위치를 파악할 수 있게 해주어야 한다는 것이다. 즉 논문에서 다루고 있는 내용들이 전체적으로 어떤 짜임새를 갖춰야 가장 효과적으로 표현될 수 있을 것인지를 심각하게 고민해 작성해야 하며, 연구수행 과정에서 다룬 내용이 전체적인 틀 속에 어떻게 배치되어야 하는지, 또 전체적인 내용 속에서는 어떤 기능을 수행할 것인지 등을 따져 각각의 요소를 제 위치에 놓고 제 역할을 할 수 있게 해야 한다. 물 흐르듯 전체 논문의 내용이 순서대로 전개되어야 하며, 이러한 순서가 논리적으로 연결되어야 하고 내용의 범주도 위계적인 구조를 고려해 구성해야 한다.

이러한 목차는 단번에 구성될 수 있는 것은 아니고, 여러 번의 수정을 거쳐서 마지막까지 보완해 만들어지게 된다. 그러나 구성의 기본 원칙과 구성의 유형을 알면 이러한 수정 과정을 최소화할 수 있다. 구성은 전체적인 글의 윤곽 내지는 골격을 짜는 것으로, 글 전체의 논리성과 인과성을 결정해주는 중요한 요소이다. 구성이 제대로 되어 있지 않으면 주제에서 벗어나는 내용이 포함될 수도 있고, 앞뒤가 맞지 않는 내용이 두서없이 나타날 수도 있을 뿐만 아니라, 전체적으로 균형이 맞지 않는 글이 되어버릴 위험성도 크다. 한 편의 논문을 볼 때는 목차의 구성부터 살펴서 논문 작성자의 수준이나 논문 내용의 수준을 판단하게 되는데, 그만큼 목차 구성이 중요하다. 논문의 계획 단계에서 장제와 절제로 준비된 예비 목차는 글쓰기를 바로 시작하게도 만들어줄 수 있다.

그러므로 자신의 생각을 효율적으로 전달할 수 있는 최적의 목차를 장제와 절제를 잘 정리해 구성해야 한다. 즉 연구내용을 어떤 틀에 어떤 순서로 어떻게 담을 것인가를 전략적으로 계획하고 정리해서 구조화하여, 목차를 통해 논문의 주제를 파악할 수 있게 하는 것이 중요하다. 목차의 모든 부분은 서로 연결되어야 하고, 전체를 보여주어야 할 뿐만 아니라, 각각의 부분이 연관되는 동시에 중심 부분을 드러내줘야 한다. 각각의 장제와 절제는 서로 구분이 되면서도 연결되고, 각각의 내용을 규정하는 동시에 전체 논문의 주제를 보여주는 일관성을 유지해야 한다. 또한 각각의 부분이 치우침 없이 각 부분에 적절한 비중으로 배분되어 목차 안에 배치되어야 한다.

2) 목차 구성의 기본 원칙

목차는 서론, 본론, 결론을 기본 형식으로 한다. 서론에서는 연구를 진행하게 된 배경, 연구의 필요성, 연구의 목적, 연구의 내용 및 방법, 그리고 선행연구를 주로 다룬다. 본론은 서론에서 제시한 연구설계에 따라 연구를 진행하는 연구의 핵심, 즉 몸통을 이루는 부분이다. 결론에서는 연구계획에 따라 진행하여 나온 결과를 바탕으로 자신의 주장을 기술하고 새로운 연구결과를 강조하면서 후속 과제를 제안한다. 이 중 본론은 연구에서 발견한 내용을 자세히 보여주는 부분으로, 목차에 정리된 내용만으로도 논문의 핵심을 파악할 수 있게 해당 목차를 구성해야 한다. 즉 연구자의 관점인 주제를 반영해서 구조화해야 한다는 것이다. 따라서 연구내용의 순서, 순서의 논리, 상하위 관점이 위계에 맞게 잘 범주화되어야 한다. 석사학위논문에서 이러한 목차의 일반적인 구성을 예로 들면 다음과 같다.

제1장 서론
제2장 수질오염의 정의 및 유형
제3장 한국의 수질오염 실태
제1절 강
제2절 바다
제4장 한국의 수질오염 비교 분석
제1절 강
제2절 바다
제3절 종합분석 및 시사점
제5장 결론

참고문헌
부록

어떤 학생이 '수질오염'에 관심을 가지고 이에 관한 논문을 쓴다고 가정해보자. 이 학생의 일차적인 관심은 수질이 어느 정도로 오염되어 있는가에 집중되었을 것이다. 그래서 수질오염의 실태와 관련된 자료를 도서관이나 인터넷을 통해, 혹은 직접적인 관찰을 통해 수집하게 된다. 그러다가 곧 지구상 모든 지역의 수질오염에 관해 조사한다는 것은 도저히 불가능하다는 사실을 파악하게 될 것이다. 그러면 연구의 범주를 제한해서 우리나라의 수질오염으로 국한해 보자는 생각에 도달하게 된다. 하지만 이에 관해 논문을 준비하다 보면 또다시 크고 작은 강과 바다, 우리나라의 크고 작은 도시와 시골의 수질 실태를 모두 조사한다는 것이 도저히 불가능하다는 것을 파악하게 된다. 최종적으로 우리나라의 중요한 강인 한강, 낙동강, 금강의 수질오염이나 동해, 남해, 서해의 수질오염에 범위를 국한해 논의하는 것으로 연구 범위를 더 좁히게 된다. 그리고 이에 관한 충분한 자료 조사와 색인 작업까지 마치면 한강의 수질오염, 낙동강의 수질오염, 동해의 수질오염, 서해의 수질오염 등으로 구조화하여 목차를 작성하게 된다.

목차 작성의 기준점

이 단계에서 논문 작성자는 전체적인 체계를 어떻게 잡을 것인지, 즉 목차를 어떻게 작성할 것인지를 고민하게 된다. 이 고민의 과정에 적용될 수 있는 것이 분류의 기준점이다. 수질의 실태에 관해 조사하고자 할 때 한강, 낙동강, 금강과 같은 강을 분류의 기준점으로 삼을 것인가, 아니면 동해, 남해, 서해 등과 같이 바다를 분류의 기준점으로 삼을 것인가, 아니면 강과 바다 모두를 분류의 기준점으로 할 것인가 등에 대해 고민하게 될 것이다.

무엇을 분류의 기준점으로 삼든 분류를 할 때는 다음의 세 가지 원칙을 지켜야 한다. 첫째, 분류의 기준점은 구성체의 한 속성이어야 한다. 앞의 예에서 보면 '한강'은 '한국에 있는 강'이므로 한강은 '한국'이라는 속성과 '강'이라는 속성을 가지고 있다. 그러므로 분류의 기준점은 한국이나 강과 같은 것이 될 수 있다. 물론 이 속성 외에 다른 속성을 가질 수도 있고, 이 속성 자체를 다른 것으로 대체할 수도 있다. 둘째, 분류의 기준점은 처음 하나의 기준점에 의해 배타적으로 분류할 수 있는 것이어야 한다. 만약 이 원칙이 지켜지지 않으면 하위 계층에 속한 대상 가운데 상위 계층에는 소속되지 않게 되는 경우가 발생할 수 있다. 셋째, 하나의 계층에 적용된 분류의 기준점은 다른 계층의 기준점과 층위상의 조화를 이루어야 한다. 즉 상위의 층위에서 적용된 기준점은 하위 층위의 기준점에도 내포되는 개념이어야 한다. 앞의 예에서 '인위적인 것'과 '자연적인 것'을 분류하고, '자연적인 것'을 '강'과 '바다'로 분류할 수 있다. 이 경우 '자연적인 것'은 '강'과 '바다'를 나누는 기준점에 내포된 개념이 된다. 그래서 한강, 낙동강, 금강, 동해, 남해, 서해라는 여섯 항목이 있다면 수질오염이라는 주제는 상위 개념을 고려해서 '강의 수질오염', '바다의 수질오염'으로 나뉘고, 다음과 같이 목차를 구성하게 되는 것이다.

강의 수질오염 실태	바다의 수질오염 실태
1. 한강	1. 동해
2. 낙동강	2. 남해
3. 금강	3. 서해

목차의 통일성

이렇게 목차가 작성되었으면, 애초에 작성하고자 했던 논문의 범위와 자료 수집 과정에서 축소했던 범위를 상기할 수 있다. 처음 의도했던 주제를 포괄적으로 다룰 수 없었기 때문에 한국의 수질오염 실태에 한정해 논의하기로 했었다. 그리고 처음에 수집했던 자료까지 포함해 목차를 작성하면 수정된 논문의 주제와는 관련 없는 것이 포함될 수 있게 된다. 이러한 경우 논문의 통일성이 결여되는 결과가 초래된다. 큰 목차는 작은 목차를 포괄할 수 있는 것이어야 하고, 작은 목차는 큰 목차에 포함되어야 하는데, 그렇지 못할 경우 큰 목차와 작은 목차 사이에는 불일치가 발생한다. 특정한 주제를 염두에 두고 자료 조사를 하다 보면 그와 직접 관련이 없는 자료를 구할 수도 있다. 그리고 논문을 작성하는 도중에 주제가 수정될 경우 주제와 상관없는 자료가 남아 있게 될 수도 있다. 이러한 경우, 논문 작성자는 관련 없는 내용을 과감히 삭제해야 한다. 예를 들어 '한국 강·바다의 수질오염'으로 연구 범위를 한정하기 전에 미시시피강이나 태평양의 수질오염 실태를 조사했다면, 한국의 강이나 바다와 비교할 수 있는 부분을 제외하고는 후속연구를 위해 해당 자료를 아껴두는

지혜가 필요하다.

목차의 균형성

한국 강·바다의 수질오염에 관해 정리해보면 수질오염 실태에 대해 강과 바다라는 두 항목의 세부 목차가 있다는 것이 한눈에 들어오게 된다. 논문에서 모든 장이 똑같은 비중을 가져야 하는 것은 아니며, 강조하고 싶은 것이 있다면 더 많은 세부 목차를 가지고 더 깊은 논의로 들어갈 수 있다. 따라서 이 부분의 분량이 많아지는 것은 당연하다. 그렇지만 논문 작성에서 중요한 것은 전체적으로 각각의 부분이 다른 부분들과 균형을 이뤄야 하고, 세부 항목의 개수까지도 비슷하게 맞춰야 한다는 것이다. 여기서는 강의 수질오염에 대한 세부 항목을 한강, 낙동강, 금강으로 하고 바다의 수질오염은 동해, 남해, 서해로 하여 전체에서 차지하는 부분의 균형을 맞추는 것이 좋다.

목차의 논리성

목차의 균형이 맞추어졌으면 다음으로 할 작업은 목차끼리의 상관성을 높이는 것이다. 우선 큰 목차들끼리 어떤 상관관계가 있는지, 강의 수질이 바다의 수질과 밀접하게 연결되는지를 검토해본다. 여기서 원인과 결과라는 인과관계가 나타난다면 모르지만, 그렇지 않다면 지금까지 작성된 목차만으로는 논문의 생명인 논리적인 인과성이 결여되었다고 볼 수 있다. 즉 관련 없는 것들을 나열한 것밖에 되지 않는다는 것이다. 만약 목차끼리의 상관성을 찾을 수 없다면 이들을 묶어줄 수 있는 새로운 개념을 도입해야 한다. 이 경우는 '수질오염의 원인'과 같은 장제를 넣어주고, 이들을 수질오염 실태와 관련지을 수 있다. 그리고 더 나아가 수질오염을 막음으로써 보다 나은 환경에서 살 수 있도록 하는 '수질오염의 대책'이라는 목차를 추가할 수도 있다.

1. 서론
2. 한국 수질오염의 원인
3. 한국 수질오염의 실태
4. 한국 수질오염의 대책

이렇게 되면 제목도 '한국 수질오염의 실태와 대책'이라고 수정할 수 있다.

3) 목차 구성의 유형

인과적 구성

목차 구성에서도 가장 기본적인 것이 연역적인 구성과 귀납적인 구성이다. 다음은 서론이 연역적으로 구성된 예이다.

1. 서론(수질오염에 대한 문제제기)
2. 물 관리가 제대로 이루어지지 않으면 병에 걸리기 쉽다.
3. 아프리카는 물 관리가 제대로 이루어지지 않고 있다.
4. 아프리카에서는 물을 마시고 병에 걸리기가 쉽다.
5. 결론(해결 방안)

다음은 본론과 결론이 귀납적으로 구성된 예이다.

1. 서론(가난한 나라의 물 관리는 어떠한가?)
2. 오랫동안 아프리카는 물 관리가 제대로 이루어지지 않았다.
3. 현재도 아프리카는 물 관리가 이루어지지 않고 있다.
4. 결론(향후 아프리카의 물 관리 필요성)

시공간적 구성

시간적 구성은 시간의 흐름에 따라 구성하는 것이고, 공간적 구성은 공간적인 질서에 따라 구성하는 것이다. '언어와 여성의 사회적 위치'라는 제목으로 글을 쓴다고 하면 시간적 구성은 다음과 같다.

1. 서론(언어와 언어 사용자의 사회적 위치)
2. 고려시대의 언어와 여성의 사회적 위치
3. 조선시대의 언어와 여성의 사회적 위치
4. 일제시대의 언어와 여성의 사회적 위치
5. 근현대의 언어와 여성의 사회적 위치
6. 결론

같은 제목으로 다음과 같은 공간적 구성을 할 수도 있다.

1. 서론
2. 한국어와 여성의 사회적 위치
3. 일본어와 여성의 사회적 위치
4. 영어와 여성의 사회적 위치
5. 프랑스어와 여성의 사회적 위치
6. 결론

병렬적 구성

병렬적 구성은 다음과 같이 대상들을 나열한 구성이다.

1. 서론
2. 한강의 오염 실태

3. 낙동강의 오염 실태

4. 금강의 오염 실태

5. 결론

7. 인터넷과 AI의 활용

인터넷은 여러 통신망을 하나로 연결한다는 의미의 '인터 네트워크(inter-network)'라는 개념에서 유래했는데, 전 세계로 연결되어 있는 거대한 컴퓨터 네트워크 통신망을 의미한다. 인터넷은 서로 동시에 참여할 수 있는 쌍방향 통신을 제공하며, 컴퓨터가 네트워크로 연결만 되어 있다면 시공간적 제약 없이 메시지를 텍스트, 이미지, 음성, 영상 등 다양한 포맷으로 변환해 통신할 수 있게 한다. 더 나아가 서로에 대해 모른 채 통신할 수 있게 하는 익명성도 제공한다. 전 세계를 거미줄처럼 연결하는 거대한 컴퓨터 네트워크의 집합체로서 인터넷의 출현은 연구나 논문 작성에 지대한 영향을 끼치게 되었다.

1) 학술데이터베이스

학술데이터베이스의 정의 및 유형

일반적으로 학술데이터베이스(학술 DB, Database, Web DB)는 다양한 유형의 학술자료(학술지 논문, 학술대회 발표 자료, 연구보고서, 뉴스, 잡지, 학위논문 등) 및 특정 분야의 전문정보(특허, 표준, 판례 등) 등을 웹상에 구축하여 이용자가 검색 및 이용할 수 있도록 연결하는 학술 콘텐츠를 총칭한다. 학술정보를 생산하고 서비스하는 업체, 제공사, 기업은 수많은 학술정보를 하나의 도구 또는 플랫폼을 통해 검색할 수 있게 하는 서비스나 방법을 시도하고 있다. '엡스코(EBSCO)' 및 '클래리베이트(Clarivate)', '프로퀘스트(ProQuest)', '엑스리브리스(ExLibris)'와 같은 학술데이터베이스, 그리고 '사스(Solution as a Service, SaaS)' 제공사에서는 전 세계의 다양한 학술정보를 색인하여 검색할 수 있게 하는 디스커버리 서비스(Discovery Service)를 지원하는데, 이 서비스 솔루션은 대학, 병원, 기업, 연구원 등의 도서관을 통해 수많은 학술정보를 통합하여 제공할 수 있도록 노력하고 있다. '구글(Google)'이나 '네이버(NAVER)'와 같은 국내외 거대 포털사이트들은 도서관 및 연구기관들과 협력하여 다양한 학술정보를 더욱 편리하게 이용할 수 있는 서비스를 제공하고 있다. 이러한 포털사이트 중 해외학술정보만을 집중적으로 검색 및 이용할 수 있는 대표적인 국내외 서비스로는 '한국교육학술정보원(Korea Education and Research Information Service, KERIS)'의 'RISS 해외전자 정보서비스', '한국과학기술정보원(Korea Institute of Science and Technology Information, KISTI)'의 '사이언스온(ScienceON)', 구글의 '구글 스칼라(Google Scholar)', 네이버의 '네이버 전문정보(NAVER Academic)' 등이 있다.

학술DB는 수록 자료의 유형에 따라 크게 '전자저널 원문 데이터베이스, 서지 데이터베이스, 인용색인 데이터베이스, 전문정보 데이터베이스'로 분류할 수 있다. 전자저널 원문 데이터베이스(전자저널 패키지)는 각 출판사 및 학회에서 출판하는 전자저널을 적게는 3~4종, 많게는 수천 종씩 패키지 형태로 구성하여 제공한다. 패키지 공급자는 주로 출판사와 학회·협회를 들 수 있다. 주요 출판사 패키지로는 '엘스비어(Elsevier)'의 'Science Direct', '존윌리앤선스(John Wiley and Sons)'의 'Wiley Online Library', 'SpringerLink', 'Taylor & Francis Online Journal', '세이지(SAGE)'의 'SAGE Publications' 등이 있다. 주요 학회·협회의 패키지로는 미국 '전자정보학회(Institute of Electrical and Electronics Engineers, IEEE)'의 'IEEE Electronic Library', '미국과학

진흥회(American Association for the Advancement of Science, AAAS)'의 'Science/AAAS', '미국화학회(American Chemical Society, ACS)'의 'ACS', '영국왕립화학회(Royal Society of Chemistry, RSC)'의 'RSC', '미국물리학협회(American Institute of Physics, AIP)'의 'AIP', '미국물리학회(American Physical Society, APS)'의 'APS' 등이 있다.

서지 데이터베이스는 기본적으로 색인, 초록 등의 서지정보를 제공하며, 일부 저널 및 자료는 원문까지 제공하는 학술 DB이다. 주로 여러 형태의 학술 콘텐츠를 종합하여 제공하는 애그리게이터(Aggregator)를 통해 서비스가 이루어진다. 주요 애그리게이터는 엡스코(EBSCO)와 프로퀘스트(ProQuest)를 들 수 있으며, 제공 패키지로는 엡스코의 'Academic Search Complete(ASC)', 'Business Source Complete(BSC)', 'Education Source' 등과 프로퀘스트의 'ProQuest Central', 'ProQuest Dissertations & Theses(PQDT) Global', 'ProQuest Medical Library(PML)' 등이 있다.

인용색인 데이터베이스(Citation Index)는 문헌에 수록된, 인용된(cited) 문헌과 인용한(citing) 문헌을 체계적으로 편성한 색인을 뜻한다. 이러한 인용 정보를 바탕으로 주제 분야별 핵심 저널 및 논문을 검색할 수 있다. 대표적인 인용색인으로 '클래리베이트 애널리틱스(Clarivate Analytics)'의 'Web of Science'(자연과학 인용색인 'SCIE', 사회과학 인용색인 'SSCI', 예술 및 인문과학 인용색인 'A&HCI')와 엘스비어의 'SCOPUS'를 들 수 있다.

전문정보 데이터베이스는 특정 주제 분야에 대한 전문적인 자료 및 데이터를 제공하는 학술DB를 말한다. 대표적으로 화학('SciFinder-n', 'Reaxys'), 표준('ASTM', 'ISO', 'KS'), 특허('WISP ON'), 저널 평가('Journal Citation Report', JCR) 등이 있다(한국교육학술정보원, 2021). 분야별 대표 학술데이터베이스를 정리해보면 <표 3-2>와 같다.

<표 3-2> 분야별 대표 학술데이터베이스

분야	데이터베이스	내용
통합	DBpia	국내에서 발행된 학회지 원문 제공
	e-Article	학술교육원에서 제공하는 전 분야의 국내 학회 및 학술단체에서 발행되는 저널 원문 제공
	스콜라	국내에서 발행되는 학회지, 연구기관 보고서, 대학간행물, 전문상업지, 정부간행물 원문 제공
	KISS	국내에서 발행되고 있는 대학 및 학회 학술지 원문 제공
	ProQuest Central	전 주제 분야 저널, 매거진, 해외 신문 원문 제공
	Academic Search Complete	전 주제 분야 주요 저널 색인, 초록 정보와 원문 제공
	Web of Science	SCIE(과학기술), SSCI(사회과학), A&HCI(인문예술) 등재 저널 수록 논문의 인용 정보 제공
	RISS	전국 대학의 학위논문을 비롯한 소장 자료의 통합 검색 가능
	SCOPUS	엘스비어에서 발행하는 세계 최대의 인용·초록 데이터베이스
인문	LION	고전 연구 및 현대 영문학 관련 연구자료 제공
	A&HCI	'Web of Science' 인문학 분야 인용색인 데이터베이스
	MLA International Bibliography	미국 현대언어학회에서 발행하는 서지DB로, 전 세계 문학, 언어, 민속학 관련 출판물에 대한 색인 제공
사회과학	Business Source Complete	비즈니스 연구정보원으로, 경영, 경제, 회계 등 비즈니스 전반의 학술저널 및 매거진 원문 제공
사회과학	ProQuest Sociology Collection	사회복지, 사회정책 분야 학술지 논문, 학위논문 초록, 단행본 리뷰 제공
	SSCI	'Web of Science' 사회과학 분야 인용색인 데이터베이스
	LISTA	문헌정보학 및 정보학 전반에 걸쳐 저널을 비롯한 관련 단행본, 보고서, 회의록 등 광범위한 서지정보 제공
예술	Art & Architecture Archive	미술, 응용 예술 중 인테리어와 산업 디자인, 조경, 복원, 사진, 마케팅 등 다양한 예술과 건축의 역사를 아우르는 데이터베이스
	ARTSTOR	박물관 및 미술관에서 소장하고 있는 인문·사회·예술 분야의 예술품을 디지털 이미지화하여 제공하는 데이터베이스

과학기술	SCIE	'Web of Science' 과학기술 분야 인용색인 데이터베이스
	ScienceDirect	엘스비어에서 발행하는 과학기술 분야 학술지 원문을 온라인으로 제공
	IEL (IEEExplore)	전기·전자·컴퓨터 공학을 포함한 27개 공학 분야의 저널 및 프로시딩, IEEE 규격 정보 제공
의학	PubMed	미국 국립의학도서관에서 제공하는 의학 분야의 대표적인 서지 데이터베이스
	Embase	의·약학 분야의 학술지, 학술대회 발표문, 질병/약물 정보 제공
	PML	의학 학술 분야 원문 정보 제공
심리	PsycINFO	심리학, 행동과학, 사회과학 분야의 서지·초록 정보 제공. 정신과학 분야 시스테믹 리뷰 및 메타 분석에 활용
교육	ERIC	미국 교육부에서 제작하는 교육학 서지 데이터베이스
학위논문	PQDT	북미 지역 주요 대학 및 학술연구기관들로부터 수여된 석박사학위논문의 서지·초록 정보 제공
	DDOD	북미 지역 학문 분야별 30위권 이내 대학의 박사학위논문 원문 제공
통계	KSDC DB	한국사회과학데이터센터에서 제공하는 사회과학 분야 양적연구 조사자료, 통계자료, 온라인 설문조사
서지관리	EndNote	논문 작성용 서지 관리 프로그램
	Refworks	웹 기반 연구정보 관리 및 논문 작성 솔루션
평가	JCR	학술지 평가 정보 제공

출처: 국립중앙도서관 홈페이지(https://nl.go.kr/NL/contents/N10404000000.do), 서울대학교도서관 홈페이지(https://lib.snu.ac.kr/find/databases/), 국회도서관 홈페이지(https://www.nanet.go.kr/datasearch/webdb/selectforeAcademicDBList.do).

학술데이터베이스의 활용

학술데이터베이스는 다양한 학술자료를 패키지 형태로 제공하는 품목을 의미하며, 개별 형태의 학술지와는 구분된다(KERIS, 2021). 논문 작성에 반드시 필요한 참고문헌이 수록된 학술지나 학술데이터베이스를 다양한 경로로 탐색하고 활용해 연구자료로 쓸 수 있으며, 논문을 작성할 때 이와 같은 학술데이데베이스를 이용하면 문헌조사, 자료 수집, 인용 및 색인, 저널 선택, 검색 및 필터링 등의 기능을 이용할 수 있다.

▣ DBpia

대표적인 학술데이터베이스로, 국내 연구자 중심의 한국형 학술정보 플랫폼이다. 국내 학술저널, 전문잡지 등을 제공하는 온라인 서비스로서 초록·목차 등 논문의 서지정보 열람은 물론 전문(full-text) 다운로드를 이용할 수 있고, 이를 통해 연구주제 탐색부터 논문 관리, 동향 분석을 할 수 있다. 2024년 4월 기준으로 2,990개 발행기관과 399만 5,745편의 학술논문, 4,714종의 해외 등재 저널을 포함한 우수 저널 등을 볼 수 있다. DBpia를 사용하여 논문 작성 시 참고문헌을 찾아보고 정리하는 방법을 사례로 제시하면 다음과 같다.

1 '한국의 고지도'라는 주제의 논문을 찾는다고 가정해보자.

① 먼저 검색어를 '고지도'라는 단어로 설정한다.

② 범위를 좁히기 위해 좌측 상단에서 키워드 검색 후 '결과 내 재검색'을 통해 '문헌정보'를 검색한다. '본문에 키워드 포함'을 선택할 수도 있다.

③ 좌측의 목록에서 '발행연도'를 '최근 3년'으로 설정한다. 우측 상단 탭에서 정확도순이나 이용순으로 정렬해 정확도를 더 높일 수 있다.

2 상세검색을 활용하여 검색할 수 있다.

① '논문명', '저자명', '저널명', '발행기관명' 등으로 검색필드를 설정할 수 있다. '전체'에 '고지도'를 넣고 '발행기관명'에 '한국역사지리'를 넣어 검색하는 것도 가능하다.

② 언어나 이용 형태 등 다양한 검색 조건을 첨가해 설정할 수 있다. 언어는 '한국어', 이용 형태는 '외부링크'로 설정하여 검색할 수 있다.

3 논문에 대한 정보를 논문 상세페이지에서 확인할 수 있다.

① '저자명', '저널명', '발행기관명', '이용자수'를 클릭하면 각기 상세페이지로 이동한다.

② '내서재에 담기'를 클릭하면 '내책장'에 논문 목록이 저장된다. 이 목록은 참고문헌 작성에 사용할 수 있다.

③ '인용'을 클릭하면 간편하게 참고문헌으로 사용할 수 있다.

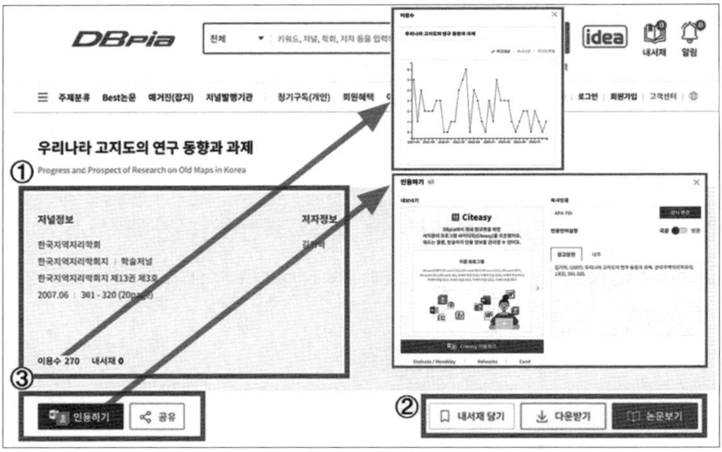

4 검색한 논문에 대한 정보는 논문 상세페이지에서 확인할 수 있다.

① '우리나라 고지도의 연구동향과 과제'라는 논문의 상세페이지에서 키워드를 클릭하면 해당 키워드에 대한 상세페이지로 검색할 수 있다.

② 해당 논문의 참고문헌도 확인할 수 있다.

③ 유사도가 높은 논문도 확인해볼 수 있다.

5 검색한 논문을 통해 다른 논문으로 이동할 수도 있다.

① '우리나라 고지도의 연구동향과 과제'라는 논문의 상세페이지에서 논문의 저자를 클릭하면 해당 상세페이지로 넘어간다.

② 이용자들이 '우리나라 고지도의 연구동향과 과제'라는 논문과 함께 이용한 논문을 검색할 수 있다.

③ '우리나라 고지도의 연구동향과 과제'라는 논문을 인용한 논문을 검색할 수 있다. 그중 '고지도를 이용한 웹 기반 정보검색시스템 구축 방안: 경희대학교 혜정박물관 사례를 중심으로'라는 논문을 클릭하면 이 논문에 대한 상세검색을 다시 시작할 수 있다.

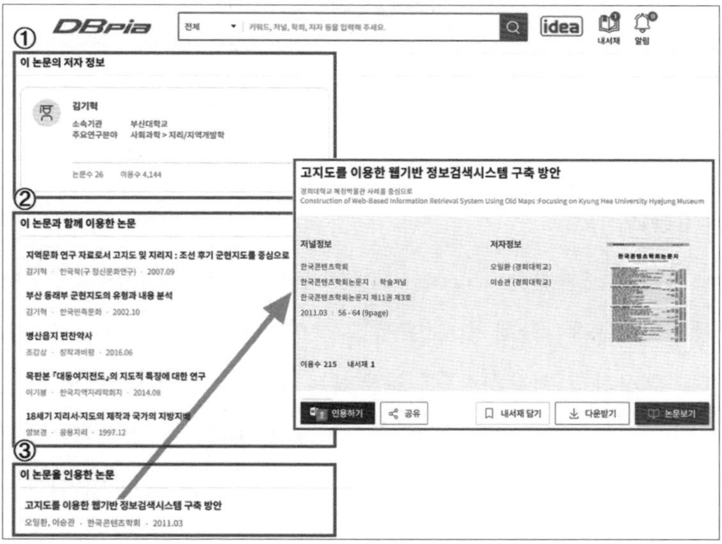

6 '내서재'에 담긴 논문들을 인용할 수 있다.

① '내서재'에 담아둔 논문들을 '내책장'에서 모아 볼 수 있다.

② 인용을 위하여 모두 선택하고 '인용하기'를 누르면 그동안 '내서재'에 담아놓은 모든 논문이 참고문헌 양식으로 뜬다.

③ 이들을 '복사하기'를 눌러 직접 저장할 수도 있고 'Refworks'로 가져갈 수도 있다. 'Refworks'를 누르면 해당 사이트와 연결된 새로운 창이 뜬다.

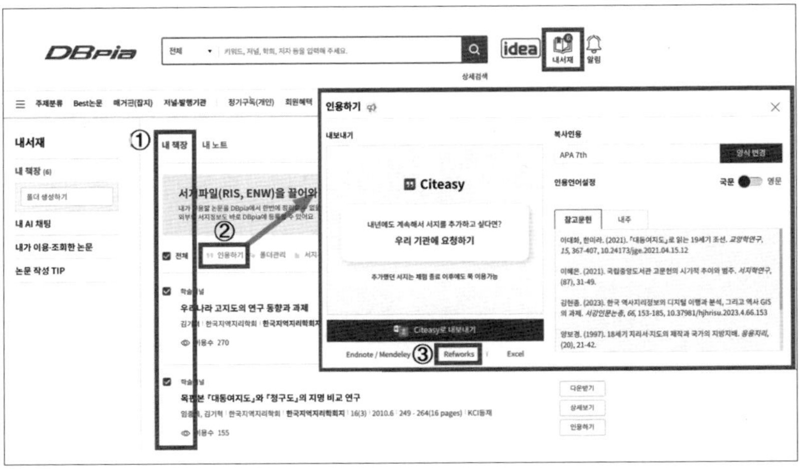

▣ RefWorks

웹 기반 참고문헌관리도구(서지관리도구)이다. 참고문헌관리도구란 연구논문, 학위논문, 과제 및 보고서를 작성할 때 근거가 되는 자료(참고문헌)를 수집하고 인용하는 데 사용되는 도구로, 이용자는 'PubMed', 'ProQuest', 'ScienceDirect'와 같은 세계 유수의 전자정보원에서 검색한 결과를 바탕으로 선행연구자료를 수집하고, 논문 작성 및 연구 진행에 필요한 자료를 'RefWorks'에 저장하여 연구정보 데이터베이스로 활용할 수 있다. 'Microsoft Word', 'Google Docs', '한컴오피스 한글'에서 문서 작성 시 'RefWorks'에 저장된 레퍼런스 자료를 토대로 본문 내 인용(in-text citation) 삽입 및 참고문헌(Referennces) 목록 작성 작업을 동시에 할 수 있다. 또한 학술지 투고 시 투고 규정에 준하여 인용 스타일을 관리하고 편집할 수 있는 기능도 있다. 'RefWorks'를 사용해 참고문헌을 수집·정리하는 방법은 다음과 같다.

1 'Refworks'로 넘어와 레퍼런스를 저장한다.

① 인용 논문들의 목록을 저장할 폴더를 생성한다. '한국의 고지도'라는 폴더를 생성했다.

② '가져오기'를 누른다.

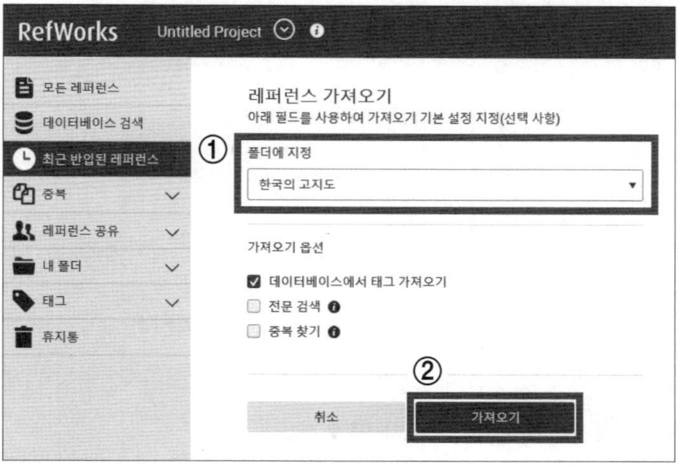

2 가져오기가 완료되면 폴더로 이동한다.

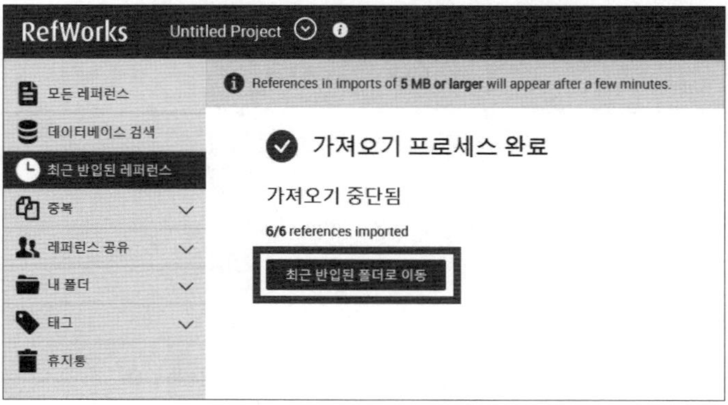

3 레퍼런스를 가지고 참고문헌을 만들 수 있다.

① '한국의 고지도'라는 폴더에 저장된 모든 레퍼런스를 선택한다.

② 상단의 '참고문헌 생성'을 클릭하고 '참고문헌 리스트 만들기'를 선택한다.

4 참고문헌의 스타일을 선택하고 참고문헌을 만든다.

레퍼런스 스타일을 선택할 수 있다. 완성된 목록을 클립보드에 복사해 논문의 참고문헌 목록 작성에 사용한다.

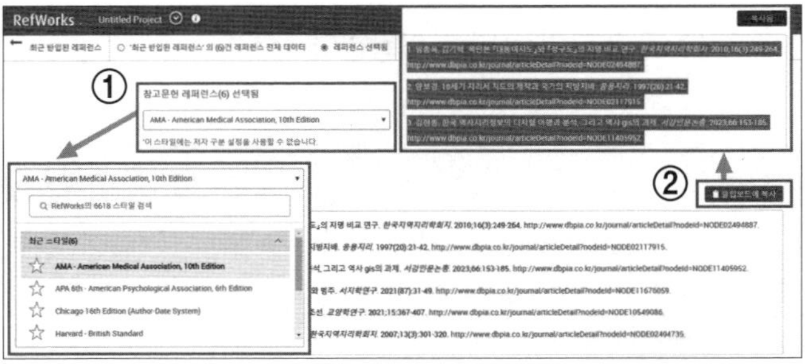

그림 출처: ProQuest(https://proquest.libguides.com/newrwkorea).

▣ EndNote

논문 작성 시간을 절약해주고 체계적으로 정리해주며 동료와 협업하여 궁극적으로 출판을 완료하는 데 도움을 주는 참고문헌관리도구이다. 수백 개의 온라인 리소스에서 참조 자료와 PDF를 검색할 수 있다. 연구논문 전문에 액세스할 수도 있으며, 라이브러리에서 PDF를 쉽게 읽고, 검토하고, 주석을 달고, 검색할 수 있다. 라이브러리에서 중복된 콘텐츠를 거를 수 있으며, 'Microsoft Word'에서 작성하는 동안 인용 기능을 사용하여 라이브러리의 텍스트 내 인용 문헌들을 삽입할 수 있다. 7,000개 이상의 참고문헌 유형 라이브러리 또는 나만의 맞춤 스타일을 사용하여 참고문헌을 자동으로 구축할 수 있고, 새로워진 저널 및 참조 스타일을 사용하여 참고문헌이 정확한지 확인할 수도 있다. 또한 전세계의 공동 작업자와 라이브러리의 일부 또는 전부를 공유할 수 있다. 'Manuscript Matcher'를 사용하면 논문과 관련성이 높고 평판이 좋은 저널을 찾아볼 수 있다. 대표적인 학술DB인 DBpia에서 EndNote를 사용하는 방법을 논문 작성 과정과 함께 알아보면 다음과 같다.

1 학술DB에서 레퍼런스를 반입 생성한다.

① DBpia에서 '내서재'에 모은 학술논문을 모두 선택한다.

② '인용하기'를 클릭하면 모은 레퍼런스가 인용 양식으로 목록화된다.

③ 서지관리 도구 중에서 'Endnote'를 선택하면 EndNote에 반입된다.

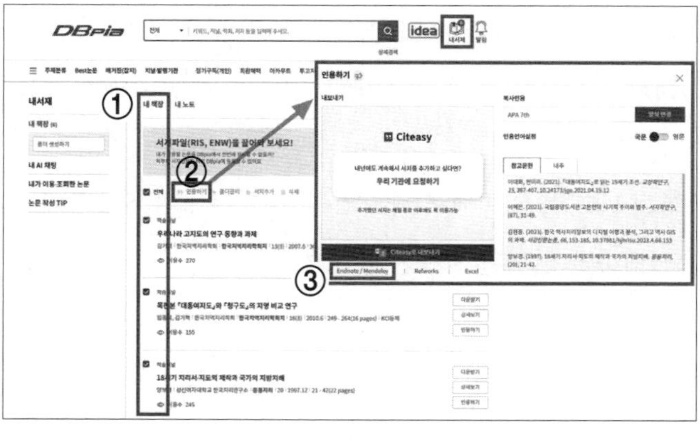

2 EndNote에 반입된 참고문헌을 관리할 수 있다.

① 학술DB 등에서 선택하여 내보낸 자료는 EndNote의 'Recently Added'(또는 Unfiled) 폴더로 자동 반입된다.

② 이동할 자료를 선택하여 'Reference' 항목에서 'Add Reference to'를 선택하고 'Create Custom Group'을 선택하면 'New Group'이 생성된다.

③ 'New Group' 안에서 레퍼런스를 관리할 수 있다.

④ 'New Group' 안에서 'delete'를 클릭하면 'Unfiled' 폴더로 옮겨진다. 완전히 삭제하려면 'Trash'를 선택한다.

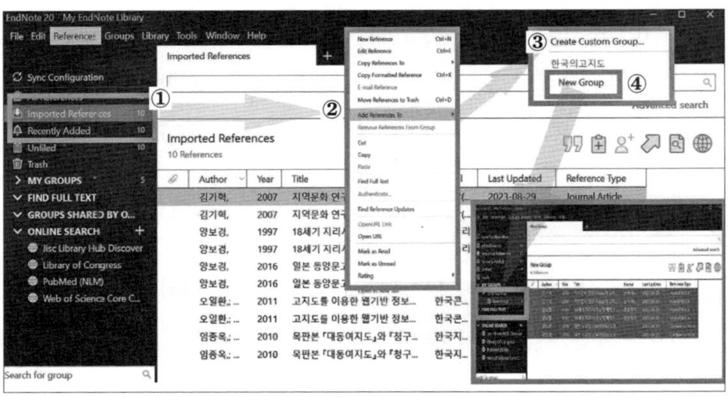

3 중복된 자료를 삭제할 수 있다.

① 'Library' 항목에서 'Find Duplications'을 선택하면 중복 레퍼런스가 조회된다.

② 중복된 레퍼런스 중에서 남기고 싶은 자료의 'Keep This Record'를 선택하면 선택된 자료만 남는다.

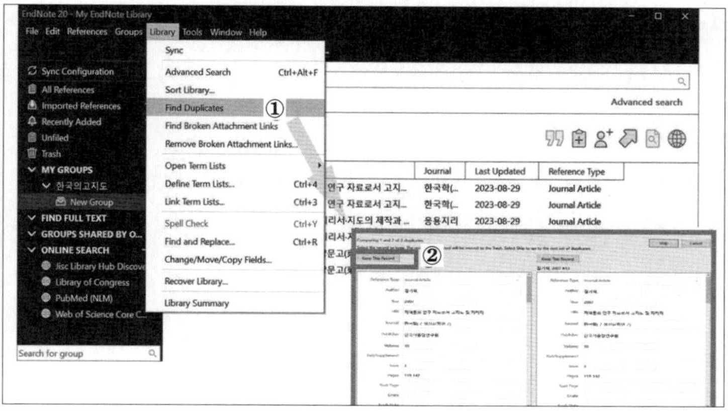

4 참고문헌 목록을 작성한다.

① 'references'를 선택한 후 'File' 목록에서 'Export'를 선택하면 파일이름과 아웃풋 스타일(Output style)을 선택할 수 있는 새로운 창이 뜬다.

② 파일 형식(*.rtf)을 선택하고 아웃풋 스타일을 선택한다.

③ 선택이 완료되고 저장을 하면 참고문헌 목록이 생성된다. 'Microsoft Word' 기반이지만 참고문헌 목록은 '한컴오피스 한글' 프로그램에 붙여넣기할 수 있다.

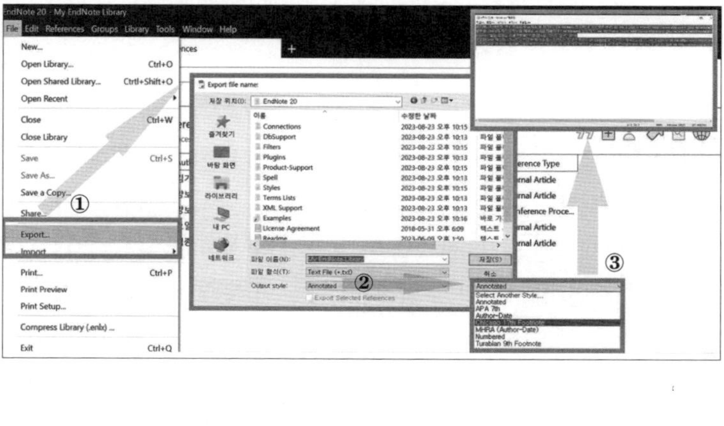

5 투고에 적합한 학술지를 찾는다.

① 'Group' 목록에서 'Manuscript Matcher'를 선택하면 저널을 찾을 수 있는 새로운 창이 생성된다.

② 제목에 논문의 제목인 '한국의 고지도'를 입력하고 초록 내용을 입력한 후 '저널 찾기'를 누르면 2만 4,000종 이상의 'Web of Science Core Collection' 데이터에서 원고와 일치도가 높은 저널이 검색된다. 'IF(Impact Factor)', 'JCR(Journal Citation Reports)' 카테고리 정보, 저널의 홈페이지 및 투고 페이지 링크가 제공된다.

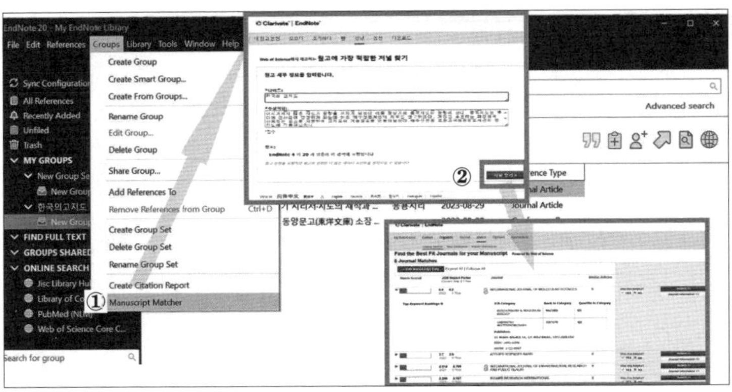

그림 출처: DBpia(https://www.dbpia.co.kr/Files/DBpia_Manual.pdf), EndNote(https://endnote.com/downloads/styles/), ProQuest(https://proquest.libguides.com/newrwkorea), 이화여자대학교도서관(https://lib.ewha.ac.kr/link/html/endNote).

2) 챗GPT

GPT(Generative pre-trained transformer)는 사람이 입력한 것을 이해하여 사람의 자연어와 거의 구별할 수 없을 정도로 흡사한 응답 텍스트를 생성하는 언어 모델이다(Dale, 2021). 챗(Chat)GPT는 캘리포니아에 본사를 둔 인공지능(AI) 회사인 OpenAI가 개발하여 2022년 11월 30일에 출시한 생성형 AI 서비스의 명칭으로, 그 원류는 거의 모든 텍스트 기반 요청을 이행할 수 있는 매우 정교한 대화형 챗봇이다(윤정섭, 2023). 이용자의 특정 요구에 따라 이미지 생성·변환, 음성 합성, 자연어 생성의 결과물을 도출해내는 기술로서 사용자와 인공지능 간 대화 형식의 상호작용을 통해 사용자가 원하는 정보를 습득하고 더 나아가 답변들을 종합 분석한 결과를 얻을 수 있게 해주는 대규모 언어모델 LLM(Large Language Model)에 기반을 둔 프로그램이다(김병일, 2023). GPT의 성능은 매개변수(파라미터)의 개수에 좌우되는데, GPT-3.5는 2018년 처음 공개된 GPT-1의 매개변수 1.17억 개보다 약 1,500배 많은 1,750억 개를 활용한다(김태원, 2023). 2023년 3월 14일에 GPT-4가 출시되었고 텍스트뿐만 아니라 이미지도 처리할 수 있는 멀티모달(Multimodal) AI로 개발되었으며, GPT-4에서는 다양한 플러그인(Plugins)도 사용할 수 있게 되었다. GPT-4는 그 지능과 지식도 크게 향상되어 미국 변호사 시험에서 GPT-3.5가 하위 10%에 그쳤던 것에 비해 GPT-4는 상위 10%로 통과했다(Sanderson, 2023).

챗GPT는 단순한 질문에 답하는 것 이상을 할 수 있고 광범위한 데이터 저장소와 효율적인 설계를 활용하여, 글을 작성해달라고 요청하면 1분 이내에 고품질로 작성된 수백 단어의 에세이를 작성할 수 있다. 주요 주제를 하위 주제로 나눈 다음 각 섹션을 작성하도록 기사 전체를 GPT로 쉽게 작성하는 것도 가능하고, GPT의 용량을 제한 없이 활용하도록 한다면 논문이 몇 분 안에 작성될 수도 있다(Lund & Wang, 2023). 이러한 챗GPT의 등장으로 전통적인 형태의 검색엔진은 경쟁력을 잃어 사라질 위기에 처하게 되었다. <표 3-3>은 김태원(2023)이 정리한 검색엔진과 챗GPT의 차이이다.

<표 3-3> 챗GPT와 기존 검색엔진의 차이점

구분	챗GPT	검색엔진
인공지능(AI) 기술	AI 기술인 언어 모델링을 사용하여 질문에 대한 답변 제공	키워드 검색을 통한 정보 제공
생성성	질문에 맞춰 새로운 답변을 생성	새로운 정보를 생성할 수 없음
상호작용	질문을 이해하여 답변하고 그 과정을 학습하는 상호작용 과정 반복	검색어에 대한 일방향적인 정보 제공
질의 및 맥락 이해도	자연어 처리 기술을 통해 질문의 의도에 맞는 결과를 제공하고 이전 질문을 기억하고 연관성을 고려하여 유연성 있게 답변	각 검색어에 따른 독립적인 정보 제공

출처: 김태원(2023), 3쪽 일부 수정.

챗GPT는 대형언어모델, 생성모델, 범용모델로 다음과 같은 세 가지 특성을 가진다. 첫째, 대형언어모델로서 챗GPT는 대용량의 자연어 데이터를 학습해 자연어 처리 능력을 갖추고 있으며, 자연스러운 대화를 구사하고 사용자의 질문이나 요청에 대해 자연어로 응답할 수 있다. 둘째, 생성모델로서 입력받은 문장에 대해 새로운 문장을 생성하여 사용자와 대화를 이어나갈 수 있고 새로운 아이디어나 정보를 제공할 수 있다. 챗GPT는 이전 대화 내용을 기억해 이전 대화에서 나온 주제나 정보를 이어나갈 수 있어 대화의 일관성을 유지하며 자연스러운 대화가 가능하다. 셋째, 범용모델로서 챗봇, 가상 비서, 자연어 이해, 기계 번역, 문서 요약 등으로 활용될 수 있으며 전이 학습(Transfer learning) 기술로 활용될 수도 있다(양인선, 2023).

챗GPT의 인기는 놀라울 정도로, 2022년 11월 30일 출시된 후 두 달 만에 무려 1억 명의 이용자를 확보했고 2023년 2월 기준으로는 1억 5,000만 명을 넘겨 오늘날 인터넷이 연결된 국가의 절대다수가 챗GPT와 소통하고 있다(최진홍, 2023). 챗GPT의 오남용 및 페이크 정보와 특정 정보 출처에 대한 논란 등에도 불구하고 그 이용이 상당히 쉽고 무료로 제공된다는 점 때문에 앞으로 더욱 확산될 수 있다. 뿐만 아니라 향후에는 AI가 인류의 삶에도 상당한 영향을 줄 것이므로 AI를 잘 쓰는 법을 연구해야 하는 시점이다.

챗GPT의 주요 기술

챗GPT의 구현과 관련된 주요한 개념들이 있다. 챗봇(Chatbot)은 AI(Artificial Intelligence), 머신러닝(Machine Learning, ML), 자연어 처리(Natural Language Processing, NLP) 등의 기술을 활용하여 보다 인간적인 방식으로 사용자와 상호 작용한다. 즉 모든 사용자가 '미리 훈련된 생성 변환기(GPT)'와 챗GPT 같은 대규모 언어 모델을 작동하는 기술 및 개념에 기본적으로 친숙해질 수 있도록 했다. 인간의 대화를 모방하도록 설계된 컴퓨터프로그래밍인 챗봇은 AI, ML, NLP의 실제 사용 사례 중 하나이며 챗봇은 인간의 언어 입력을 이해하고 해석할 수 있는 NLP 기술을 사용하여 개발되었다(Lund et al., 2023).

AI는 1950년대에 수동으로 작동하는 컴퓨터가 도입된 이후 엄청나게 성장한 분야로, 기계, 특히 컴퓨터가 인간의 사고 과정과 행동을 분석·시뮬레이션·활용 및 탐색하는 데 도움이 되는 모든 이론, 방법 또는 접근 방식을 일컫는다(Haenlein & Kaplan, 2019). AI는 언어 이해, 추론 및 문제해결과 같은 중요한 방식에서 인간의 지능을 모방할 수 있는 기계를 목표로 만들어진, 기계의 지능형 행동 시뮬레이션이다(Chowdhary, 2020). AI의 핵심 구성 요소인 자가 학습은 시스템이 경험과 데이터를 통해 새로운 정보를 획득하고 지식 기반 판단과 결론을 개선할 수 있도록 하는 것을 말한다(Mintz & Brodie, 2019).

ML 및 딥러닝 기술은 인공 신경망(Artificial Neural Networks, ANNs)을 통해 로봇이 인간처럼 학습하고 추론하며 점점 더 복잡한 작업을 수행할 수 있게 되면서 AI를 발전시켜 만들어진 표준 접근 방식이다(Lu, 2019). ML 역시 AI의 핵심 구성 요소로, 명확하게 프로그램밍하지 않고도 기계가 경험을 통해 학습하도록 하는 학습 프로세스를 위한 계산 이론을 포함한다. ML은 AI의 다양한 영역에서 유용한 기술로, 시스템이 데이터를 통해 학습하고 시간이 지남에 따라 언어 처리 능력을 향상시켜 인간과 컴퓨터 사이의 보다 효과적인 의사소통 및 상호 작용을 끌어내기 때문에 챗GPT의 필수적인 부분이라고 할 수 있다(Lund et al., 2023).

1950년대에 인공지능과 언어학의 교차점에서 시작된 NLP는, 유용한 작업을 수행하기 위해 컴퓨터를 사용하여 자연어 텍스트 또는 음성을 이해하고 조작하는 방법을 탐구하는 연구 및 응용 분야이다. NLP 연구자들은 컴퓨터 시스템이 원하는 작업을 수행하기 위해 자연어를 이해하고 조작할 수 있도록 적절한 도구와 기술을 개발하고, 이를 통해 인간이 언어를 이해하고 사용하는 방법에 대한 지식을 수집하고 있다(Chowdhary, 2003). 챗GPT의 개발은 NLP의 주요 이정표가 되었다. 즉 챗GPT 이전의 NLP 모델은 일반적으로 학습을 위해 레이블이 지정된 상당한 양의 데이터가 필요했던 반면, 챗GPT는 레이블이 지정되지 않은 방대한 양의 데이터를 사전에 학습하기 때문에 특정한 작업에 대한 학습이 없어도 고품질의 자연어 텍스트를 생성할 수 있게 되었다(Hariri, 2023).

챗GPT의 활용과 한계

태차룽그로지(Taecharungroj, 2023)는 챗GPT의 초기 반응과 의견을 확인하기 위해 챗GPT가 출시된지 한 달 만에 트위터에 트윗된 관련 내용을 수집했다. 그는 '챗GPT는 무엇을 할 수 있습니까?'라는 질문에 대한 답을 분석했고, 그 결과 창의적 글쓰기, 에세이 쓰기, 프롬프트 작성, 코드 작성, 질문에 답하기의 다섯 가지 기능적 영역을 식별했다. 창의적 글쓰기(creative writing)는 챗GPT가 작성한 시, 랩, 노래 및 구성 이야기로, 사용자의 질문에 따라 개인화된 이야기를 생성하는 것이다. 에세이 쓰기(essay writing)는 챗GPT의 영향을 가장 많이 받을 수 있는 분야 중 하나인 교육 범주에 해당하며, 학생들이 챗GPT를 활용하여 과제를 작성하는 것을 말한다. 프롬프트 작성(prompt writing)은 다른 AI 플랫폼에서 AI예술을 생성할 수 있는 프롬프트의 작성 능력으로, 챗GPT가 작성한 이미지를 다른 이미지 전용 AI 플랫폼에서 그림으로 표현할 수 있도록 하는 것이다. 코드 작성(code writing)은 파이썬(Python), 자바스크립트(JavaScript), R, HTML 및 플러터(Flutter) 같이 널리 사용되는 프로그래밍 언어로 코드를 작성할 수 있는 기능을 말한다. 끝으로 질문에 답하기(answering questions)는 사용자의 질문에 신속하게 답하는 능력으로 사용자들은 구글에 비해 명확성, 간결성, 유용성, 속도 및 혁신성을 높이 평가했다.

김태원(2023)은 챗GPT 활용 사례를 논문 작성, 프로그래밍, 언어 번역 및 교정, 콘텐츠 제작으로 나누어 보았다. 논문 작성에 있어서는 초록 글자 수로 요약, 창의적인 연구 제목 제안, 실험 결과 논의, 연구 목차 작성, 향후 아이디어 추천, 특정 주제의 글 작성, 작성 내용에 대한 문법 교정, 번역 등 챗GPT를 이용하여 연구설계부터 연구작성에 이르기까지 다양한 작업 수행이 가능하다고 보았다. 실제로 영국 맨체스터대학교 간호학과의 시오반 오코너(Siobhan O'Connor) 교수는 2022년 12월 16일 국제 학술지 발표 논문에 챗GPT를 공동 저자로 등재했다가 2023년에 공저를 철회하기도 했다. 프로그래밍에 있어서는 간단한 프로그램 코드 짜기, 주석 달기, 코드상 오류 찾기(오타, 정의되지 않은 코드 발견), 에러 코드에 대한 이유 확인, 에러 코드 수정, 프로그램 설치법 안내, 업데이트 방법 안내 등 챗GPT를 이용한 코드 작성, 코드 오류 발견, 코드 수정 등 다양한 프로그래밍 작업을 수행할 수 있다. 언어 번역 및 교정에서 챗GPT는 기존 번역기와 비교해 뛰어난 성능을 보이며, 단순 번역을 넘어 교정 및 문법적인 오류까지 설명해주기 때문에 영어를 포함한 다양한 외국어 교육에 활용할 수 있다. 콘텐츠 제작에서도 챗GPT는 사용자의 질문에 대한 단순 답변 수준을 넘어 영화 시나리오, 소설, 노래 가사, 제품 전단지, 광고 대본, 금융 보고서, 계약서, 제안서, 강의 커리큘럼 등 다양한 콘텐츠를 창의적인 형태로 제작할 수 있다. 또한 개선된 GPT-4에서는 멀티모달 기능으로 이미지를 인식하고 해당 이미지를 텍스트로 생성할 수 있게 되었다(최인성, 2023). 그래서 차트 이미지를 해석해 답을 구하거나 프랑스어로 된 물리학 문제를 이미지로 읽어 해결할 수도 있다.

그러나 챗GPT는 이러한 활용 가능성과 함께 다음과 같은 우려되는 문제들이 있다(양인선, 2023).

① 챗GPT는 미리 입력된 대규모 텍스트 데이터를 기반으로 작동하기 때문에 일상생활에서 당연하게 여겨지는 상식적인 지식이 부족할 수 있다. 예를 들어 2021년 이전 데이터로 학습한 경우, 2022년 이후 사건에 대해서는 부정확한 답을 제시할 수 있다. 챗GPT가 답변하는 정보가 모두 정확한 것은 아니며, 꽤 논리적으로 보이지만 잘못된 정보이거나 무의미한 답변을 하는 이른바 할루시네이션(hallucination) 현상이 나타날 수 있다. 이는 생성형 AI의 대표적인 문제이기도 하다. 그러므로 무작정 챗GPT에 의존해서는 안 되며, 내용의 진실 여부를 반드시 확인해야 하고 무작정 맹신해서는 안 된다(김태원, 2023).

② 챗GPT는 학습 데이터에 존재하는 편향성을 그대로 답습·모방할 수 있어서, 인종이나 성별, 국가 등의 속성에 대한 편향성이 학습 데이터에 존재할 경우에 그것이 생성하는 대화 역시 해당 편향성을 반영할 수 있다. 즉 중립적이지 않은 데이터로 학습한 결과에 대한 편향이 생기는 것은 당연하며, 인간의 결함과 실수를 쉽게 모

방하는 경우에는 윤리적 문제에서 완전히 자유로울 수도 없다(김태원, 2023).

③ 챗GPT를 활용해서 분석하고 해석하는 이용자의 능력에 따라 결과가 매우 달라질 수 있다. 챗GPT가 학습하는 과정에 사람이 개입하게 되면 이용자의 능력과 조정의 정교성에 따라 결과의 신뢰성에 차이가 발생한다.

④ 챗GPT는 사용 가능한 데이터들의 정확한 출처를 별도로 관리하지 않고 있기 때문에 출처별로 전혀 다른 의견을 가지는 경우, 내용이 혼재하여 앞뒤가 맞지 않는 결과를 도출할 수 있다.

⑤ 국가별 · 언어별 · 문화별 학습 데이터의 차이로 결과의 오류가 발생할 수 있다.

⑥ 챗GPT의 결과에 대한 정확한 원인 혹은 요인 분석이 어려운 경우, 그 신뢰성 유무와 상관없이 활용에 문제를 초래할 수 있다.

⑦ 개인정보 보호 및 보안, 저작권 등의 법률적 문제를 일으킬 소지가 있다.

논문 작성에서 챗GPT

논문을 작성할 때 챗GPT를 사용하는 것은 다음과 같은 점에서 유용할 수 있다.

① 문법 오류 수정과 같은 반복적이거나 지루한 작업을 신속하게 완료하고 논문의 편향성을 피할 수 있게 해준다(Hosseini, Rasmussen, & Resnik, 2023). 그러나 편견이 있는 개인이 챗GPT로 학습하는 경우 그 편향성이 완화되는지, 그 방법은 무엇인지에 대해서는 명확하지 않다. 이러한 편향성과 편견이 개입되었는지 여부를 판단하는 것은 여전히 편집위원들의 몫이다.

② 챗GPT는 논문 내용을 기반으로 해결책을 제시함으로써 논문의 유용성을 향상시킬 수 있다. 동료 평가자, 편집위원들 및 기타 관련 연구자들의 검토를 통해 저자들에게 포괄적인 권고 사항을 제공하는 협력적 검토 프로세스에서 챗GPT의 긍정적인 역할이 발휘된다면 학계, 연구환경 및 사회 전체에 바람직한 영향을 미칠 수 있다(Thigpen & Funk, 2019).

③ 챗GPT는 더 나은 메타데이터, 색인화, 연구결과 요약을 생성함으로써 새로운 연구 아이디어의 보급 및 확산을 지원할 수 있다(Lund & Wang, 2023). 특히 연구내용을 대중이 이해할 수 있는 일반적인 언어로 변환하여 연구결과의 보급을 지원할 수 있다는 점에서 유용하다(Wang, Lin, & Shao, 2022). 또한 사용자의 질의를 기반으로 관련 연구를 찾아주는 일종의 추천 시스템으로 사용할 수도 있다. 다양한 분야의 전문 용어와 그와 관련된 많은 동의어, 색인 등을 활용해서 검색해야 하는 고도의 학제 간 주제에서 특히 유용할 것이다(Lund et al., 2023).

④ 챗GPT는 다양한 학술지의 투고 형식에 따라 연구결과에 대한 설명을 작성하고 논문을 구성함으로써 시간과 비용을 절약하게 하고 커뮤니케이션 품질을 개선해줄 수 있다(Gilat & Cole, 2023).

④ 챗GPT를 통해 논문을 다른 언어로 번역하거나 수정하여 우수 학술지에 게재하는 데 도움을 받을 수 있다(Jiao et al., 2023).

룬드와 왕(Lund & Wang, 2023)은 '학계에서 연구와 학문을 향상시키는 데 어떻게 챗GPT를 활용할 수 있을까?'라는 질문에 대한 챗GPT의 대답을 다음과 같이 정리했다. 첫째, 문헌 검토 지원(literature review assistance)으로, 논문 요약을 생성하거나 주어진 주제 또는 키워드를 기반으로 관련 논문 목록을 제공하여 연구자가 관련된 문헌을 식별하는 것을 도와줄 수 있다. 둘째, 텍스트 생성(text generation)으로, 특정한 스타일이나 문체로 텍스트를 생성할 수 있기 때문에 연구자가 원하는 연구논문, 제안서 및 기타 문서 자료의 초안을 쉽게 생성할 수 있다. 셋째, 데이터 분석(data analysis)으로, 데이터를 분석하여 통찰력 있는 정보를 제공하고, 패턴을 식별하여 소셜 미디어 게시물이나 뉴스 기사 등 대량 텍스트의 데이터를 분석하는 데 용이하다. 넷째, 언어 번역(language translation)으로, 기계 번역을 사용하면 연구자가 여러 언어로 된 논문과 자료에 접근·이해하는 데 도움이 된다. 다섯째, 자동 요약(automated summarization)으로, 과학 논문, 보고서 또는 기타 문서를 자동으로 요약해서 연구자가 해당 분야의 최신 정보를 빠르고 쉽게 확인할 수 있게 해준다. 여섯째, 질문 답변(question answering)으로, 질문에 대한 답변을 미세하게 조정하여 제공할 수 있으므로 연구자가 답변을 빠르고 효율적으로 찾을 수 있게 하는 도구를 제공한다.

그러므로 학생들은 챗GPT를 다음과 같이 활용할 수 있다. 첫째, 질문(수강과목, 과제, 상식 등)에 대해 언제 어디서나 특정 주제와 개념을 물어보고 부분적인 답을 얻는 훌륭한 도구로 쓸 수 있다. 둘째, 글의 문장 구조와 스타일을 교정하는 등 개선에 필요한 피드백을 얻음으로써 글쓰기 과제 또는 자기소개서 작성 등에 있어 글의 완성도를 높일 수 있다. 셋째, 특정 주제와 개념에 대한 정보를 수집하는 도구로 활용해 연구와 관련된 논문, 웹사이트 등 다양한 소스를 확인할 수 있다. 넷째, 과제 혹은 프로젝트의 소재를 찾지 못하고 있거나 아이디어가 필요할 때 챗GPT가 제공하는 창의적인 해결 방법을 통해 아이디어를 창출할 수 있도록 도움을 얻을 수 있다. 다섯째, 다양하고 정제된 언어를 활용하는 챗GPT의 커뮤니케이션 및 교정 과정을 통해 언어 능력을 재고할 수 있고, 다른 나라의 언어를 해석·번역하는 기능을 활용하여 외국어 학습에 도움을 얻을 수 있다. 여섯째, 파이썬(Python), 자바(Java) 등과 같은 프로그래밍 언어를 사용한 프로그램을 개발할 수 있다.

그러나 챗GPT를 논문 작성이나 학습의 도구로 활용하는 것에 대한 우려의 시각도 존재한다. 대학에서 챗GPT가 활용될 때 예상되는 문제로는 다음과 같은 것들이 있다.

① 사용자의 경제 수준에 따라 생성된 결과물의 수준, 신뢰도, 정보량에 차별을 가져올 수 있다. 챗GPT 유료 모델과 무료 모델은 격차가 커서 월 구독료 20달러 수준의 유료 모델을 사용하는 학생과 그렇지 않은 학생 간의 차이는 마치 상업용 계산 패키지를 이용하여 숙제를 할 수 있는 학생과 스스로 일일이 코딩하여 숙제를 해야 하는 학생의 격차와 비슷하다(권석준, 2023). 이는 학술 출판의 '매튜 효과(Matthew Effect)', 즉 사회적 명성이 높거나 물질적 자산이 많을수록 그로 인해 더 많이 가지게 되고, 그 결과 그렇지 않은 사람과의 차이가 점점 커지는 현상을 초래해 연구결과의 불평등을 심화시키고 과학 지식의 기반을 약화시킬 수 있다.

② 챗GPT를 이용해서 과제를 작성하게 되면 글쓰기 등 창의적 활동이 AI에 의존하게 되어 창의성이 감소할 가능성이 매우 크다(노대원, 홍미선, 2023). 그리고 과제 결과물을 어디까지 받아들여야 할지, 평가는 어떻게 할 것인지에 대해 정해진 부분이 없으며, 챗GPT가 제시한 질문에 대한 답변 자체가 출처가 불분명한 정보 짜깁기일 가능성을 배제할 수 없다. 그래서 미국의 저명한 프로그래머이자 벤처기업 투자가인 폴 그레이엄(Paul Graham)은 AI 도구를 사용하여 자신의 글인 것처럼 보이게 하는 행위를 가리켜 'AIgiarism(AI-assisted plagiarism)', 즉 AI 표절이라고 했다(Hern, 2022). 챗GPT는 원본 출처나 저자를 표시하면서 글을 생성하지 않기 때문에 의도와 무관하게 표절을 하거나 표절을 당할 수 있다는 것이다(노대원,

홍미선, 2023).

③ 결과물에 대한 신뢰도 확보가 어렵다. 챗GPT는 자연스러운 거짓말(natural lie) 같은 가짜 데이터를 제공하는 경우도 많아서 답변으로 제시한 결과에 대한 검증이 필요하다. 정보를 빠르게 대량으로 생성하는 AI를 활용하여 작성된 논문의 증가는 식별과 수정이 어려운 잠재적인 편향과 오류의 가능성으로 인해 과학의 진실성(integrity)을 위협하고 있다(M ller, 2020).

④ 법적·윤리적인 부분에서 문제가 발생할 경우에는 책임 소재에 대한 부분이 불명확하다. 특히 저작권 문제, 공동 저자 및 챗GPT 저자 인정, 인용 관행 등에서 정리가 필요하다(Lund et al., 2023). 원저자, 저작권, 표절과 관련한 저자 속성은 AI가 생성한 새로운 지식과 관련된 주요한 문제로, 그 콘텐츠의 소유권이 누구에게 있는가가 큰 쟁점이 된다. AI는 사용자가 입력한 매우 제한적인 질의어를 토대로 독립적인 콘텐츠를 생성할 수 있고, 또 그 콘텐츠는 사용자가 아닌 다른 사람에 의해 편집될 수 있다. 이때 그 콘텐츠에 대한 소유권을 결정하는 것은 매우 어려운 문제가 된다(Yanisky-Ravid, Schönberger, 2017, 2018). 챗GPT가 학습하는 데이터 세트는 인용 혹은 출처와 그 범위를 추적하고 확인하는 것이 거의 불가능하기 때문에 챗GPT 자체가 저작권 침해에 대한 책임을 가지고 있으며, 이러한 침해에 따른 위험이 저자에게 전가될 수도 있다(Lund et al, 2023).

논문 작성 시 챗GPT의 이용과 관련된 저작권 논란의 요소로는 다음과 같은 것들이 있다. 첫째, AI 학습데이터 이용의 저작권 문제이다. 챗GPT가 저작권자의 허락 없이 저작물을 학습용 데이터로 이용할 수 있는지 여부가 쟁점이 된다. 챗GPT가 뉴스 기사를 학습하는 데 있어서의 저작권 위반이 논란이 되고 있으며, 최근에는 OpenAI를 상대로 소송도 진행 중이어서 인공지능 학습 목적의 저작물 이용에 대한 판단에 귀추가 주목되고 있다. 둘째, 챗GPT가 생성한 결과물을 저작물로 볼 수 있는가의 문제이다. 인간 중심의 권리 보호 체계를 가진 현행 저작권 체계는 AI 스스로 학습하여 만든 생성물에 대해 저작권으로 보호할 수 없다고 본다. 저작권법은 저작물을 '인간의 사상이나 감정을 표현한 창작물'로 정의하고 있고, 따라서 AI 생성물을 보호하기 위해서는 인간의 것으로 한정된 저작물의 정의에 대한 개정 혹은 그 외 수정 및 보완의 방안을 마련하는 것이 필요하다. 셋째, 챗GPT 생성물의 저작권에 대한 논의이다. OpenAI는 이용약관에서 약관을 준수하는 조건으로 인풋(Input, 질문: 프롬프트)과 아웃풋(Output, 산출물)을 포함한 모든 콘텐츠에 대한 권한을 이용자에게 양도하고 있다. 따라서 이용자가 약관만 준수한다면 챗GPT의 산출물을 판매하거나 출판하는 등 상업적인 용도를 포함한 어떤 용도로든 사용해도 저작권 침해에 해당하지 않는다. 그렇다면 챗GPT가 생성하는 산출물의 저작권은 누구에게 귀속돼야 하는지가 문제이다. 창작의 기여 여부에 대한 기준도 명확하지 않고, 챗GPT의 산출물이 제3자의 저작권을 침해할 가능성도 존재하기 때문이다. 또한 공동 저작자 등에 대한 고려 역시 필요한 부분이다.

저작권뿐만 아니라 챗GPT의 이용에 있어서 개인정보 및 민감정보의 보호, 미성년자 보호 등에 대한 법적·윤리적 문제도 존재한다(김병일, 2023). 그리고 표절 문제도 있는데, 여기서의 표절은 단순히 텍스트를 복사하는 것뿐만 아니라 다른 사람의 텍스트, 방법, 그래픽, 아이디어 및 기타 지적 창작물을 다르게 바꾸어 표현하는 것까지를 모두 포함한다(Gasparyan et al., 2017). 챗GPT는 단 몇 초 만에 인간의 생각에 접근하여 그것을 이해하고 합성할 수 있기 때문에 그에 따른 윤리적인 문제를 완화하기 위해 AI가 접근하지 못하도록 오픈 액세스에서 연구논문을 제거하려 하는 출판사들도 있다. 하지만 이러한 고려는 공적 지원 연구 및 관련 논문의 오픈 액세스 정책에 대한 또 다른 윤리적 논의로 이어질 수 있는 문제가 있다(Anderson et al., 2023).

챗GPT를 사용하고 이를 학술연구의 저자로 간주하는 것은 학술연구의 생산에 대한 논쟁을 불러일으켰다(Else, 2023). 이러한 우려로 인해 국제적으로 유명한 출판사들은 이미 저자 정책을 업데이트했다(<표 3-4> 참조). 최근 이러한 저자 정책에 따라 챗GPT는 모든 학술연구논문의 저자로 등재될 수 없게 되었으며, 연구자는 챗GPT와 같은 도구를 사용하는 경우 '방법론' 또는 '감사의 글' 같은 적절한 부분에서 해당 도구의 사용을 언급해야 하게 되었다(Dwivedi et al., 2023).

<표 3-4> 챗GPT와 LLM, AI에 대한 출판사의 저자 정책 관련 개정 내용

출판사	개정된 저자 정책	중점
Springer-Nature (2023)	• 챗GPT와 같은 LLM은 저자 기준을 충족하지 않는다. • 연구자는 이러한 도구를 사용하는 경우 '방법론', '감사의 말' 등에 해당 도구의 사용을 언급해야 한다.	• 챗GPT는 저자 또는 공동 저자가 될 수 없다.
Taylor & Francis (2023)	• 저자는 출판 계약에 따라 본인의 연구 작업에 대한 책임을 져야 한다. • AI 도구는 이러한 책임을 지지 않으므로 학술논문의 공동 저자가 될 수 없다. • 연구자는 이러한 도구를 사용하는 경우 도구 사용을 해당 부분에 언급해야 한다.	• 챗GPT는 저자 또는 공동 저자가 될 수 없다.
Elsevier (2023)	• AI 및 AI 지원 기술은 작업의 언어적 품질과 가독성을 높이는 데 도움이 되지만 핵심 연구원을 대체할 수는 없다. • 연구자는 AI 및 AI 지원 기술을 저자 또는 공동 저자로 나열하거나 AI를 저자로 인용할 수 없다.	• 챗GPT는 저자 또는 공동 저자가 될 수 없다. • 챗GPT를 인용할 수는 없다.

출처: Rahman et al. (2023), p. 3 재작성.

인용에 있어서 챗GPT는 NLP를 활용하여 학술논문을 스캔하고, 식별된 자료의 출처에 대한 적절한 인용을 제안하기도 한다. 이처럼 연구자가 인용해야 하는 출처를 식별하고 인용을 적절한 형식으로 작성하는 데 도움이 되기 때문에 인용 프로세스를 상당히 간소화하고 오류를 줄일 수 있는 잠재력이 있다. 또한 챗GPT는 연구자가 새로운 정보 소스를 발견하고 해당 분야의 최신 정보를 파악하는 데에도 도움을 줄 수 있다. 그러나 저자가 2023년 7월 20일에 다음 글에서 인용된 참고문헌의 작성을 챗GPT에게 요청한 후, 실제 참고문헌과 챗GPT가 작성한 것을 비교하는 시험을 해보았다.

AI는 1950년대에 수동으로 작동하는 컴퓨터가 도입된 이후 엄청나게 성장한 분야로, 기계, 특히 컴퓨터가 인간의 사고 과정과 행동을 분석·시뮬레이션·활용 및 탐색하는 데 도움이 되는 모든 이론·방법 또는 접근 방식을 일컫는다(Haenlein & Kaplan, 2019; Lu, 2019). AI는 언어 이해, 추론 및 문제해결과 같은 중요한 방식에서 인간의 지능을 모방할 수 있는 기계를 목표로 만들어진, 기계의 지능형 행동 시뮬레이션이다(Chowdhary, 2020). AI의 핵심 구성 요소인 자가 학습은 시스템이 경험과 데이터를 통해 새로운 정보를 획득하고 지식 기반 판단과 결론을 개선할 수 있도록 하는 것을 말한다(Mintz & Brodie, 2019).

ML 및 딥러닝 기술은 인공 신경망(Artificial Neural Networks, ANNs)을 통해 로봇이 인간처럼 학습하고 추론하며 점점 더 복잡한 작업을 수행할 수 있게 되면서 AI를 발전시켜 만들어진 표준 접근 방식이다(Lu, 2019). ML 역시 AI의 핵심 구성 요소로, 명확하게 프로그래밍하지 않고도 기계가 경험을 통해 학습하도록 하는 학습 프로세스를 위한 계산 이론을 포함한다. ML은 컴퓨터 비전, 음성 인식, NLP 등 AI의 다양한 영역에서 유용한 기술로서 시스템이 데이터를 통해 학습하고 시간이 지남에 따라 언어 처리 능력을 향상시켜 인간과 컴퓨터 사이의 보다 효과적인 의사소통 및 상호 작용을 끌어내기 때문에 챗GPT의 필수적인 부분이라고 할 수 있다(Lund et al., 2023).

실제 참고문헌과 챗GPT가 작성한 참고문헌을 비교한 결과(<표 3-5> 참조), 앞의 글에 나타난 다섯 개의 문헌에 대해 챗GPT도 동일한 수의 목록을 작성했지만 그중 네 개가 실제 논문과는 다른 것으로 나타났다.

<표 3-5> 실제 참고문헌과 챗GPT가 작성한 참고문헌 비교

실제 참고문헌	챗GPT가 작성한 참고문헌
Haenlein, M., & Kaplan, A. (2019). "A brief history of artificial intelligence: On the past, present, and future of artificial intelligence", *California Management Review*, 61(4): 5-14, https://doi.org/10.1177/0008125619864925.	Haenlein, M., & Kaplan, A. M. (2019). "A Brief History of Artificial Intelligence: On the Past, Present, and Future of Artificial Intelligence", *California Management Review*, 61(4), 5-14.
Lu, Y. (2019). "Artificial intelligence: A survey on evolution, models, applications and future trends", *Journal of Management Analytics*, 6(1): 1-29, https://doi.org/10.1080/23270012.2019.1570365.	Lu, S. (2019). "The Rise of Artificial Intelligence: Its Evolutionary and Revolutionary Potential", *Technological Forecasting and Social Change*, 148, 119735.
Chowdhary, K. (2020). "Natural language processing", *Fundamentals of Artificial Intelligence*. (pp. 603–649). New Delhi, India: Springer India.	Chowdhary, S. (2020). "Artificial Intelligence and Machine Learning in Decision Making: Opportunities and Challenges", *Computers & Industrial Engineering*, 139, 106170.
Mintz, Y., & Brodie, R. (2019). "Introduction to artificial intelligence in medicine", *Minimally Invasive Therapy & Allied Technologies*, 28(2): 73–81, https://doi.org/10.1080/13645706.2019.1575882.	Mintz, M., & Brodie, R. (2019). "Self-Learning in Artificial Intelligence: Opportunities and Challenges", *Journal of Artificial Intelligence Research*, 7(2), 45-58.
Lund, B. D., Wang, T., Mannuru, N. R., Nie, B., Shimray, S., & Wang, Z. (2023). "ChatGPT and a new academic reality: Artificial Intelligence - written research papers and the ethics of the large language models in scholarly publishing", *Journal of the Association for Information Science and Technology*, 74(5): 570-581, https://doi.org/10.1002/asi.24750.	Lund, H., et al. (2023). "Advancing ChatGPT through Machine Learning and Deep Learning Techniques: Enhancing Natural Language Processing Capabilities for Improved Human-Computer Interaction", *Journal of Language and Computation*, 15(3), 112-125.

이러한 결과는 당연할 수 있는데, 동명이인이 있을 수도 있고 성은 같지만 이름이 다른 경우도 있을 수 있으며, 같은 해에 동일인이 다른 논문을 게재했을 수도 있기 때문이다. 이처럼 챗GPT가 작성한 참고문헌에는 오류나 누락의 가능성이 산재해 있다. 따라서 연구자는 인용을 할 때 챗GPT와 같은 자동화 도구에만 지나치게 의존할 경우 치명적인 문제가 발생할 수 있음을 인지해야 한다. 인용 프로세스를 보조 도구로서만 제한적으로 사용한다 할지라도 연구자는 잠재 결과에 대해 항상 고려하고 있어야 하며, 그것의 산출물에 대해서도 신중하고 철저하게 검토해야 한다.

논문 작성 지원 도구로서 챗GPT

대화형 AI는 연구 및 출판 관행을 혁신하여 기회를 창출하는 한편으로 숱한 우려 또한 낳고 있다. 가속화하는 기술 혁신은 출판에 소요되는 시간과 노력을 단축시켜주고 사람들이 멋진 글을 쓸 수 있도록 도와주기도 하지만, 그것은 또한 연구의 질과 투명성을 떨어트리고 인간 연구자의 자율성을 근본적으로 바꾸어버리기도 한다. 챗GPT가 생성하는 콘텐츠는 다 맞는 것처럼 보이지만 종종 잘못된 텍스트를 생성하므로 이를 그대로 사용할 경우 과학적 사실을 왜곡하고 잘못된 정보를 퍼뜨리는 결과를 초래할 수 있다. 하지만 오늘날 이러한 기술의 사용은 불가피하며, 무조건 금지하는 것은 효과적이지도, 또 가능하지도 않을 것이다. 따라서 반 디스(van Dis, 2023)는 이와 관련한 다섯 가지 주요 문제를 설명하고 해결 방안을 제안했다.

① 인간을 통한 검증 강화(hold on to human verification)이다. 챗GPT를 사용하는 연구자는 거짓 정보 또는 편향된 정보에 의해 오도되어 자신의 생각과 논문에 이를 적용할 위험이 있다. 또한 연구자가

검토를 주의 깊게 하지 않을 경우 후광 효과(halo effect)로 인해 AI가 작성한 논문을 매우 훌륭하게 받아들일 수 있다. 챗GPT는 일반적으로 원본 출처나 저자를 확실하게 인용하지 않고 텍스트를 재생산하기 때문에 이 기술을 사용하는 연구자는 부지불식간에 출처 표기를 누락하거나 출처가 확실치 않은 텍스트를 표절하게 될 수 있고, 심지어 그렇게 만들어진 자료가 제작·유포되기도 한다. 따라서 연구자들이 자신의 작업에 LLM을 사용하고자 한다면 경계를 늦추지 말고 전문가 중심의 사실 확인 및 검증 프로세스를 필수적으로 수행해야 한다. LLM이 요약, 평가 및 검토를 정확하고 신속하게 처리할 수 있는 경우에도 저널 출판사는 인간 검증 단계를 포함하는 방안, 혹은 이 기술을 사용하는 특정 애플리케이션을 금지하는 방안을 고려해봐야만 한다.

② 책임성을 확보할 규정 마련(develop rules for accountability)이다. 연구논문의 저자는 '방법론'이나 '감사의 글' 등의 섹션에 챗GPT와 같은 AI 기술을 사용했는지 여부와 그 정도를 명확하고 구체적으로 명시해야 한다. 또한 어떤 LLM이 사용되었는지 표시해야 한다. 이러한 경우에 편집자와 검토자는 잠재적인 편견, 부정확성 및 부적절한 출처 표시와 관련하여 보다 면밀히 조사하는 과정을 수행해야 한다. 즉 연구기관, 출판사 및 후원 기관은 출판 기록물의 일부가 될 수도 있는 모든 자료에 대해 대화형 AI 사용과 관련한 인식을 높이고, 투명성을 요구하는 명시적인 정책을 수립해야 한다. 나아가 발행인은 그러한 정책을 따랐다는 인증을 저자에게 요청할 수 있는 절차를 마련해야 한다. 이러한 정책은 상황에 맞게 수립·적용될 수 있어야 하며, 완전한 투명성 확보를 핵심으로 발전되어야 한다.

③ 완전 개방형 LLM에 대한 투자(invest in truly open LLMs)이다. 현재

거의 모든 최첨단 대화형 AI 기술은 AI 개발 리소스를 보유한 소수의 거대 IT 기업들이 독점하고 있는 제품들이다. OpenAI는 주로 Microsoft에서 자금을 지원하며, 다른 주요 기업들 역시 유사한 도구를 출시하기 위해 경쟁하고 있다. 챗GPT와 그 이전 버전의 기본 교육 세트, 그리고 LLM은 공개적으로 사용할 수 없으며, 기업들은 대화형 AI의 내부 작업을 숨길 수 있다. 이는 투명하고도 개방적인 과학을 향한 움직임에 위배되며, 챗봇 지식의 출처와 격차를 밝히는 데에도 장애 요소로 작용한다. 이러한 불투명성에 대응하여 오픈 소스 AI 기술이 우선적으로 개발 및 구현되어야 한다. 대학과 같이 영리를 추구하지 않는 조직이나 기관들은 일반적으로 빠른 LLM 개발 속도를 따라잡는 데에 필요한 계산 및 재정 자원이 부족하다. 따라서 과학 기금 조직, 대학, 비정부 기구(NGO), 정부 연구 시설 및 UN과 같은 조직 혹은 거대 기업이 독립적인 비영리 프로젝트에 획기적인 투자 지원을 해주어야 한다. 그러한 지원이 고급 오픈 소스, 투명하고 민주적으로 제어되는 AI 기술을 개발하는 데 도움이 될 것이다. 또한 학술 출판 모델이 정확하고 포괄적인 결과를 생성할 수 있도록 LLM이 전체 아카이브에 액세스할 수 있도록 해주어야 한다.

④ AI의 이점 수용(embrace the benefits of AI)이다. 챗봇은 논문을 완성하기 위해 애쓰는 박사과정 학생, 보조금 제안서에 대한 빠른 문헌 검토가 필요한 연구원, 시간 내에 분석 의견을 제출해야 하는 동료 검토자에 이르기까지 모두가 작업을 신속하게 완료할 수 있게 도와준다. AI 챗봇에 이러한 작업을 맡겨놓을 수만 있다면 학자들은 새로운 실험 설계에 집중할 수 있을 것이다. 즉 편견, 출처 및 부정확성과 관련된 현재의 문제만 해결된다면 이 기술은 엄청난 잠재력을 발휘할 수 있다. 따라서 연구자는 특정 연구 관행에 대해

기술을 현명하게 사용하는 방법을 알 수 있도록 LLM의 정당성과 신뢰성을 조사하고 발전시켜나가야 한다.

⑤ 토론의 확장(widen the debate)이다. 연구의 다양성과 불평등이 지니는 함의는 여전히 해결해야 할 핵심 문제이다. LLM은 양날의 검이 될 수 있다. 예를 들어 언어 장벽을 제거하고 더 많은 사람들이 고품질의 텍스트를 작성할 수 있도록 한다면 경쟁의 장을 평준화하는 데 기여할 것이다. 그러나 대부분의 혁신이 그렇듯 고소득 국가와 특권을 가진 연구자들이 빠르게 자체 연구를 진행함으로써 불평등을 확대하는 방식으로 LLM을 활용할 방안을 찾아낼 것이다. 따라서 연구에서 소외된 집단과 연구의 영향을 받는 지역사회의 생생한 경험을 중요한 자원으로 사용해야 한다. 뿐만 아니라 기회를 수용하고 위험을 관리하는 데 중점을 두고 AI 기술의 활용과 방안에 대해 모색해나가야 한다.

여러 한계와 문제를 지니고 있는 챗GPT는 이제 연구에서 선택이 아닌 필수가 되어가고 있는 시점이다. 챗GPT와 같은 기술을 사용할 때 강조되어야 할 글쓰기 능력은 다음과 같다.

① 질문 생성 능력이다. 챗GPT와 같은 대화형 인공지능 기술은 인간이 투입한 질문의 범위 내에서 텍스트를 생성해내므로 어떤 질문을 투입하는가가 중요하다. 아날로그 환경에서 디지털 환경으로의 변화가 온라인 정보 검색 기술을 중요하게 만들었다면, 챗GPT의 시대에는 그 초점이 질문 생성 기술로 옮겨가고 있다. 질문은 글을 통해 달성하고자 하는 목표를 명료하게 세운 이후 작문 수행 전반에 걸쳐 해당 목표를 중심으로 진행해나간다.

② 글의 중간 산출물에 대한 메타적 읽기 능력이다. 챗GPT가 생성한

초고를 그대로 최종 글로 활용하는 것이 아니라, 글쓴이는 그 글을 자신의 이해에 비추어 메타적으로 읽고 점검·조정할 수 있어야 한다. 출처에서 수집한 외부 자료의 관련성, 중요성, 신뢰성, 공정성 등을 따져보고 중간 산출물을 면밀히 검토한 후 그것을 자신의 글쓰기에 활용하여야 한다.

③ 출처 확인 및 보강 능력이다. 챗GPT가 생성한 텍스트는 외부에 존재하는 자료라는 점에서 그 출처를 확인하고 보강하는 비판적·분석적 작업을 수행해야 한다(장성민, 2023). 학생들이 챗GPT를 이용해 과제를 한다는 것이 우려스러울 수 있지만, 좋은 글을 작성하기 위해 AI 글쓰기 도구를 사용하겠다는데 그것을 못하게 막기보다는 차라리 윤리적이고 생산적으로 사용하도록 가르쳐주는 것이 낫다. 학생들은 경쟁력을 키우기 위해 학교 생활 내내 AI 글쓰기 도구를 사용하여 가치 있는 결과물을 도출하는 방법을 익혀야 하고, 품질·정확성·독창성을 평가하는 방법을 배워야 한다. 또한 AI가 생성한 텍스트와 자신이 직접 쓴 글을 혼합하여 논리 정연하고 잘 조직된 에세이를 작성할 수 있는 방법을 학습해야 한다. AI가 생성한 텍스트를 감지해낼 수 있는 도구가 개발되겠지만, AI 글쓰기는 더 빠르게 발전할 것이다. 즉 AI 쓰기 도구가 감시 도구보다 늘 한발 앞설 것이다. 따라서 챗GPT를 금지한다면 거짓을 참으로, 참을 거짓으로 잘못 판단하게 되는 부당함이 필연적으로 초래될 수 있다.

글쓰기는 엄청난 가치가 있는 기술이며 소수만이 숙달한 기술이다. AI 작성 도구를 적절하게 사용하면 이러한 작업을 잘 수행하는 데 도움을 받을 수 있다. 그러나 가장 중요한 것은 자신의 이름이 올라간 논문인 만큼 그에 대한 전적인 책임은 연구자 자신에게 있다는 것이다. 사실이 정확하지 않거나 잘못 정리된 경우, 논리적인 일관성이 없거나 문체가 부자연스러운 경우, 부분적인 표절이 발견된 경우 등은 모두 연구자의 책임이다. 따라서 교육 현장에서는 학생들이 AI 기술을 책임감 있게 인식하는 사용자가 될 수 있도록 이끌어주어야 할 것이다(Villasenor, 2023).

4장

논문 작성의 실제

1. 논문의 내용과 기본 구성

학위논문은 대체로 서두부, 본론부, 참고자료부의 세 부분으로 구성된다.

1) 서두부

서두부는 논문의 외형이나 서식을 설명하는 부분이다. 논문의 표지, 서문, 본문 차례, 국문 요약으로 이루어져 있으며 쪽번호를 붙일 경우 로마자 소문자(i, ii, iii 등)를 사용한다. 논문의 표지는 겉표지와 속표지로 나뉜다. 겉표지는 논문의 맨 앞부분으로, 논문 제목, 학교 이름과 학과 이름, 논문 작성자 이름 등을 쓴다. 겉표지 다음 장에 속표지를 만드는데, 여기에는 논문 제목, 지도교수 이름, 논문의 인준 예정 일자, 학교와 학과 이름, 논문 작성자 이름 등을 기입한다.

논문 제목은 간결하면서도 연구의 내용을 전체적으로 대표하는 하나의 문장이어야 한다. 그러므로 연구내용을 충분히 전달할 수 있는 핵심 단어를 포함해야 한다. 부제목은 의미를 정확하게 전달하기 위해서만 주제목 다음 줄에 삽입할 수 있다. 한편 학위논문은 최종적으로 심사위원의 심사를 거쳐 날인을 받아야 하는데, 이때 심사위원의 날인을 받는 곳이 속표지 뒤에 들어가는 인준서이다. 석사학위논문은 세 명의 심사위원, 박사학위논문은 다섯 명의 심사위원이 날인하게 된다. 이러한 인준서는 심사위원이 서명할 난과 학교 이름, 인준 날짜 등으로 구성된다.

서문은 머리말, 서언 또는 감사의 글로 구성되며, 논문의 의도, 범위, 작성 경위 등 논문의 일반적인 사항과 작성 과정에서 신세를 진 분들에 대한 감사의 내용을 싣는 것이 일반적이지만 생략할 수도 있다. 목차는 논문 내용의 골격과 윤곽을 드러내주는 곳이다. 논문을 읽는 이가 제목과 목차를 검토하고 읽을 만한 내용이 있는지를 판단하므로 한눈에 전체의 내용을 볼 수 있게 작성해야 한다. 즉 본문의 내용을 파악하고 전체 논문의 내용을 개괄할 수 있게 목차를 구성해야 한다. 표나 그림 목차를 작성하는 경우에는 표나 그림의 제목과 함께 해당하는 쪽을 제시해야 한다. 원칙적으로 표 목차나 그림 목차는 따로 작성해야 하나 아주 적을 때는 둘을 합해 '표·그림 목차'라는 하나의 제목 아래 통합해 표시할 수 있다.

국문 요약, 개요나 초록은 논문의 전체적인 내용을 총망라해 간단하게 기술하는 것이다. 일반적으로 논문에서 가장 먼저 읽히는 부분이므로 논문의 내용을 명확하게 반영해서 전문성 있게 작성해야 한다. 또한 연구의 필요성, 목적, 내용, 방법, 결과, 영향 등에 대한 전반적인 개요를 제공해야 한다. 국문 요약은 보통 석사학위논문의 경우 200자 원고지 10장 이내로, 박사학위논문의 경우 20장 이내로 짧고 간결하게 작성하며 논문 제목, 연구목적, 연구방법, 연구결과 등을 반드시 포함해야 한다.

2) 본론부

인문·사회 과학 분야 논문일 경우 보통 서론, 본론, 결론으로 구성하는데, 본론은 논문의 성격에 따라 두 개 이상의 부분으로 나누어 적절한 제목을 붙일 수 있다. 자연과학 분야 논문의 경우 서론, 재료 및 방법, 결과, 고찰, 결론 등으로 흔히 구성한다. 본문부부터 쪽번호를 아라비아숫자로 붙인다.

서론에서는 연구의 목적과 필요성, 연구범위, 선행연구, 연구방법론 등을 제시한다. 기본 자료가 있을 경우 이를 소개하고, 특수한 용어는 개념을 밝혀 내용을 충분히 이해할 수 있게 한다. 연구의 목적과 필요성은 간결하면서 독창적이며 참신하고 실현 가능한 목표를 설정해 기재하는 것이 중요하다. 연구범위는 명확해야 하며 구체적이어야 한다. 그리고 연구분야의 선행연구를 간단하게 비판적으로 소개하고 연구과정 및 연구결과를 요약해 기술한다. 연구방법론은 일정한 이론에 기초를 둔 연구주제로의 접근 방법을 독자가 충분히 이해하도록 상세하고 정확하게 기술한다.

본론은 연구의 핵심으로, 충분하게 수집된 데이터를 바탕으로 연구에 관해 명백히 설명해야 한다. 크게 데이터 수집 및 분석, 연구결과와 이에 대한 고찰로 구성된다. 특히 실험을 필요로 하는 이공계 연구분야의 논문에서는 재료 및 방법을 밝혀주는 것이 필수적인 부분이다. 실험에 사용된 재료가 시중에서 판매되는 재료라면 그것의 품의나 제조회사 등을 밝혀주고, 연구자가 합성한 재료이면 합성한 방법이나 만드는 방법 등을, 채취한 재료라면 채취한 과정과 방법을 제시한다. 재료 및 방법을 기술할 때 가장 중요한 사항은 연구자가 기술한 방법으로 제삼자가 그대로 시현할 수 있을 정도로 충분히 기술해야 한다는 것이다. 연구결과는 문헌조사, 현지답사, 면담조사, 실험연구에서 연구논문의 주축을 이루는 것으로, 연구자가 사용한 연구방법에 따라 나온 결과를 사실 그대로 정확하게 기술해야 한다. 연구결과는 글로 표현할 수도 있고, 그림이나 표를 이용해 제시한 후 간단한 글로 설명할 수도 있다. 연구결과를 논의하기 위해서는 해당 결과를 다각도로 분석해 자신의 주장을 펼쳐야 한다. 자신이 내린 결론의 정당성을 객관적으로 인정받기 위해서는, 첫째, 자기가 행한 연구결과를 해석하고, 둘째, 예외적인 사실이 있으면 이를 제시한 후 왜 이런 예외가 존재하는가에 대한 해석을 추가하고, 셋째, 다른 연구자의 결과 및 해석과 비교해 자신의 연구에 대한 합리성을 주장해야 한다. 연구결과에 대해 시사점을 도출해내지 못하면 논문으로서의 가치가 부족하게 되고 그것을 보고하는 보고서의 수준에 머무르게 된다(박창원, 김성원, 정연경, 2012).

결론 부분에는 연구결과의 일반화 과정이 포함되어야 한다. 연구의 시작부터 끝까지 전 과정을 요약해 제시하면서 분석 결과와 고찰을 종합해 자신의 연구에서 도출한 주요한 결론을 제시한다. 또한 연구과정이나 연구결과의 한계는 후속연구로 제안하여 연구가 지속될 수 있도록 한다.

3) 참고자료부

참고자료부는 부록, 참고문헌, 영문 초록으로 이루어진다. 부록에는 연구분석을 위해서 데이터 수집에 사용한 설문지, 심층면담지, 통계표 등 본문에 넣기에는 양이 많고 곤란한 사항, 또는 본문의 내용과 관련이 있는 법조문, 문서, 도표 등과 같은 보충 자료를 수록한다. 부록이 있는 경우에는 본문에서 반드시 부록에 대한 언급을 하고 살펴볼 수 있게 해야 한다. 참고문헌에는 연구과정 중 참고하고 인용한 자료만을 일정한 양식에 맞춰 일관성 있게 작성한다. 영문 초록은 국문 요약 내용을 영문으로 작성한 것이다.

2. 논문 편집 양식

1) 학위논문 기재 순서 및 방법

이화여자대학교 대학원 학위청구논문 체재를 바탕으로 학위논문의 체계를 제시하면 다음과 같다(https://graduate.ewha.ac.kr/graduate/info/thesis04.do). 학위논문은 일반적으로 표지, 표제지, 인준서, 감사의 글(목차 뒤에 배치하기도 하고 없는 경우도 있음), 목차, 표 목차, 그림 목차, 기호 및 약자 설명, 논문 개요(본문이 한글인 경우의 국문 초록), 논문 본문(서론, 본론, 결론), 참고문헌, 부록, 영문 초록의 순서로 구성된다. 논문의 서체는 일반적으로 한글은 신명조, HY신명조, 휴먼명조, 바탕체, Times New Roman 중에서 사용하며, 용지 크기는 A4로 하고, 용지 여백은 위아래 35mm, 머리말 · 꼬리말 15mm, 좌우 35mm로 한다. 본문 글씨 크기는 큰 제목의 경우 14~16포인트(point, 이하 pt)로, 중간 제목은 12~13pt로 진하게 하며, 본문은 10~11pt, 각주는 9pt로 작성한다. 그리고 줄 간격은 160~ 200%로 한다. 대부분의 대학에서 학위논문 제출 서식과 관련하여 대학원 홈페이지에 학위청구논문 체재와 학위청구논문 템플릿을 제공하므로 이를 활용하는 것이 더 정확하다. 논문이 반드시 갖춰야 할 사항과 순서는 다음과 같다.

① 표지에는 먼저 좌측 상단에 16pt로 소속 대학원, 졸업학년도와 함께 석(박)사학위 청구논문임을 3행으로 표시한다. 이때 졸업학년도로는 졸업하는 학기가 소속된 학년도를 기재한다. 예를 들어 2024년 2월 졸업예정자는 2023학년도 전기, 2024년 8월 졸업예정자는 2023학년도 후기라고 기재한다. 대학원에 따라 '전기' 또는 '후기'를 생략할 수도 있다. 논문 제목은 21pt로 가운데 정렬해 위쪽에

기재한다. 논문 제목에는 구두점을 찍지 않으며, 부제가 있을 때는 주제목 다음에 쌍점(:)을 찍은 후 부제를 쓰거나, 부제를 주제목보다 작은 활자로 하여 줄을 바꾸어서 앞뒤에 줄표(—)를 붙여 쓸 수 있다. 논문 제목에는 특수문자, 수식 및 기호 등을 사용하지 않는다. 표지 아래쪽에는 소속 학과(전공), 이름, 발행년도를 차례로 3행에 걸쳐 16pt 크기로 기재한다. 책등에는 논문 제목과 작성자 이름을 세로쓰기로 넣는다. 이때 글자 크기는 논문 제목의 길이에 따라 조절할 수 있다.

② 표제지는 표지와 같은 성격을 띤 속지의 의미를 가지며 논문 제목, 논문 제출에 관한 정보, 출간 일자, 소속 대학원, 소속 학과, 이름 등을 여기에 기재한다. 논문 제목은 표지와 같은 크기(21pt) 및 위치에 기재하며, 아래쪽에 16pt의 크기로 '이 논문을 석(박)사학위 논문으로 제출함'이라 쓴다. 다음 줄에 12pt의 크기로 출판년, 월, 일까지 기재하고, 그다음 줄에는 소속 대학원 이름(12pt)과 소속 학과(전공) 및 작성자 이름(16pt)을 기재한다.

③ 인준서는 지도교수를 포함한 심사위원단이 학위논문을 인준하는 서식으로, 지도교수와 심사위원단의 이름과 날인 또는 서명이 있게 된다. 따라서 표제지의 논문 제목과 같은 위치에 같은 크기로 '○○○의 석(박)사학위논문을 인준함'이라 쓴다. ○○○에는 학위를 받을 논문 저자의 이름을 기재한다. 그 아래로는 12pt의 크기로 지도교수 이름, 심사위원 이름을 쓰고, 그 옆에 서명(또는 날인)할 밑줄을 그어 심사위원이 친필로 기록하고 서명하도록 한다. 맨 마지막에는 소속 대학원 이름을 16pt 크기로 가운데 정렬해 기재한다. 인준서는 도장 날인 외 자필 서명도 허용하지만 도장이나 서명의 사본은 허용하지 않는다.

④ 목차에는 기본 목차를 포함해 논문 개요, 본문 장·절까지의 시작

페이지를 기재한다. 필요할 경우 항까지 나열할 수도 있으나 목차의 쪽수가 너무 많이 나오지 않도록 한다. 표 목차와 그림 목차가 있을 경우에는 목차 다음 쪽에 별지로 넣는다.

⑤ 필요한 경우 목차(표 목차 및 그림 목차 포함) 다음 쪽에 기호 및 약자에 대한 자세한 설명을 넣을 수 있다. 그리고 목차와 기호(또는 약자) 설명 쪽 다음에 '감사의 글'을 넣을 수도 있다.

⑥ 논문 개요는 논문 본문에 사용한 언어로 2~3쪽 분량으로 작성한다.

⑦ 논문 본문은 연구분야에 따라 다르지만 대체로 서론(연구목적, 연구배경, 연구문제), 용어 정리, 연구 관련 이론, 연구방법 및 연구절차, 연구내용, 연구결과, 결론 및 제언의 순서로 작성한다. 논문 인쇄 용지는 위에서 3.5cm, 왼쪽에서 3.5cm의 여백을 주고 본문을 시작하는데, 본문이 차지하는 판면의 크기는 가로 14cm, 세로 20.5cm로 한다. 쪽번호는 하단 중앙에 적으며 본문의 글자 크기는 10.5pt로 한다.

⑧ 참고문헌 목록은 저자명의 자모순으로 국한문 문헌을 먼저 나열하고 그다음 알파벳 순서로 구미어문 문헌을 나열한다. '참고문헌'을 영어로 쓰는 경우에는 'Bibliography'라고 쓰지 않고 'References'라고 쓰며, 전공별 전문학술지의 편집 체제를 따라도 된다. 본문에 인용된 각 저작물은 반드시 참고문헌 목록에 수록되어야 하고 참고문헌 목록에 있는 각 저작물은 반드시 본문에 인용되어야 한다. 참고문헌 목록에 기재된 저자명의 철자와 발행년도가 본문에 인용된 것과 일치하는지도 확인해야 한다.

⑨ 필요한 경우에는 부록을 참고문헌 목록 다음에 넣는다. 부록이 여러 개 있을 경우에는 <부록1. 설문지>, <부록2. 관련 작품 목록> 등(영어의 경우 Appendix 1, Appendix 2 등)으로 각각을 명백히 구분해서 표시해야 하며, 부록마다 제목을 달아야 한다.

⑩ 논문 초록은 논문 내용의 개요를 신속하게 파악할 수 있게 하려는 목적으로 작성하는데, 논문의 목적 및 배경, 연구내용과 연구방법, 연구결과, 결론과 제언 등에서 꼭 필요한 부분을 발췌해 간단하게 작성한다. 또, 논문 개요를 중심으로 작성하되 본문이 한국어로 되어 있는 경우에는 외국어로, 본문이 외국어로 되어 있는 경우에는 한국어로 제목, 이름, 소속 모두를 정확히 기재한다. 특히 본문이 한국어로 되어 있는 경우에는 영어, 프랑스어, 독일어, 중국어의 4개 국어 중 하나를 사용할 수 있다.

⑪ 장(章), 절(節), 항項), 목(目) 등의 구분기호는 소속 학과나 대학원에서 정하는 규정에 따라 일관되게 사용해야 하며 예를 들면 <표 4-1>과 같다.

<표 4-1> 장, 절, 항, 목의 구분기호

분류	국한문	구미어문
장	Ⅰ. Ⅱ.	Ⅰ. Ⅱ.
절	A. B.	A. B.
항	1. 2.	1. 2.
목	가. 나.	a. b.
그 이하	(1) (2)	(1) (2)
	(가) (나)	(a) (b)
	ㄱ. ㄴ.	i. ii.
	(ㄱ) (ㄴ)	(i) (ii)

⑫ 논문 제목 및 장·절 등의 제목에는 구두점을 찍지 않으며, 논문 제목에 부제가 있을 때는 주제목 다음에 쌍점(:)을 찍은 후 부제를 쓰거나 주제목 다음 줄에 앞뒤로 줄표(—)를 넣어 쓴다. 논문 제목에는 특수문자, 수식 및 기호 등을 사용하지 않는다.

⑬ 페이지 번호는 전문(표제지, 인준서, 목차, 본문 앞의 논문 개요)과 기타 부분(본문, 참고문헌, 부록, 논문 초록)을 구분하여 표시하되, 전문에는 로마숫자 소문자(i, ii, iii, · · ·)로, 기타 부분에는 아라비아숫자로 표시한다. 표제지와 인준서에는 쪽번호를 기재하지 않고 목차를 첫 번째 쪽으로 하여 기재한다. 쪽번호 위치는 전문 및 기타 부분 모두 하단 중앙에 적으며, 쪽번호의 좌우에는 줄표(—), 묶음표, 마침표 등 어떠한 구두점도 찍지 않는다.

2) 구두점

문장에 들어가는 구두점은 문장의 운율을 설정하는 한편, 독자들에게 어디서 쉬고, 어디서 멈추고, 어디서 우회하는지를 알려준다. 구두점은 사고의 일시 정지를 나타내며 다양한 구두점은 일시 정지의 길이와 종류를 구분해준다(APA, 2020). 문화체육관광부는 2014년 12월 5일 문장부호 관련 규정의 개정을 주요 내용으로 하는 한글 맞춤법 일부 개정안(문화체육관광부 고시 제2014-0039호, 2015년 1월 1일 시행)을 고시한 바 있다. 글쓰기 환경이 컴퓨터와 인터넷을 중심으로 급격히 변화하면서 실제 언어생활에서 널리 쓰이는 문장부호와 그 용법을 반영한 새로운 규정이 만들어진 것이다. 여기서 문장부호는 문장의 구조를 드러내거나 글쓴이의 의도를 전달하기 위하여 사용하는 부호를 말한다. 주로 일상의 글에서 사용되는 부호들 가운데 문장의 구조를 드러내거나 글쓴이의 의도를 전달하기 위해 사용하는 부호들로, 문장부호를 적절하게 사용하면 글의 의미를 효율적으로 전달할 수 있다.

마침표 또는 온점(.)

① 서술, 명령, 청유 등을 나타내는 문장의 끝에 씀으로써 비로소 문장을 완성한다.

예 어린이는 자라나는 꿈나무이다.

② 글 속에 직접인용한 문장이 포함된 경우 해당 문장에는 쓰지 않는 것도 허용된다.

예 아버지는 "혼자 있어도 옆에 다른 사람이 있는 것처럼 행동해야 한다./한다"라고 나에게 말씀하셨다.

③ 명사형 문장이나 명사로 끝나는 문장에는 쓰는 것을 원칙으로 하되, 쓰지 않는 것을 허용한다.

예 오늘 오전 11시에 보고서를 제출함./제출함

④ 제목이나 표어에는 쓰지 않음을 원칙으로 한다.

예 꺼진 불도 다시 보자

⑤ 아라비아숫자만으로 연월일을 표시할 때 쓴다. 즉 날짜를 적을 때 '년', '월', '일' 표기를 대신할 수 있다. 그러나 '년' 또는 '월' 또는 '일'만 쓰고자 할 때는 글자 대신 마침표를 쓰지 않는다.

예 1919. 03. 01.

예 '개최 연도: 2014년'을 '개최 연도: 2014.'와 같이 쓰지는 않는다.

⑥ 특정한 의미가 있는 날을 표시할 때 월과 일을 나타내는 아라비아 숫자 사이에 쓰며, 가운뎃점을 대신해 쓸 수도 있다.

예 4.19 혁명, 4·19 혁명

⑦ 장, 절, 항 등을 표시하는 문자나 숫자 다음에 쓴다.

예 I. 서론 가. 연구의 목적

⑧ 문자나 붙임표(-)나 마침표 등으로 연결하여 하위 장, 절, 항 등을 표시할 때도 해당 문자나 숫자 다음에 쓴다.

예 가-1. 인명

물음표(?)

① 의문문이나 의문을 나타내는 어구의 끝에 쓴다.

예 점심 먹었어요?

② 한 문장 안에 몇 개의 선택적인 물음이 이어질 때는 맨 끝의 물음에만 쓰고, 각 물음이 독립적일 때는 각 물음의 뒤에 쓴다.

예 너는 고등학생이냐, 대학생이냐?

예 한국에 언제 왔니? 뭘 하러 왔니?

③ 의문의 정도가 약할 때는 끝에 마침표를 대신 쓸 수 있다.

예 내가 정말 잘하고 있는 것일까.

④ 제목이나 표어에는 쓰지 않음을 원칙으로 한다.

예 정의란 무엇인가

⑤ 특정한 어구의 내용에 대하여 의심, 빈정거림 등을 표시할 때, 또는 적절한 말을 쓰기 어려울 때 소괄호 안에 쓴다.

예 우리 가족과 같이 갈 사람은 쥴리앙(?) 정도인 것 같다.

⑥ 모르거나 불확실한 내용임을 나타낼 때 쓴다.

예 최치원(857~?)은 통일신라 말기의 학자이자 문장가이다.

느낌표(!)

① 감탄문이나 감탄사의 끝에 쓴다.

예 어머나!

② 감탄의 정도가 약할 때는 끝에 쉼표나 마침표를 대신 쓸 수 있다.

예 아이구, 벌써 시간이 이렇게 되었네.

③ 특별히 강한 느낌을 나타내는 어구, 평서문, 명령문, 청유문에 쓴다.

예 빨리 와!

④ 물음의 말로 놀람이나 항의의 뜻을 나타내는 경우에 쓴다.

예 어떻게 네가 이렇게 할 수 있어!

⑤ 감정을 넣어 대답하거나 다른 사람을 부를 때 쓴다.

예 네, 어머니!

쉼표 또는 반점(,)

① 같은 자격의 어구를 열거할 때 그 사이에 쓴다.

예 한강은 북한강, 남한강으로 나뉜다.

② 쉼표 없이도 열거되는 사항임이 쉽게 드러날 때는 쓰지 않을 수 있다.

예 할머니 할아버지가 함께 오셨어요.

③ 열거할 어구들을 생략할 때 사용하는 줄임표 앞에는 쓰지 않는다.

예 광역시: 대구, 대전, 광주 ……

④ 짝을 지어 구별할 때 쓴다.

예 해와 달, 양과 음을 의미한다.

⑤ 이웃하는 수를 개략적으로 나타낼 때 쓴다.

예 3, 4, 5호 라인

⑥ 열거의 순서를 나타내는 어구 다음에 쓴다.

예 첫째, 건강해야 한다.

⑦ 문장의 연결 관계를 분명히 하고자 할 때 절과 절 사이에 쓴다.

예 이상과 같이, 아직까지도 이 분야에 관해서는 연구가 이루어진 적이 없다.

⑧ 같은 말이 되풀이되는 것을 피하기 위하여 일정한 부분을 줄여서 열거할 때 쓴다.

예 여름에는 딸과 함께, 겨울에는 아들과 함께 여행을 다녔다.

⑨ 부르거나 대답하는 말 뒤에 쓴다.

예 여보게, 이리 좀 와보게.

⑩ 한 문장 안에서 앞말을 '곧', '다시 말해' 등과 같은 어구를 이용해 다시 설명할 때 앞말 다음에 쓴다.

예 혜교 아빠, 다시 말해 내 남동생은 갑자기 고혈압 진단을 받고 약을 먹기 시작했다.

⑪ 문장 앞부분에서 조사 없이 쓰인 제시어나 주제어의 뒤에 쓴다.

예 건강, 이것이야말로 인생에서 제일 중요한 자산이다.

⑫ 한 문장 안에 같은 의미의 어구가 반복될 때 앞에 오는 어구 다음에 쓴다.

예 부모님의 사랑, 자식을 위해 아낌없이 베푸는 내리사랑을 돌려드리기란 쉽지 않다.

⑬ 도치문에서 도치된 어구들 사이에 쓴다.

예 또 보자, 친구야.

⑭ 바로 다음 말과 직접적인 관계에 있지 않음을 나타낼 때 쓴다.

예 영철은, 뒤도 돌아보지 않는 경순을 미워할 수 없었다.

⑮ 문장 중간에 끼어든 어구의 앞뒤에 쓴다. 이 경우 줄표를 대신 쓸 수도 있다.

예 나는, 지금도 돌이켜보면, 그때 왜 그랬는지 이해가 가지 않아.

예 나는 — 지금도 돌이켜보면 — 그때 왜 그랬는지 이해가 가지 않아.

⑯ 특별한 효과를 위해 끊어 읽는 곳을 나타낼 때 쓴다.

예 우리가, 정말 이 전투에서 이길 수 있을까?

⑰ 짧게 더듬는 말을 표시할 때 쓴다.

예 어르신, 무, 무시라니요? 제가 감히 어떻게 그럴 수 있겠어요. 오해하시는 겁니다.

가운뎃점(·)

① 열거할 어구들을 일정한 기준으로 묶어서 나타낼 때 쓴다.

예 충청남·북도, 경상남·북도, 전라남·북도는 각각의 지역적 특성이 뚜렷하다.

② 짝을 이루는 어구들 사이에 쓴다. 가운뎃점을 쓰지 않거나 쉼표를 대신 쓸 수도 있다.

예 한강 수질의 조사·분석에 따르면 아직까지는 문제가 없다.

예 한강 수질의 조사, 분석에 따르면 아직까지는 문제가 없다.

③ 공통 성분을 줄여서 하나의 어구로 묶을 때 쓴다. 쉼표를 대신 쓸 수도 있다.

예 상·중·하

예 상, 중, 하

쌍점(:)

① 표제 다음에 해당 항목을 들거나 설명을 붙일 때 쓴다.

예 장소: 포스코관 203호

② 희곡 등에서 대화 내용을 제시할 때 말하는 이와 말한 내용 사이에

쓴다.

예 엄마: 여보, 그건 아니지요.

③ 시와 분, 장과 절 등을 구별할 때 쓴다.

예 오후 1:30 (오후 1시 30분)

④ 의존 명사 '대(對)'가 쓰일 자리에 쓴다.

예 12:15 (12 대 15)

⑤ 쌍점의 앞은 붙여 쓰고 뒤는 띄어 쓴다. 다만 ③과 ④에서는 앞뒤를 모두 붙여 쓴다.

빗금(/)

① 대비되는 두 개 이상의 어구를 묶어 나타낼 때 그 사이에 쓴다.

예 남한/북한

② 기준 단위당 수량을 표시할 때 해당 수량과 기준 단위 사이에 쓴다.

예 600g/근

③ 시의 행이 바뀌는 부분임을 나타낼 때 쓴다.

예 산에는 꽃 피네 / 꽃이 피네 / 갈 봄 여름 없이 / 꽃이 피네

④ 빗금의 앞뒤는 ①과 ②에서는 붙여 쓰며, ③에서는 띄어 쓰는 것을 원칙으로 하되 붙여 쓰는 것을 허용한다.

큰따옴표(“ ”)

① 글 가운데에서 직접 대화를 표시할 때 쓴다.

예 “아버지, 제가 계산할게요.”

“됐다. 이건 내가 산다.”

② 말이나 글을 직접인용할 때 쓴다.

예 혜진이는 자다가 “엄마, 어디야?” 하고 소리를 질렀다.

작은따옴표(‘ ’)

① 인용한 말 안에 있는 인용한 말을 나타낼 때 쓴다.

예 선생님은 “자, 여러분! ‘사필귀정’이라는 사자성어를 들어보셨죠?”라고 말씀하셨다.

② 마음속으로 한 말을 적을 때 쓴다.

예 은정은 ‘또 속았군.’ 하고 속으로 푸념하면서 돌아섰다.

소괄호(( ))

① 주석이나 보충적인 내용을 덧붙일 때 쓴다.

예 정몽주(고려의 충신)는 선죽교에서 피살되었다.

② 우리말 표기와 원어 표기를 아울러 보일 때 쓴다.

예 기술(記述)

③ 생략할 수 있는 요소임을 나타낼 때 쓴다.

예 사업체 운영을 하시는 분들은 이름 뒤에 ‘사장(님)’이라고 붙입니다.

④ 희곡 등 대화를 적은 글에서 동작이나 분위기, 상태를 드러낼 때 쓴다.

예 "제가 나이보다 어려 보인다구요?" (웃음)

⑤ 내용이 들어갈 자리임을 나타낼 때 쓴다.

예 이화여대의 창립기념일은 5월 ( )이다.

⑥ 항목의 순서나 종류를 나타내는 숫자 혹은 문자 등에 쓴다.

예 대한민국은 삼면이 (가) 동해, (나) 서해, (다) 남해로 둘러쌓였다.

중괄호({ })

① 같은 범주에 속하는 여러 요소를 세로로 묶어서 보일 때 쓴다.

예 목적격 조사 { 을 / 를 }

② 열거된 항목 중 어느 하나가 자유롭게 선택될 수 있음을 보일 때 쓴다.

예 우리 가족은 모두 할머니댁{에, 으로, 까지} 뛰어갔어요.

대괄호([ ])

① 괄호 안에 또 괄호를 쓸 필요가 있을 때 바깥쪽의 괄호로 쓴다.

예 이번 자문회의에는 두 명[이숙종(교수), 김진홍(박사)]만 참석해 주셨습니다.

② 고유어에 대응하는 한자어를 함께 보일 때 쓴다.

예 손발[手足]

③ 원문에 대한 이해를 돕기 위해 설명이나 논평 등을 덧붙일 때 쓴다.

예 그런 일이 사실이라는 게 믿을 수 없다.[원문에는 '업다'임.]

겹낫표(『 』)와 겹화살괄호(≪ ≫)

① 책의 제목이나 신문 이름 등을 나타낼 때 쓴다.

예 1896년에 창간된 『독립신문』은 우리나라 최초의 민간 신문이다.

예 ≪하늘과 바람과 별과 시≫는 윤동주의 유고 시집이다.

② 큰따옴표를 대신 쓸 수도 있다.

예 1896년에 창간된 "독립신문"은 우리나라 최초의 민간 신문이다.

예 "하늘과 바람과 별과 시"는 윤동주의 유고 시집이다.

홑낫표(「 」)와 홑화살괄호(< >)

① 소제목, 그림이나 노래와 같은 예술 작품의 제목, 상호, 법률, 규정 등을 나타낼 때 쓴다.

예 이 곡은 베토벤의 「운명」이다.

예 <기억의 기록으로 쓰는 구술사>는 2022년도 대한민국학술원 추천도서로 선정되었다.

② 작은따옴표를 대신 쓸 수도 있다.

예 이 곡은 베토벤의 '운명'이다.

예 '기억의 기록으로 쓰는 구술사'는 2022년도 대한민국학술원 추천도서로 선정되었다.

줄표(—)

① 제목 다음에 표시하는 부제의 앞뒤에 쓴다. 다만 뒤에 오는 줄표는 생략할 수 있다.

예 이번 토론회의 제목은 '역사 다시 쓰기 — 정사와 야사 —'이다.

예 이번 토론회의 제목은 '역사 다시 쓰기 — 정사와 야사'이다.

② 줄표의 앞뒤는 띄어 쓰는 것을 원칙으로 하되, 붙여 쓰는 것을 허용한다.

붙임표(-)

① 차례대로 이어지는 내용을 하나로 묶어 열거할 때 각 어구 사이에 쓴다.

예 오늘 점심은 에피타이저-오늘의 스프-메인-후식-커피의 순서로 제공될 것입니다.

② 두 개 이상의 어구가 밀접한 관련이 있음을 나타내고자 할 때 쓴다.

예 오늘 원-달러 환율이 급등하여 주식 시장이 혼란에 빠졌습니다.

물결표(~)

기간이나 거리 또는 범위를 나타낼 때 쓰는데, 붙임표를 대신해 쓸 수도 있다.

예 12월 15일~1월 15일에 지원하시면 됩니다.

예 12월 15일-1월 15일에 지원하시면 됩니다.

드러냄표(˙)와 밑줄(_)

문장 내용 중에서 주의가 미쳐야 할 곳이나 중요한 부분을 특별히 드러내 보일 때 쓰는데, 작은따옴표를 대신 쓸 수도 있다.

예 인생에 있어서 중요한 것은 왜 사느냐가 아니라 어떻게 사느냐이다.

예 다음 중 옳은 설명이 아닌 것은?

예 인생에 있어서 중요한 것은 '왜 사느냐'가 아니라 '어떻게 사느냐' 이다.

예 다음 중 옳은 설명이 '아닌' 것은?

숨김표(○, ×)

① 금기어나 공공연히 쓰기 어려운 비속어임을 나타내려는 경우에 그 글자의 수효만큼 쓴다.

예 네 입에서 어떻게 ○○○란 말이 나올 수 있느냐?

예 화가 너무 나서 ×××란 말이 저절로 나오는 것을 겨우 참았다.

② 비밀을 유지해야 하거나 밝힐 수 없는 사항임을 나타낼 때 쓴다.

예 구술 참여자는 정○영, 구○자, 송○기 등 모두 세 명이었다.

예 회의에 참석한 학생은 이×× 군, 차×× 양, 김×× 군 등 모두 세 명이었다.

빠짐표(□)

① 옛 비문이나 문헌 등에서 글자가 분명하지 않은 경우 그 글자의 수효만큼 쓴다.

예 空手□

② 글자가 들어가야 할 자리를 나타낼 때 쓴다.

예 모든 일은 반드시 올바르게 돌아간다는 사자성어는 □□□□이다.

줄임표(……)

① 할 말을 줄였을 때 쓴다.

예 "나한테 이렇게까지 ……." 하고 애정은 눈물을 흘렸다.

② 말이 없음을 나타낼 때 쓴다.

예 "빨리 대답하란 말이야!" "……."

③ 문장이나 글의 일부를 생략할 때 쓴다.

예 원래 재개발이 2010년에 시작된 것이 아닙니다. …… 그 당시 그런 사정이 있었어요.

④ 머뭇거림을 보일 때 쓴다.

예 "우리 모두…… 그렇게 느꼈으니까…… 말없이 눈물만…… 흘린 거예요."

⑤ 점은 가운데에 찍는 대신 아래쪽에 찍을 수도 있다.

예 "나한테 이렇게까지......" 하고 애정은 눈물을 흘렸다.

예 "우리 모두...... 그렇게 느꼈으니까...... 말없이 눈물만...... 흘린 거예요."

⑥ 점은 여섯 점을 찍는 대신 세 점을 찍을 수도 있다.

예 "나한테 이렇게까지…" 하고 애정은 눈물을 흘렸다.

⑦ 줄임표는 앞말에 붙여 쓴다. 다만 ③의 경우에는 줄임표의 앞뒤를 띄어 쓴다.

3) 수와 수식

수

① 본문에서 숫자를 사용할 때 간단한 경우에는 글자로, 복잡한 경우에는 숫자로 나타낸다. 또한 수천, 수백 등의 개략적인 양을 나타내는 수는 보통 글자로 나타내고, 책의 일부분(쪽수, 표 번호, 그림 번호)이나 연도의 경우에는 숫자로 표기한다.

예 한국은 수천 년에 걸친 고난의 역사를 갖고 있다.

예 2024년의 신생아 수는 약 20만 명에 이를 것으로 예측하고 있다.

② 문장의 처음은 숫자로 시작하지 말고 글자로 시작하도록 한다. 만일 글자로 바꾸기가 어려우면 문장의 틀을 바꿔 숫자를 뒤로 보내도록 한다.

예 성인을 위해 71권의 도서가 추천되었다.

Seventy one books are recommended for adults.

③ 천 이상의 숫자를 표기할 때는 세 자리마다 쉼표를 찍는다. 하지만 1보다 작은 소수를 표기할 때, 주소나 연도 등을 표기할 때는 쉼표를 사용하지 않는다. 유럽에서는 쉼표 대신 마침표를 찍거나 여백을 두기도 하는데, 번역할 때는 반드시 쉼표로 바꾸어야 한다.

예 28,400,000원

④ 연속되는 숫자를 나타내기 위해 붙임표를 쓸 때는 다음의 원칙을 따른다.

연속되는 숫자의 처음 숫자	두 번째	예
100 미만	모든 숫자	3-10, 71-72
100 혹은 100의 배수	모든 숫자	100-104, 600-624
101 이상 110 미만 (100의 배수 안에서)	바뀐 부분만 (0 생략)	107-8, 1002-5
109 이상 (100의 배수 안에서)	마지막 두 숫자 (혹은 필요하다면 셋)	321-25, 415-546, 1587-92

⑤ 다음은 아라비아숫자와 로마숫자의 대비표이다.

아라비아숫자	로마숫자	아라비아숫자	로마숫자	아라비아숫자	로마숫자
1	I	16	XVI	90	XC
2	II	17	XVII	100	C
3	III	18	XVIII	200	CC
4	IV	19	XIX	300	CCC
5	V	20	XX	400	CD
6	VI	21	XXI	500	D
7	VII	22	XXII	600	DC
8	VIII	23	XXIII	700	DCC
9	IX	24	XXIV	800	DCCC
10	X	30	XXX	900	CM
11	XI	40	XL	1,000	M
12	XII	50	L	2,000	MM
13	XIII	60	LX	3,000	MMM
14	XIV	70	LXX	4,000	$M\overline{V}$
15	XV	80	LXXX	5,000	$\overline{V}$

큰 숫자를 나타내는 문자 앞에 작은 숫자를 나타내는 문자가 붙어 있다는 것은 그만큼을 뺀다는 의미이고, 뒤에 붙어 있다는 것은 그

만큼을 더한다는 의미이다. 예를 들어 50을 의미하는 L 앞에 10을 의미하는 X를 붙인 XL은 40을 나타내고, L 뒤에 X를 두 개 붙인 LXX는 70을 나타낸다. 또한 문자 위에 막대를 그으면 1000을 곱한 것이 된다. 논문이나 책의 경우 초록, 서문, 차례와 같이 본문 앞에 나오는 부분에는 로마자로 쪽수를 나타내며 소문자로 표기한다.

⑥ 거리, 길이, 면적, 부피, 압력 등과 같은 물리적인 양은 숫자로 표기한다.

예 20km

예 40kg

예 36.5℃

⑦ 척도의 단위가 약어나 부호로 쓰여 있을 때는 항상 숫자로 표기한다.

예 30lb

예 520mm

예 1/2″

예 62°10′N

⑧ 소수와 백분율은 보통 숫자로 쓴다. 과학이나 통계 본문에서는 '%'를 사용하지만 인문과학 분야에서는 일반적으로 '퍼센트'라고 쓰기도 한다. 소수점은 마침표를 사용한다.

예 60%

예 60퍼센트

예 3.14159

⑨ 금액을 숫자로 쓸 때는 단위 '원'을 뒤에 붙여 쓴다. 외국 화폐를 숫자로 표현할 때는 약어에 해당하는 부호를 숫자 앞에 붙이지만, 화폐 단위를 글자로 표현할 때는 해당 글자를 숫자 뒤에 붙인다. 숫자 대신 글자로 금액을 쓸 때는 화폐 단위도 글자로 표현하며 뒤에 띄어 쓴다.

예 5만 원, 오만 원, 50,000원

예 $5.00, 5달러, 5불

예 ¥50,000, 50,000엔, 오만 엔

예 500, 500유로, 오백 유로

⑩ 날짜는 보통 '년', '월', '일'을 숫자 다음에 쓰고, 숫자만 쓰는 경우에는 '년', '월', '일'을 생략하는 대신 마침표를 찍는다. 때로는 연도에 해당하는 숫자를 다 사용하지 않고 네 자리 숫자 중 뒤의 두 숫자만 사용하기도 하며, '년'을 생략하고 닫는 작은따옴표를 숫자 앞쪽에 붙이기도 한다. 세기를 표현할 때는 숫자 뒤에 '세기'를 띄어 쓰거나 'C'를 붙인다. 기원전, 서기 등의 표기는 때로 'BC', 'AD'로 표기하기도 한다.

예 1945년 8월 15일, 1945. 08. 15.

예 88년에는, 80년대 후반에는, '88에는, '80년대 후반에는

예 21C, 21세기

예 기원전 233년에, BC233에

예 서기 1325년에, AD1325에

⑪ 시간은 숫자와 문자를 모두 쓸 수 있다.

예 오전 열 시에, 10:00am에

⑫ 왕, 황제, 교황의 경우 숫자로 구별하는데, 영어로 표기할 때는 로마자로 숫자를 표기한다. 자동차나 우주선 등의 모델 이름에도 아라비아숫자나 로마숫자를 사용하되 고유명사화되어 있는 경우에는 예외를 인정한다.

예 엘리자베스 2세, Elizabeth II

예 쏘나타 III

예 아폴로 11호

⑬ 주소에서 도로는 아라비아숫자로 표현한다. 거리나 번지, 동·호수 등을 표기할 때도 숫자로 표현하며, 이때 글자를 생략하고 붙임표를 붙일 수도 있다.

예 9번 국도

예 32번 도로

예 종로 5가

예 대현동 이화여대길 50번지 12호, 대현동 이화여대길 50-12

예 신촌 아파트 104동 101호, 신촌 아파트 104-101

수식

① 수식을 작성할 때는 정확하게 일관성을 유지하여야 한다. 특히 소수점 앞에는 반드시 0을 넣어, 가령 .10으로 쓰지 말고 0.10으로 써야 한다.

② 수식도 문장의 일부분인 것처럼 취급해 쉼표라든가 마침표를 붙여주어 글의 끝과 쉼을 분명히 해주어야 한다(박창원, 김성원, 정연경, 2012).

예 The numbers of internal propagators are

$$I_{\phi\phi} = N_{1}\text{-}E_{1\phi} + N_{2} - E_{2\phi},$$
$$I_{\psi\psi} = N_{3} - E_{3\phi}.$$

예 Lorentz Force in a magnetic field B

$$\frac{mv_{\perp}^{2}}{R} = ev_{\perp}B,$$

$$v_{\perp} = wR\left(w = \frac{2\pi}{T}\right),$$

$$m\frac{2\pi}{T} = eB.$$

③ 수식이 길어서 줄이는 경우에는 수식 줄임표(마침표 세 개 붙임) 다음에 마지막 항을 붙이는데, 이때 줄임표 바로 앞에 있던 기호를 반복해 마지막 항 앞에 붙여준다(박창원, 김성원, 정연경, 2012).

수식 말줄임표의 올바른 사용	수식 말줄임표의 잘못된 사용
$x_1, x_2, \ldots, x_n$	$x_1, x_2, \ldots x_n$
$x_1 + x_2 + \ldots + x_n$	$x_1 + x_2 + \ldots x_n$
$y = 0, 1, 2, \ldots$	$y = 0, 1, 2\ldots$

④ 수식은 이탤릭체로 써서 혼동을 피한다. 일반적으로 지수나 적분 구간 등의 위첨자나 아래첨자인 경우에도 이탤릭체를 사용한다. 약자인 log(로그함수), max(최대), min(최소), exp(지수함수), tan(탄젠트), cos(코사인), cosh(하이퍼 코사인), lim(극한), arg(각), diag(대각선), 그 밖의 측량 단위나 화학 원소는 명조체를 사용한다(박창원, 김성원, 정연경, 2012).

예 $\sin x$, $\log_{a}x$, $\langle mv \rangle_{\mathrm{av}}$, y_{min}

예 $\mathrm{CO_2}$

예 Mg

3. 표와 삽도

1) 표

표는 작은 공간을 활용하여 상세하고 다양한 정보를 제공해줌으로써 글보다 내용을 훨씬 더 명확하게 표현하는 동시에 데이터를 잘 이해할 수 있게 해준다. 표는 본문의 일부가 되어야 하지만 간결해서 별개로 이해될 수 있도록 만들어야 한다. 표는 꼭 필요할 때 제시되어야 하며, 모든 표는 본문에서 언급되어야 한다. 표를 작성할 때는 인쇄될 용지 한 쪽의 크기를 고려해서 구성해야 하고, 표의 위치는 보통 중앙에 오도록 해야 한다. 표를 시계 반대 방향으로 90도 회전해 배열해야 하는 경우, 표의 머리가 왼편에 오도록 하고 본문의 판면 크기에 비해 커지지 않도록 조정해야 한다. 표의 폭은 표를 구성하는 열의 개수에 따라 달라진다. 표가 한 쪽에 채우기에는 너무 큰 경우, 앞서 언급한 것처럼 시계 반대 방향으로 90도 회전해 배열하거나, 글자 크기를 줄여 표의 크기를 축소할 수도 있고, 표를 분리해 다음 쪽에서 이어지도록 나열할 수 있다. 표의 전체 내용을 한번에 볼 수 있도록 큰 용지에 별도로 인쇄해 접어서 삽입할 수도 있지만 출판 비용이 추가되는 단점이 있다. 표의 목차는 전체 목차 다음에 새로 시작되는 오른쪽 면에 넣도록 하며, 표 제목들을 정렬하고 해당하는 쪽수를 표시해 넣는다.

표 번호와 표 제목

① 모든 표에는 일련번호를 부여하고, 본문에서 "<표 1>과 같이"처럼 직접 소개하든지, 해당 내용에 관한 문장 끝에 "(<표 1> 참조)"와 같이 괄호 안에 넣어 간접적으로 소개한다. 어떤 방식이든 반드시 그 표에 관해 인용해야 한다. 편집할 때 상황에 따라 다음 쪽이나 아

래/위에 그 표가 없을 수도 있기 때문에 "다음 쪽에 있는 표", "아래/위의 표"와 같은 표현은 피해야 한다. 표 번호를 표기할 때는 "<표 1>"과 같이 표현하지만 외국어로 표기된 표는 "Table 1."과 같이 꺾쇠를 붙이지 않는다.

② 표 번호는 본문에 나오는 순서대로 아라비아숫자로 독립된 번호를 <표 14>, <표 15>, <표 16>처럼 부여한다.

③ 표의 위치를 쉽게 찾기 위해, 표 번호에 각 장의 번호를 붙여서 장마다 새로운 일련번호로 표 번호가 시작되도록 한다. 예를 들어 <표 3.4> 혹은 <표 I.3>과 같이 붙일 수 있다.

④ 표의 제목은 짧지만 명확하게 설명해주는 명사형으로 표의 바로 위에 쓴다. 표의 내용을 제목에서 쉽게 추론할 수 있어야 한다. 상황에 따라 부제목을 괄호로 둘러싸서 넣을 수 있고, 글자 크기나 모양이 변형된 글자들을 넣을 수도 있다. 표의 제목 끝에는 마침표를 찍지 않는다. 그러나 설명 문구가 추가된 경우에는 제목과 설명 내용을 구분하기 위해 마침표를 찍는다.

칼럼 표목(상자 표목)

① 표는 항상 두 항목(칼럼)으로 이루어져 있다. 맨 위에 그 내용을 간략하게 담은 제목이 들어가는데, 이것을 칼럼 표목(column headings), 또는 네모난 상자 안의 표목이라는 의미로 상자 표목이라고 한다. 표 제목의 글자 크기가 8pt이면 칼럼 표목은 6pt의 명사형으로 한다.

② 칼럼에서 사용하는 측정 단위는 보통 괄호로 나타내거나 표 안에서 계속 사용하는 약어로 쓰는데, 예를 들면 (원), (%), (km) 등이다.

예 <표 1> 공공도서관의 도서구입비 - 희망도서 구입 : 바로대출제 구입 비율 (단위: 원)

번호	시군	도서구입비	희망도서 구입		바로대출제 구입		희망도서+바로대출제	
			금액	비율 (%)	금액	비율 (%)	금액	비율 (%)
1	A	1,133,800,000	343,731,520	30.3	346,896,420	30.6	690,627,970	60.9
2	B	683,000,000	148,000,000	21.7	83,000,000	12.2	231,000,022	33.8
3	C	2,590,337,200	560,624,970	21.6	849,962,990	32.8	1,410,587,982	54.5
4	D	314,000,000	71,000,000	22.6	50,000,000	15.9	121,000,023	38.5
5	E	252,459,620	92,818,830	36.8	31,592,960	12.5	124,411,827	49.3
6	F	549,400,000	61,000,000	11.1	67,000,000	12.2	128,000,011	23.3

출처: 이윤정, 정연경(2022), 91쪽.

③ 표가 길 때는 다음 쪽까지 이어지게 넣을 수 있는데, 이때 제목에 '<표 1>-계속'과 같은 형식으로 표기해준다. 여기서 칼럼 표목은 다음 쪽 표의 위에도 반복해 사용해야 하지만 제목을 반복해 쓸 필요는 없다. 그리고 표를 작성함에 있어서 빈칸은 없어야 한다. 즉 각 칼럼에 해당하는 데이터가 없으면 해당 칸을 비워두지 말고 "해당 없음", 또는 "0"으로 표시해야 한다. 만약 꼭 공백으로 처리해야 하는 경우라면 공백으로 처리한 이유를 표의 각주에서 설명한다.

각주

① 표의 각주는 표의 몸체 아래에 들어가며, 다른 문헌에서 표를 인용해 출처를 밝힐 때나 표 전체에 대한 특기 사항을 밝힐 때, 혹은 표의 일부분을 설명할 때 사용한다.

② 표의 각주로 출처를 밝히는 경우에는, 표의 데이터가 저자의 것이 아닌 다른 곳에서 인용한 것일 때 원래 표를 그대로 인용해온 곳이면 '자료:'를 붙여서, 인용하면서 정리하거나 재구성한 곳이면 '출처:'를 붙여서 참고문헌 양식으로 작성한다.

예 <표 6> ACA의 Handbook for Archival Certification(2019)의 지식 내용

일반지식	K-1 사회적·문화적·경제적·정치적·기술적 요소가 기록 및 기록관리의 특성과 발전에 끼친 영향 K-2 기록의 개념, 용어, 원칙, 실무, 방법론에 대한 기원, 발달과 정의 K-3 기록보존소와 기록관리업무의 발달 K-4 기관기록과 사기록의 성질과 관리에 있어서의 유사성과 차이점 K-5 기록물의 물리적·기술적 특성과 이에 따른 기록물의 평가, 수집, 보존, 활용 K-6 종이·디지털·시청각 등 모든 매체의 기록물에 적합한 기록관리 이론, 방법론과 실무 K-7 기록관리 업무표준과 최상의 실무 지식에 타당한 논리와 적용 지식 K-8 기록물의 생애주기와 기록연속체 개념 K-9 승인된 전문직 정책과 실무, 전문정책과 실무의 각 기관에의 실제 적용과의 관계 K-10 핵심 기록관리기능(선별, 평가, 수집, 정리, 기술, 열람 공개, 보존과 보호, 대외업무 및 홍보)의 상호관계와 기록관리에 끼친 영향 K-11 기록관리 기관의 상이한 환경과 특정 기관 내에서의 기록관리업무의 분장이 갖는 의미 K-12 문헌정보학, 레코드관리, 박물관학, 유물 보존, 역사편찬, 구술 등 유관 전문직 학문 분야의 이론, 방법론, 실무와의 관련성과 차별성 K-13 컴퓨터 기술이 가져온 기록관리의 이론, 방법론, 실무 변화
자격시험 범주영역 세부지식	1. 선별, 평가, 수집　　2. 정리와 기술 3. 정보서비스와 접근　　4. 보존과 보호 5. 아웃리치, 옹호, 홍보　　6. 기록관리프로그램 운영 7. 전문적·윤리적·법적 책무

출처: Handbook for Archival Certification [cited on. 2019. 11. 11.]; https://www.certifiedarchivists.org/aca-handbook_revised-2019/ 재구성. 이윤정, 정연경(2020), 37쪽.

③ 표의 전체에 해당하면서 번호를 붙이지 않는 각주의 경우에는 '주:'를 사용한다. 여기에는 주어진 데이터에 대한 언급이나 수집

방법 및 처리 방법, 약어나 약명에 대한 설명을 포함할 수 있다.

④ 표의 특별한 부분에 대한 각주의 경우에는 본문의 각주 번호처럼 특수한 참고부호를 붙여 구분한다. 표를 구성하는 정보들이 전체적으로 글자로 이루어졌다면 참고부호를 숫자로 처리하고, 부분적으로는 수치로 표시되었다면 문자나 특수부호를 사용하는 것이 더 낫다. 특수부호에는 *, †, ‡, §, ∥, # 등이 있으며 더 필요한 경우에는 동일한 특수부호를 두 개 혹은 세 개로 **, ††, ‡‡, §§, ∥∥, ##, ***, †††, ‡‡‡, §§§, ∥∥∥, ###와 같이 사용한다. 하나의 특수부호를 서로 다른 의미에 대해 겹쳐서 사용해서는 안 된다.

예 <표 5> 바로대출 제출자 수, 대출 권수, 구입 권수, 선정 제외 권수(2021. 06. 기준)

번호	시·군명	공공도서관 개수	대출자 수 (명)	대출 권수 (권)	구입 권수 (권)	선정 제외 권수 (권)
1	가평군*	4	-	5,728	-	-
2	광명시	6	2,178	3,302	3,302	0
3	부천시	15	27,220	46,304	46,304	876
4	수원시	25	4,265	21,737	22,768	1,475
5	시흥시	12	3,740	5,412	5,412	165
6	안산시	15	4,546	7,002	7,163	709
7	오산시	7	221	421	392	32
8	용인시	18	41,428	59,563	59,529	34
9	평택시	10	2,721	3,204	5,594	760
10	포천시	7	1,266	2,023	2,149	49
11	하남시	6	3,662	4,254	4,254	369

* 가평군은 도서관 내부 사정으로 대출자 수, 구입 권수, 선정 제외 권수의 수치를 공개하지 않음.

출처: 이윤정, 정연경(2022), 92쪽.

⑤ 표의 각주는 일반주, 특별주, 확률주로 나누기도 한다. 일반주는 표와 관련된 정보를 설명하는 것으로 약자, 기호, 이탤릭체, 글자 굵게 등의 특수한 처리에 대해 설명하는 주이다. 특별주는 ④의 내용과 같으며, 위첨자 소문자(^{n})로 특별주를 표시한 예시는 다음과 같다.

예 카이제곱 검정

항목 구분	값	자유도	근사 유의 확률 (양측검정)	정확 유의 확률 (양측검정)	정확 유의 확률 (단측검정)	포인트 확률
Pearson 카이제곱	3.611[a]	8	.890	.862	-	-
우도비	3.430	8	.905	.927	-	-
Fisher의 정확검정	5.878	-	-	.662	-	-
선형 대 선형 결합	1.744[b]	1	.187	.206	.104	.018
유효 케이스 수	398	-	-	-	-	-

a. 7셀(46.7%)은 5보다 작은 기대빈도를 가지는 셀이다. 최소 기대빈도는 .07이다.
b. 표준화 통계량은 -1.320이다.

확률주는 별표와 기타 부호들이 p 값 그리고 통계 가설 검정 결과의 유의성을 나타내기 위해 표에서 어떻게 사용되는지를 기술한다. 유의성 검정 결과 보고를 위해서 소수점 아래 두 자리 또는 세 자리까지 정확한 확률을 제공하는 것이 바람직하다. 예를 들면 다음과 같다.

예 <표 1> 성별과 연령대 간의 연관성(N=200)

구분 \ 항목	빈도(%)			전체
	20대	30대	40대 이상	
남성	36 (36.4)	50 (50.5)	13 (13.1)	99 (100.0)
여성	47 (46.5)	33 (32.7)	21 (20.8)	101 (100.0)
$\chi^2(\rho)$	6.803(0.033)*			

$\rho^* < 0.05$

2) 삽도

삽도는 표 외에 모든 유형의 그래픽 디스플레이를 의미하며 그림, 회화, 사진, 차트, 그래프, 지도 등을 말한다. 삽도는 실질적으로 독자들의 이해를 위해서 추가되고 논문의 다른 요소와 겹치지 않아야 한다. 예를 들면 같은 내용에 관한 표와 그래프를 모두 포함할 필요가 없고 그래프로 보여주는 것이 표보다 나을 경우에는 그래프만 제시한다. 그러므로 삽도는 단순하면서도 명료하며 정보적 가치가 커야 한다. 그림 목차와 그림 번호는 표 목차와 표 번호처럼 따로 붙인다.

캡션과 해설

① 이해를 돕기 위해 설명문을 삽화에 추가할 수 있다. 설명문으로는 '캡션(caption)'과 '해설(legend)'이 있다. 캡션은 제목이나 표제를 말하고 해설은 하나 이상의 문장으로 이루어진 설명이다. 그림 제목은 짧고 명확하면서 설명적으로 제시되어야 하며, 내용이 쉽게 유추되어야 한다. 지도에서 사용된 기호에 대한 '범례'는 해설에 포함시킨다.

② 그림 번호는 아라비아숫자를 사용하여 홑화살괄호로 표현하며 캡션 및 해설은 한글의 경우 그림 바로 아래에 모두 붙인다. 외국어로 표기된 그림의 경우에는 캡션은 그림 위에, 해설과 출처는 그림 아래에 위치시키고 그림 번호에서 홑화살괄호를 생략한다.

예 <그림 1>

예 Fig. 1

③ 캡션이 한 줄에 있을 때는 끝에 마침표를 붙이지 않는다. 그러나 캡션과 해설이 같이 사용되었을 때는 마침표를 붙인다. 이와 비슷하게 해설이 단순한 제목처럼 한 줄로 사용되었을 때는 마침표를 붙이지 않는다.

④ 각 그림에 고유 번호를 <그림 1>, <그림 2>, …와 같이 부여한다.

예

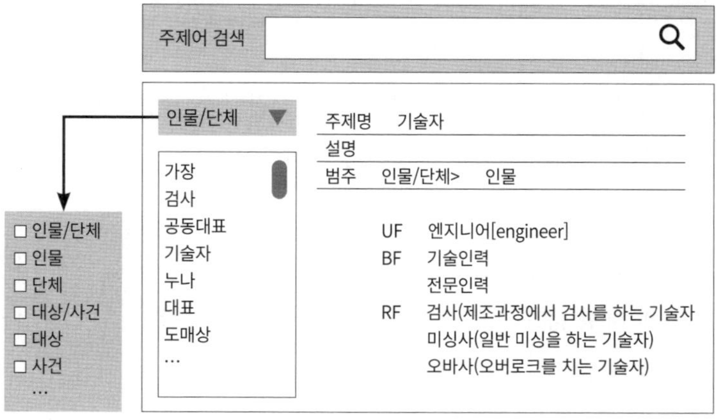

<그림 6> 주제명표목 기반 검색 화면(예시)

출처: 김해인, 정연경(2022), 172쪽.

⑤ 삽화의 위치를 지정해야 하는 경우, '맨 위', '맨 아래', '위', '아래', '왼쪽', '오른쪽', '왼쪽부터 오른쪽으로', '왼쪽부터 시계방향으로' 등을 표시해준다.

예

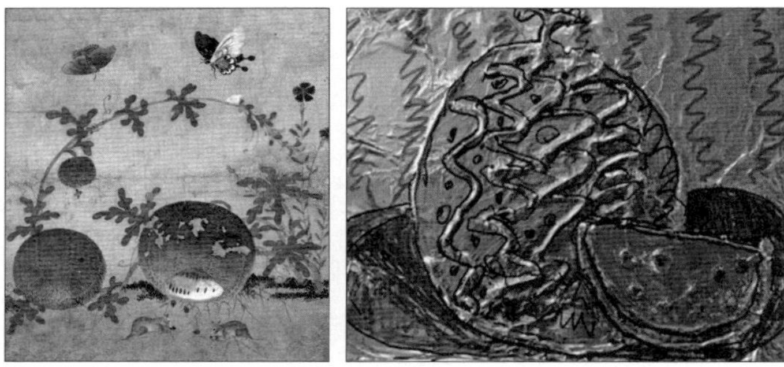

<그림> 왼쪽: 국립현대미술관 수박 그림 / 오른쪽: 대한민국역사박물관 수박 그림

저작권자명

책이나 잡지의 기사에서 인용한 삽도에는 원작자에 대한 '저작권자명(credit line)'이 필요하다. 다만 저자가 직접 만든 삽도는 예외로 한다.

① 출간물이든지 미간행물이든지 저작권에 의해 보호받는 경우, 이를 게재할 때는 원작자의 허락을 받아야 하며 이는 저자의 의무이다.

② 저작권자명은 여러 곳에 다양한 형태로 쓸 수 있다. 글자 크기를 작게 하여 짧게 쓰는 경우에는 보통 삽화의 아래 구석에 놓지만 사진의 경우에는 수직으로 구석에 놓기도 한다. 또한 해설의 끝에 놓기도 하는데, 이때는 괄호로 둘러싸거나 다른 서체를 사용해 구분해준다. 삽화의 전부 혹은 대부분의 출처가 하나의 저작자에 의한 경우에는 서문이나 감사의 글, 혹은 저작권자를 표기하는 쪽을 지정해 따로 언급하는 것이 낫다.

③ 저작권자명의 형태는 위치, 서체, 저작권의 상태에 따라 달라질 수 있다. 저작권에 의해 보호받는다는 문구를 명시해야 할 때 저작권자가 그 형태를 특정하게 지정하여 요청할 수도 있지만, 그런 경우가 아니라면 일관된 양식을 따라야 한다. 저작권자명이 한 줄로 들어갈 때는 마지막 구두점은 생략한다.

④ 기출간물(旣出刊物)도 저작권에 의해 보호받는 원전에서 다시 게재하는 경우에는 항상 저작권자의 허락을 받아야 한다. 특별한 형태는 없으나 일관되어야 하며 쪽수, 그림 번호 등도 포함해야 한다. 만일 삽화를 얻은 원전이 참고문헌에 소개되어 있다면 간단한 형태로 표기한다.

예 [*a portrait engraving*] From a drawing by J. Weber for *Cook's Voyage to the Pacific Ocean*, 1776–1780. reprinting, by permission of the author, from Edwin H. Bryan, Jr., *Ancient Hawaiian Life* (Honolulu, 1938), p. 10.

예 [사진] 클로드 모네(1840–1926), <수련 연못>, 1899년, 영국 내셔널 갤러리 제공.

⑤ 만일 삽화가 공적으로 개방되어 있다면 허락 없이 게재할 수 있다. 공적으로 개방되어 있다는 말은 저작권이 설정되어 있지 않거나 저작권 보호 기간이 지났다는 뜻이다. 이렇게 허락이 필요하지 않다 하더라도 저작권자 혹은 원작자 정보는 알리는 것이 좋다.

⑥ 해당 자료가 저자 자신이 직접 제작한 삽도일 경우에는 저작권자명을 밝힐 필요가 없다.

⑦ 저자가 무료로 획득한 재료인 경우에는 저작권자명을 표기하는 것이 법적으로 요구되지 않으나, 그래도 붙일 수는 있다. 이때는 '~의 호의에 의해' 또는 'courtesy'라는 말을 넣어준다.

예 현대자동차의 호의로 사진 게재.

예 Courtesy of Ford Motor Co.

예 Photograph by Henri Cartier-Bresson, courtesy of the Museum of Modern Art.

그림 목차

그림 목차는 표 목차의 방법을 따른다. 보통 새로운 홀수 쪽에 그림 제목들을 정렬한다. 만일 표 목차가 있다면 다른 새로운 홀수 쪽에 작성한다. 삽도가 하나 이상의 형태로 되어 있을 때는 지도, 그림, 그래프 등의 범주에 따라 분류 정돈한다. 이때는 본문에 사용된 번호에 따라 차례로 작성한다.

4. 인용과 참고문헌

1) 인용의 의의

인용은 자신의 말이나 글 속에 다른 사람의 글이나 생각을 끌어와서 자신의 주장 및 이론을 정당화시키고 입증하는 행위이다. 연구를 하면서 자신에게 영향을 준 연구자들을 인용함으로써 그들의 기여를 밝히는 것으로, 인용을 하게 되면 인용한 글을 원전 그대로 제시하고 인용한 자료의 출처를 밝혀야 한다. 이는 선행연구자에 대한 감사와 예의인 동시에 그 내용이 연구자의 개인적인 견해나 생각이 아님을 보여주는 것이다.

다른 사람의 말이나 글뿐만 아니라 통계 자료나 그래프, 그림, 영상 등 다양한 형태의 자료들도 가져와 쓸 수 있다. 다만 인용을 하고 출처를 밝힘으로써 외부에 있는 정보나 타인의 아이디어를 어디에서 가져왔는지, 정보원에 관한 완벽한 정보를 적합한 양식으로 제공해야 한다.

이렇게 정보원을 인용하는 이유는 자신의 생각과 의견, 느낌을 진술하는 것을 넘어 자신의 연구를 이전 연구와 연관 짓고, 자신의 주장이나 견해를 객관적인 자료나 전문가의 의견으로 뒷받침해야 하기 때문이다. 즉 연구성과를 독자들에게 보여주기 위해서, 자신의 주장에 대한 신뢰감을 주기 위해서, 유용한 정보원을 독자들에게 알려주고 독자들이 확인할 수 있게 해주기 위해서 인용을 한다. 이렇게 인용은 다른 연구자들이 관련 정보를 찾을 수 있게 해주고, 그 주제에 관한 더 많은 흥미로운 정보원의 위치를 재빨리 파악할 수 있게 도와준다.

그렇다고 상식에 해당하는 자료를 인용하거나 인용을 많이 활용한다고 해서 더 가치 있는 글이 되는 것은 아니다. 오히려 연구자 자신이 쓴 글에 비해 인용문이 과도할 경우 연구자의 생각이 없거나 연구의 가치가 부족한 것으로 보일 수 있다. 그러므로 본문과 인용문은 적절히 균형을 이루어야 한다. 논문 작성자가 자신의 관점을 구체화하거나 주장을 뒷받침하는 근거를 제시하기 위한 수단으로 인용을 활용해야지, 자신의 생각이나 견해를 인용문으로 대신할 정도로 인용에 지나치게 의존해서는 곤란하다. 그러므로 꼭 필요한 부분에 인용함으로써 자신이 주장하는 내용에 타당성과 정당성, 신뢰성을 부여하고 그 내용을 검증할 수 있게 해야 한다. 같은 내용에 대해서 다수의 연구자가 언급했을 때는 가장 대표적인 자료를 한두 개 정도만 인용하는 것이 바람직하다.

좋은 인용은 선행연구의 맥락에서 자신의 견해를 뒷받침해주는 든든한 근거를 발췌해 제공함으로써 글의 설득력과 공정성을 높여주며, 자신이 추구하는 관점을 관철하는 데 커다란 추진력을 제공해준다. 타인의 연구성과와 표현을 자신의 그것과 구분하고 그 출처를 밝혀주는 행위인 인정하기(credit)는 타인의 학문적 성과를 인정하고 그 기여에 대해 사의를 표한다는 의미를 지닌다. 좋은 인용을 하기 위해서는 타인의 자료를 자신의 글 속에 적절하게 통합해야 하고, 인용 표시를 통해 반드시 인정한다는 표시를 해야 한다.

이인재(2023)는 올바른 인용이 되기 위한 일곱 가지 원칙을 다음과 같이 제시했다. 첫째, 타인의 저작물의 일부를 그대로 쓰거나 말을 바꿔 쓰거나 요약해서 사용할 때, 그리고 타인의 아이디어를 사용할 때는 타인이 이룬 업적을 인정해야 한다. 둘째, 타인의 저작물에서 일부를 그대로 가져와 쓸 때는 인용부호를 사용하여 타인의 글임을 밝혀야 한다. 셋째, 타인의 저작물에서 일부 내용을 바꿔서 쓸 때는 그 내용을 제대로 전달하는 글로 표현해야 하며 출처를 밝혀야 한다. 넷째, 연구자 자신이 미쳐 생각하지 못했던 생각이나 역사적 사실은 출처를 밝혀야 한다. 다섯째, 일반적 지식이 확실하지 않으면 출처를 밝혀야 한다. 여섯째, 웹상에서 가져온 자료나 정보도 반드시 출처를 밝혀야 한다. 일곱째, 통계자료와 연구를 통해 알게 된 사실적 정보도 출처를 밝혀야 한다.

언제 직접인용을 하고 언제 간접인용을 해야 하는지 판단이 어려울 수 있다. 인용은 논쟁에 무게를 실을 수 있고, 그러한 글이 강력하게 전달될 수 있는 경우에만 한다. 이는 권위가 있으면서 전문성이 높은 적합한 다른 사람의 말을 특별히 활용할 수 있을 때만 인용하는 것이 효과가 크기 때문이다. 인용된 글이 신뢰도를 높이고 인용할 만한 가치가 있는 훌륭한 문장인 경우에만 사용하는 것이 효과적이고, 직접인용보다는 다른 글로 바꿔서 표현하는 간접인용이 나은 경우가 많다. 이를 통해 연구자가 그 내용을 제대로 이해하고 있음을 자기 자신과 독자들에게 보여줄 수 있기 때문이다. 그럼에도 정말 인용이 필요한지, 자신의 논리를 전개하는 데 도움이 되는지를 계속해서 자문하고 확인할 필요가 있다.

인용한 것임을 보여줄 수 있는 방법은 문장 안에 정보원명을 주거나 인용부호를 사용하고, 긴 인용은 들여쓰기를 통해서 정보원을 정확하게 밝히는 것이다. 정확한 인용이란 자기 자신의 글 안에 인용하며 해당 정보원의 정확한 단어가 시작되고 끝나는 곳을 알려주고, 그 정보원을 소개하고 밝히는 것이다. 정보원과 인용부호를 올바르게 사용하여 독자가 해당 문장이 다른 사람의 것임을 확실히 알 수 있어야 한다.

인용할 수 있는 정보원은 인쇄형 정보원(단행본, 정기 간행물에 실린 논문, 잡지기사, 신문, 그 밖에 모든 종류의 종이로 발행된 자료), 전자형 정보원(웹페이지, 온라인 뉴스와 정기 간행물에 있는 논문, 'LexisNexis'나 'ProQuest' 같은 데이터베이스에서 검색된 논문, 정부 간행물, 뉴스그룹 포스팅, 그래픽스, 전자 메일 메시지, 웹로그), 기록된 자료(텔레비전 또는 라디오 프로그램, 필름, 녹화된 토론, 세미나, 인터뷰, 공적 연설), 음성 자료(개인적인 대화, 인터뷰, 강의에서 가져온 정보, 포스터 세션, 기타 모든 종류의 학문적 발표), 이미지 자료(차트, 그래프, 데이터, 삽도, 설계도, 사진) 등을 포함한다.

특히 웹사이트의 정보원을 사용할 때는 확인해야 할 다음과 같은 사항이 있다. 첫째, 저자의 이름이 그 분야에서 인정받고 권위가 있는지를 확인해야 한다. 둘째, 웹사이트명이 정보원의 신뢰도를 보장하고, 제공하는 정보가 믿을 만한 것인지를 확인해야 한다. 셋째, 웹사이트를 후원하고 있는 기관이 믿을 만하고 편견이 없는 정보원인지 확인해야 한다. 넷째, 발행일이나 포스팅 일자를 통해 그 사이트가 최근 갱신된 최신 정보를 제공하는지를 확인해야 한다. 그러므로 웹사이트의 정보원을 사용할 경우에는 항상 저자명과 후원 기관의 이름을 바탕으로 그 신뢰도를 따져보고, 이러한 정보를 확인할 수 없거나 해당 기관의 신뢰도를 확신할 수 없다면 그 정보를 사용하면 안 된다. 이는 인터넷에 올라온 정보의 많은 부분이 검증되지 않은 정보이기 때문이다. 이와 함께 인터넷 정보원을 부적절하게 사용하지 않도록 해야 한다. 인용의 출처를 밝힐 수 없는 경우에는 인터넷에서 문장이나 이미지, 그래픽을 그대로 복사해서 붙여넣으면 안 된다. 그리고 전자정보원을 인용하는 경우에는 반드시 그 사이트에 접속한 일자와 포스팅한 일자를 포함해야만 한다. 또한 인쇄된 것과 동일한 방식으로, 전자형태로 받은 자료에 대한 정보만을 다루어야 한다. 그래서 웹페이지의 인용을 위해서는 저자명, 논제, 웹페이지의 표목, 후원기관명, 전자 발행일이나 갱신 일자, 사이트 접속 일자, URL 등이 필요하다.

인용 방식에는 다른 연구자의 글을 그대로 옮기는 직접인용과 다른 연구자 글의 내용이나 뜻을 간접적으로 전달하는 간접인용이 있다. 이는 다른 연구자의 글을 그대로 가져와 본문에 삽입하느냐, 아니면 논문 작성자의 표현으로 바꾸어서 제시하느냐에 따라 구분한 것이다. 간접인용의 대표적인 방식으로는 인용하고자 하는 내용을 자신의 말로 줄이는 요약(summarizing)과 내용의 논리적 순서를 유지하면서 자신의 글로 옮기는 바꿔 쓰기(paraphrasing)가 있다. 그러므로 인용하려는 목적과 상황에 맞게 직접인용과 요약, 바꿔 쓰기를 적절히 선택하여 사용할 필요가 있다.

2) 직접인용

직접인용(direct quotation)은 다른 사람이 쓴 원문을 그대로 가져다 쓰는 것이다. 직접인용은 원문이 1차 자료일 때에 해당하고, 특정한 대목을 분석하거나 해석하기 위해 인용할 때, 원문의 표현 자체가 주장을 뒷받침하는 근거가 될 때, 원문이 독창적이어서 그 표현을 생생하게 전달하는 것이 중요할 때, 자료를 정확하게 인용하고 싶을 때 사용하면 효과적이다. 예를 들면 수식이나 공식, 법조문이나 법규, 측정도구의 문항, 검사의 지시문, 명구, 문학 작품이나 사료의 일부를 제시해야 하는 경우 등에 직접인용을 하면 그 효과가 크다. 하지만 직접인용이 과도할 경우에는 독자가 글 속에 삽입된 이질적인 텍스트를 이해하는 데 부담을 느낄 수 있다.

인용문은 큰따옴표(" ")를 사용해 그 안에 본문의 원전(철자, 구두점, 자구)을 그대로 인용하거나, 큰따옴표 없이 본문과 시각적으로 확연히 구별되는 별도의 블록으로 만들어 제시한다. 전자를 삽입 인용(run-in quotation, [예문 1]), 후자를 블록인용(block quotation, [예문 2])이라고 한다. 블록인용의 경우 인용문은 문단의 폭과 줄 간격, 서체와 글자크기 등을 본문과 다르게 조정한다. 즉 인용문의 글자 크기와 줄 간격, 문단의 폭을 줄이고, 본문과 인용문 사이에 한 줄을 비움으로써 인용문 전체를 본문과 구분되는 독립된 블록으로 만들어줄 수 있다.

[예문 1]

Jones(1998)에 따르면, "학생들은 APA 체재를 사용하는 데 종종 어려움을 느끼고 특히 이것이 처음일 때 그렇다"(p. 199).

[예문 2]

Jones(1998)는 이렇게 말했다.

> 학생들은 APA 체재를 사용하는 데 종종 어려움을 느끼고 특히 이것이 처음일 때 그렇다(p. 199).

인용의 양이 너무 긴 경우나 필요하지 않은 부분을 필자가 생략하고자 하는 경우에는 '중략' 이라는 표현 혹은 줄임표(……)를 사용해 그 양을 줄인다. 직접인용에서는 원문을 그대로 옮겨야 하므로, 원전에 잘못된 부분이 있더라도 이를 원문 그대로 인용한 다음 바로 뒷부분에 [sic.] 또는 [원문 그대로]라고 표시한다.

3) 간접인용

간접인용(citation)은 다른 사람이 쓴 내용을 그대로 인용하지 않고 원문을 요약하거나 원문의 함축된 뜻을 논문 작성자의 글로 바꿔 표현하는 것이다. 요약과 바꿔 쓰기는 간접인용의 대표적인 방식으로, 요약은 인용할 자료의 내용 중 필요한 부분만 자신의 말로 요약해서 본문에 넣는 것이다. 그리고 바꿔 쓰기는 전반적인 내용을 더 명료하고 간결하게 인용할 필요가 있을 때 자료의 논리적 순서를 유지하면서 그 내용을 자신의 글로 바꿔 인용하는 것이다. 참고한 내용을 인용자 자신의 표현으로 바꾸어야 하는 간접인용은 더욱 세심한 주의를 기울일 필요가 있다.

간접인용을 할 때는 원문의 전체적인 내용을 충분히 이해한 상태에서 그 내용을 자신의 문장으로 바꿔써야 한다. 그래서 원문의 내용을 요약하거나 바꿔 쓰기 할 때는 인용하는 자신의 문장이나 문체로 바꾸는 것이 중요하다. 요약의 경우 요약된 글의 단어나 표현이 원문과 지나치게 겹쳐서는 안 된다(김기란, 2022). 내용은 원문에서 취하더라도 그 표현은 인용한 사람의 독자성을 충분히 갖추어야 하기 때문이다. 하지만 인용한 내용에서 원저자의 것과 인용자의 것이 구분되어야 함은 물론이거니와 표현의 층위에 있어서도 양자는 구분될 필요가 있다. 그래서 원전의 형태보다 내용 자체가 더 중요한 경우나 내용을 원전보다 더 명확하게 서술해야 하는 경우, 혹은 원전을 더 일반적인 용어로 풀어서 쓸 필요가 있는 경우에 간접인용을 한다.

직접인용이 꼭 필요한 상황이 아니라면 간접인용을 활용하는 것이 좋고, 간접인용을 할 때는 원전의 내용을 자신의 글로 다시 써야 한다. 인용을 할 때 본문에 저자명, 글·책 제목을 명시하는 것은 인용을 표시하는 직접적인 방법 가운데 하나이다. 다만 인용할 때마다 원저자명을 본문에 언급하는 것은 바람직하지 않기 때문에 자료의 독창성이나 논의 맥락에서의 중요도를 고려하여 저자명을 언급할지 결정해야 한다.

간접인용된 부분을 명확하게 해주려면 '~에 따르면', '~에 의하면'이나 '~는 다음과 같이 말했다'라고 써서 인용의 시작이나 끝나는 자리에 출처 표시를 하면 된다([예문 3] 참조). 그리고 원문의 핵심을 정리해서 제시하게 되므로 직접인용한 원문보다 인용문이 짧아지는 것이 일반적이다. 또한 본문 내에서 인용 문헌의 출처는 저자명과 발행년도만을 직접 표시한다. 이 경우 이와 같이 간접인용한 문헌의 완전한 출처는 논문의 맨 뒤에 나오는 참고문헌에 제시한다([예문 4] 참조).

> [예문 3]
>
> Jones(1998)에 따르면, APA 체재는 처음 배우는 사람들에게는 어려운 인용 형식이다.

> [예문 4]
>
> APA 체재는 처음 배우는 사람들에게는 어려운 인용 형식이다(Jones, 1998, p. 199).

인용한 서명이나 저자명을 본문에 쓰지 않는 경우, 해당 부분의 말미에 소괄호를 넣고 그 속에 저자명, 발행년도를 표시한다. 복수 저자일 경우에는 동양 문헌은 쉼표(,)를, 서양 문헌은 쉼표와 'and'를 삽입한다. 예를 들면 (이화여자대학교, 2020), (사공철, 박성민, 1994), (Finburn and Cosby, 1990)과 같다. 하나의 내용에 여러 문헌을 인용하는 경우, 문헌들 사이에 쌍반점(;)을 넣어 구분한다. 3인의 저자까지는 모두 표시하고, 4인 이상일 때는 첫 번째 저자만 나타낸 후 그다음은 동양어문의 경우 '~외', 영문의 경우 'et al.'을 붙여준다([예문 5], [예문 6] 참조).

> [예문 5]
>
> 여러 연구자들이 정의한 청소년에 대한 개념을 간단히 요약하면, 청소년은 아동과 성인의 중간, 즉 신체적·정서적·사회적으로 아동에서 성인으로 되어 가는 과도기적 존재이며 성장을 경험하고 있는 자로서 대략 9~13세에서부터 22~24세의 연령에 해당하는 자라고 했다(권이종, 김용구, 2006; 한상철 1998).

> [예문 6]
>
> 도서관의 비이용가치는 개인이 공공도서관의 서비스를 이용할 때 나오는 제3자의 간접적 혜택으로 도서관의 존재로 인해 지역사회나 비이용자들이 받는 혜택을 말한다(Holt, Elliott, and Dussold, 1996; Fraser, Nelson, and McClure, 2002).

4) 재인용

인용의 경우 원전에서 바로 인용하는 것이 원칙이지만, 부득이 1차 자료(primary source)를 참고하기 어려울 때는 다른 사람이 인용한 내용을 다시 인용하게 되는데 이것이 재인용 또는 2차 인용(secondary source citation)이다. 일반적으로 학술적인 글에서 재인용은 엄격하게 제한되므로 늘 원전을 직접 확인하고 인용하는 게 바람직하다(김기란, 2022). 부득이 재인용해야 할 때는 반드시 '재인용'이라고 표시해주어야 하며 타당한 이유를 출처로부터 파악할 수 있게 표시해주어야 한다. 예를 들면 오래된 책이나 입수 자체가 불가능한 자료, 다른 언어로 쓰여서 해석이 불가능한 경우 등을 들 수 있다. 다른 글 속에 있는 인용문을 다시 인용해야 하는 경우에는 그 원문을 찾아서 읽어보고 전체적인 맥락을 이해한 후에 인용하려는 내용을 독자적으로 판단할 필요가 있다. 인용 내용은 어디까지나 인용자의 관점에서 필요한 부분을 선택한 것이므로 원문을 직접 검토하면 인용할 대목이나 인용 내용이 얼마든지 달라질 수 있다.

원문을 직접 확인하기 어려워서 재인용을 피할 수 없는 상황이라면 인용 출처를 표기할 때 재인용 사실을 밝혀주어야 한다. 즉 재인용된 텍스트의 서지사항을 표기하고, 이어서 해당 인용문을 포함하고 있던 출처의 서지사항을 표기한 다음에 "~에서 재인용"이라고 표기해준다. 재인용을 했음에도 원전의 출처만 밝힌다든가 매개 텍스트의 출처만 밝힌다면 그것은 이전 연구자의 업적을 제대로 인정하지 않는 것이 된다. 재인용을 한 경우 참고문헌에 기재된 원저자와 발행년도, 원문의 표제와 수록 매체를 기재한 다음 '재인용' 또는 'Quoted in'이라는 어구를 넣고, 이어서 실제 인용한 자료의 저자명, 발행년도, 해당 쪽을 [예문 7]과 같이 기재한다.

[예문 7]

- 본문

미국에서도 1890년대까지 몇몇 서비스에 이용요금을 부과하는 것이 일반적이었는데 주로 복사, 예약통지 같은 서비스들이 그 대상이었다 (McMullen, 1978: 재인용 Shoham, 1998, p. 39).

- 참고문헌에는 다음과 같이 수록한다.

McMullen, Haynes. 1978. "The history of charging for services in American libraries that have been traditionally free", in *Charging for Computer-based Reference Services*, ed. by

Peter G. Watson. Chicago, IL: American Library Association, 3-16. Quoted in Shoham, Snunith. "Fees in public libraries". *Public Library Quarterly*, 17(1): 39-48. London: Haworth Press. 1998.

5) 인용문의 출처 표시

모두가 알고 있는 일반적인 지식이 아니라면 인용된 내용의 출전(出典)을 밝혀야 한다. 다른 사람의 견해, 사실에 관한 기록, 조사 자료, 도표, 그림 등 외부 자료를 그대로 가져왔거나 외부 자료를 참조하여 만든 경우라면 해당 자료의 출처를 밝혀야 한다. 인용문의 출처를 밝히는 방법은 일반적으로 두 가지 유형이 있다. 하나는 본문 중에 인용문이나 주(註)의 형식으로 제시하는 것이고, 다른 하나는 본문에서 인용된 모든 자료를 참고문헌 형식으로 일목요연하게 정리해 제시하는 것이다. 주석이나 참고문헌 목록을 작성하는 방식은 학문 분야별로 정해진 특수한 체계가 있을 수 있으므로 자기 학문 분야의 사례를 잘 살펴보아야 한다.

주의 사용과 종류

인용 출처를 표기한 주석을 참조주라고 한다. 주는 논문의 내용과 관련된 사항으로, 본문에 넣기보다 본문과 따로 떼어서 다루는 것이 효과적일 때 사용한다. 주를 사용함으로써 논문 작성자는 논문의 내용을 추가적으로 설명하거나 주장하는 내용을 본문이 아닌 곳에서 다룰 수 있다. 이를 통해 논문 내용의 객관성, 신뢰성, 정확성을 강화할 수 있으므로 적절한 주의 사용은 논문의 가치를 높여줄 수 있다. 따라서 일관성을 갖고 주의 다양한 종류에 따라 정해진 형식으로 주를 작성해야 한다. 주의 종류는 기능과 위치에 따라 다음과 같이 다양하게 구분할 수 있다.

▣ 기능에 따른 구분

먼저 기능에 따라 인용주, 해설주, 참조주 등으로 구분할 수 있다. 인용주란 다른 연구자의 의견을 가져와서 본인의 연구내용에 사용할 때 이를 밝혀주는 기능을 한다. 이렇게 해서 원저자에 대한 예의를 갖추고, 논문에 수록된 내용이 연구자의 사적 의견이 아니라는 점을 밝혀 그 내용의 정확도를 높일 수 있다. 그러므로 내용뿐만 아니라 인용된 자료의 위치를 포함한 서지 정보까지 정확히 밝혀야 한다.

해설주는 논문의 내용을 수월하게 이해하기 위해서 필요한 추가 설명이나 해설을 본문이 아닌 곳에 논문 작성자가 따로 덧붙이는 주이다. 논문의 내용을 이해하는 데 도움이 되는 주라서 내용주라고도 하며, 설명하는 문장으로 표현해야 한다. 특정한 양식은 없으므로 논문 작성자가 주관적으로 판단해 사용을 결정한다.

참조주는 서지적으로 논문에 참고한 내용을 담고 있는 자료를 소개하는 형식의 주이다. 자료 소개의 끝에 '참조'라는 말을 첨부해서 인용주와 구별한다. 논문의 본문 안에 수록된 관련되는 사항끼리 연결시켜주는 기능을 갖는 상호참조주도 있는데, 이를 통해 동일한 의미나 뜻을 갖는 용어를 참조할 수 있도록 안내해준다.

▣ 위치에 따른 구분

주가 처리되는 위치를 중심으로, 본문 안의 해당 부분 뒤에 괄호 처리하여 쓰는 내주(內註, in-text 또는 괄호주) 방식, 그리고 본문과 별도로 작성하는 외주(外註) 방식이 있다. 외주는 해당 쪽 본문 아랫단 여백에 쓰는 각주(脚註, footnote)와 본문이 끝나는 마지막 부분에 몰아서 배열하는 미주(尾註, endnote) 또는 후주(後註) 방식이 있다. 주가 처리되는 위치에 따라 그 확인이 용이할 수도, 본문 이해에 지장을 줄 수도 있어서 주의 위치 선정은 전공에 따라 다르며, 무엇보다도 일관성을 갖는 것이 중요하다.

먼저 내주는 본문 안의 문장 중간에 간단하게 인용을 달거나, 참조한 내용의 바로 옆에 해당 문헌의 저자와 발행년도만을 괄호에 넣어 주로 처리한 후 맨 뒤에 '참고문헌' 목록을 만들어서 인용한 문헌에 대한 정보를 모두 제시하는 방법이다. 내주는 주의 처리가 간단하며 확인이 용이하지만 자료의 식별을 위해 일일이 참고문헌으로 가서 확인해야 하는 번거로움이 있다. 내주의 예를 들면 [예문 8]과 같다.

[예문 8]

- 본문

저자가 복수일 때, 참고문헌 작성에서는 표지에 서술된 저자들을 모두 명기해야 하지만, 본문주에서는 간략히 표기한다. 한글·동양어 문헌은 '홍길동 외'라고 하며, 서양어 문헌은 'Alexander, et al.'[1]로 쓴다(정병기, 2008, p. 115).

---

1) 'et al.'은 'et alibi(and elsewhere)' 혹은 'et alii(and others)'의 약자로 사람과 장소 등을 열거할 때 사용되지만, 출처 표기에서는 저자에 한해 사용된다. 'et al.' 앞에 쉼표를 쓰지 않을 수도 있다.

1)은 내용에 대한 보충 설명으로서 각주나 미주로 처리할 수 있다. 이러한 내용 각주(content footnote)는 특수 용어나 전문 용어에 대한 개념 정의 및 풀이를 제공하고자 할 때, 본문 내용에 표기하기 어려운 보충 설명 등을 제시하고자 할 때, 저자와 소속 기관의 변경 사항이나 직위·위치를 명기할 필요가 있을 때, 사의를 표하고자 할 때 사용된다. 그러

나 내용 각주를 너무 많이 사용하면 본문의 흐름에 방해가 될 수 있으므로 그 사용 가치 및 이유를 충분히 고려해보는 것이 중요하다. 인용하거나 참고한 문헌에 대한 출처는 본문 중간에 저자명, 발행년도, 해당 쪽을 간단히 표시하고, 논문 맨 뒤의 '참고문헌'에 전체 서지사항을, 예를 들면 '정병기. 2008. 『논문 작성법』. 서울: 서울대학교출판부'와 같이 표시한다.

각주는 본문의 내용과 구분해 인용·참고한 자료의 서지사항을 해당 쪽 아랫단 여백에 두는 형식이다. 일반적으로 내용을 보충해서 설명할 때 사용하며, 본문주와 다른 점은 인용하거나 참고한 내용의 자료에 대한 완전한 서지사항을 제공한다는 점이다. 일일이 참고문헌으로 갈 필요는 없지만, 각주가 많은 경우 외관상 보기에도 안 좋고 인식하는 데 있어서 그 효과가 떨어진다는 단점이 있다. 또한 동일한 자료를 반복해서 제시할 경우 두 번째 등장부터는 약어를 사용해 서지사항을 간략하게 기록하는데, 이때 제일 처음 인용한 각주를 일일이 확인하고 찾아야 하는 번거로움이 생긴다. 각주의 예를 들면 [예문 9]와 같다.

[예문 9]

저자가 복수일 때, 참고문헌 작성에서는 표지에 서술된 저자들을 모두 명기해야 하지만, 본문주에서는 간략히 표기한다. 한글·동양어 문헌은 '홍길동 외'라고 하며, 서양어 문헌은 'Alexander, et al.'[1]로 쓴다.[2]

---

1) et al.은 et alibi(and elsewhere) 혹은 et alii(and others)의 약자로 사람과 장소 등을 열거할 때 사용되지만, 출처 표기에서는 저자에 한해 사용된다. et al. 앞에 쉼표를 쓰지 않을 수도 있다.

2) 정병기. 2008. 『논문 작성법』. 서울: 서울대학교출판부. p. 115.

1)은 내용의 보충이고 2)는 출처 표시이다. 이들은 모두 각주로서 해당 쪽의 아래에 둘 수도 있고, 각주와 후주로 나눌 경우 1)은 해당 쪽에, 2)는 논문의 맨 뒤에 넣게 된다.

미주는 주를 본문과 구분해 별도로 처리한다는 점에서 각주와 같다. 그러나 미주는 인용하거나 참고한 내용의 자료에 대한 서지사항을 논문의 맨 뒤에 한꺼번에 모아두는 것으로 후주나 말주(末註)라고도 하며, 주로 출처 표시에 사용한다. 미주의 경우 본문 해당 위치에는 일련번호만 표시하고, 본문 맨 뒤에 일괄적으로 자료를 모아서 제시한다. 모든 주를 한꺼번에 처리하게 되는 경우에는 주와 참고문헌이 별도로 구분되지 않고, 그 아래 기술되는 자료는 주로 처리되어 참고문헌을 대신하게 된다. 이런 경우 참고문헌은 저자명이나 서명의 자모순으로 배열되지만, 주는 본문에 해당하는 주의 번호와 일치하는 일련번호의 순서대로 배열해 본문의 해당하는 주 번호와 연결시켜 볼 수 있게 한다. 그러나 논문의 마지막에 주가 위치하기 때문에 특정 사실이나 데이터의 출전을 확인하려 할 때는 본문과의 흐름이 단절되고, 인용 문헌의 완전한 서지정보 확인이 번거롭다. 후주의 예를 들면 [예문 10]과 같다.

[예문 10]

- 본문

The publication of the Subject Cataloging Manual: Classification[1] and Subject Cataloging Manual: Shelflisting[2] is yet another manifestation of the Library's efforts to communicate its policies and practice to the many outside users of the system.

- Notes

1. Library of Congress, Office of Subject Cataloging Policy,

Subject Cataloging Manual: Classification, 1st ed. (Washington, D.C.: Cataloging Distribution Service, Library of Congress, 1992).

2. Library of Congress, Cataloging Policy and Support Office, Subject Cataloging Manual: Shelflisting, 2nd ed. (Washington, D.C.: Library of Congress, 1995).

주의 작성 방법

주의 번호는 본문보다 작은 아라비아숫자로 본문 아랫단 여백에 나타낸다. 주 번호 다음에는 마침표를 찍지 않으며, 국내 논문에서는 주 번호 다음에 흔히 소괄호를 붙인다. 본문의 주 번호는 인용된 문구의 끝이나 문장의 끝 또는 설명을 요하는 내용과 구두점, 부호의 바로 다음에 붙인다. 주의 번호는 논문 전체에 걸쳐 일련번호를 매기는 것이 일반적이나 각 장을 한 단위로 하여 일련번호를 붙이기도 하며, 이런 경우 장이 바뀌면 주 번호는 1번부터 새롭게 시작한다.

주를 작성할 때, 동일한 저자의 동일한 문헌을 재인용해야 할 경우에는 그 중간에 다른 인용된 문헌이 없다면 'Ibid.' 또는 '상게서(上揭書)'라고 표기한다. Ibid.는 라틴어 'ibidem'의 약어로 '같은 자리에서'란 뜻을 지니며, 동일 문헌을 재인용할 때 쪽수가 변화하지 않는 경우에는 Ibid.만을 표시하고, 쪽수가 변화한 경우는 쪽수를 병기해야 한다. 중간에 다른 인용된 문헌이 있어서 Ibid.를 쓸 수 없을 때는 'op.cit.'를 사용한다. op.cit.는 라틴어 'opere.citato'의 약어로서 '인용된 작품에서'란 뜻을 지니며, 앞에서 다룬 저술에 대해 다시 언급하려는데 중간에 다른 주가 끼어 있어서 Ibid.를 쓸 수 없을 때 사용한다. 따라서 op.cit.는 Ibid.와 같이 단독으로 쓰이지 못하며 저자명과 더불어 쪽수도 함께 표시되어야 한다

([예문 11] 참조).

[예문 11]

① Nicholas Colangelo, Handbook of gifted education, p. 64.

② Ibid. (상기의 동일한 저서의 동일한 쪽수를 나타내는 경우)

③ Margie Kitano, Gifted education: A comprehensive view, p. 125.

④ Ibid., pp. 95-101. (상기 동일 저서의 다른 쪽수를 나타내는 경우)

⑤ Nicholas Colangelo, op.cit., pp. 86-94. (다른 주가 사이에 끼어 있고, 동일 저서의 다른 쪽수를 나타내는 경우)

⑥ 이희권, 『영재교육정책: 어제와 오늘』 (서울: 박학사, 2009), pp. 58-60.

⑦ 상게서. (상기의 동일한 저서의 동일한 쪽수를 나타내는 경우)

⑧ 상게서, p. 62. (상기의 동일한 저서의 다른 쪽수를 나타내는 경우)

6) 서지 기술 방식

서지 기술의 정의

서지 기술이란 논문에서 참고한 자료를 독자가 인식할 수 있도록 기본적인 정보 요소를 기록해 알려주는 것이다. 이를 통해 독자가 직접 자료를 보지 않고도 그 자료에 대해 동일한 의미를 공유하도록 안내하는 역할을 하게 된다. 기본적으로 저자 사항, 서명 사항, 출판 사항, 형태 사항 등이 있는데 이러한 사항들을 통칭해서 서지사항이라고 부른다. 이러한 서지사항은 일정한 양식으로 일관성 있게 기록함으로써 개별 자료를 쉽게 구별하고 활용할 수 있게 한다. 예를 들면 자료의 형태(저서, 논문, 보고서, 전자 자료, 시청각 자료 등), 자료의 물리적 특징(단행본, 정기 간행물, 크기, 쪽수 등), 자료의 기본적인 서지정보(저자명, 서명, 출판사명, 발행년도 등)를 제시함으로써 독자가 실제 자료를 보기 전에 해당 자료에 대해 어느 정도 파악할 수 있게 한다.

그러므로 서지 기술을 통해 동일한 자료가 모든 사람들에게 동일한 의미로 전달될 수 있으려면 통일된 서지 기술 방식이 필요하다. 일정한 기술 규칙에 따라서, 기록되는 사항과 기록 형식에 일관성을 유지함으로써 서지 기술의 표준화를 추구하며 이 표준화를 가능케 하는 것이 각종 서지 기술 방식이다. 그래서 논문 작성자는 주의 올바른 기술을 위 서지 기술 방식을 정확히 알아야 한다. 서지 기술의 양식은 지역, 기관, 논문 작성자에 따라 차이가 있고 학술지의 기술 형식도 서로 통일되어 있지 않으며, 따라서 국제적인 대표성을 띠는 표준 양식서 역시 다양하게 나오고 있다.

서지 기술 방식

서지 기술 방식은 서지 기술의 기능을 중심으로 구성되며, 지역과 기관에 따라 그 양식이 조금씩 다르다. 여기서 양식(style)이란 문서화된 저작물에서 명확하고 일관된 의사소통과 제시를 보장하기 위해 정해놓은 지침을 말한다(APA, 2020). 논문에서도 동일한 자료가 주석에 기술되는 양식과 참고문헌에 기술되는 양식에 있어 지역·기관마다 차이가 있다. 주석에 기술되는 경우에도 주의 종류에 따라 기술 방식이 달라지므로 그 차이를 알고 정확히 일관성 있게 기술할 필요가 있다. 또한 논문을 제출하는 기관에서 요구하는 양식에 맞추는 것이 중요하다. 학위논문은 해당 대학에서 지정한 양식이 있고, 학술지의 경우는 해당 학술지의 편집위원회에서 제정한 투고 요령이나 게재 원칙을 따라야 한다. 지정된 양식이 없는 경우에는 대표적인 양식서의 지침을 참고하는 것이 바람직하다.

표준 양식

전 세계적으로 통용되고 있는 서지 기술을 위한 대표적인 표준 양식서로는 The Chicago Manual of Style(CMS), 17th ed. (2017), Publication Manual of the American Psychological Association(APA), 7th ed. (2020), Modern Language Association(MLA) Handbook for Writers of Research Papers, 9th ed. (2021), Scientific Style and Format: The CSE Manual for Author, Editors and Publishers, 8th ed. (2014) 등이 있다. 이러한 양식서를 참고할 경우에는 최신 개정판을 찾아서 업데이트된 해당 양식에 따라 기술해야 한다. 또한 각 분야에서는 우선적으로 사용하는 스타일 지침서가 있다. 예를 들면 MLA 핸드북은 인문·예술 분야에서 사용하고 APA 매뉴얼은 주로 역사학, 경제학, 심리학, 정치학 등 사회과학 분야에서 사용한다. CMS의 주-서지 양식은 인문학 분야에서, 저자명-발행년도 양식은 사회과학과 과학·기술 분야에서 주로 사용하며, CSE Manual은 자연과학, 특히 물리학 분야에서 자주 사용하고 있다. 그러므로 해당 대학이나 기관에서 어떤 양식을 채택해 사용하는지를 확인한 후에 관련 논문의 본문이나 서지, 참고문헌에 어떤 방식으로 정보원을 인용하는지 예제를 살펴봐야 한다. 이러한 예제는 인쇄본과 온라인 양식 지침서를 참고하고 인용 소프트웨어 패키지나 데이터베이스에서 제공하는 양식을 활용할 수 있는지도 찾아볼 필요가 있다. 대표적인 지침서를 간략히 다루면 다음과 같다.

▣ The Chicago Manual of Style

The Chicago Manual of Style(2017)은 '편집자의 성경(editors' bible)'이라고 할 만큼 논문과 출판물에서 다양한 주제에 관해 문법, 사용, 문서 작성을 다룸에 있어서 상당히 오랫동안 애용되어왔다. 공식 사이트인 https://www.chicagomanualofstyle.org에서 양식의 사용, 기술, 전문적 실제 등에 관한 가장 최신 정보를 자세히 제공해주고 있는데, 2024년 9월에는 제18판이 발행될 예정이다. Chicago-Style Citation Quick Guide(https://www.chicagomanualofstyle.org/tools_citationguide/citation-guide-1.html)에 나온 내용을 바탕으로 기본적인 사항과 예시를 제시하면 다음과 같다.

CMS는 두 개의 양식 체계를 제공한다. 첫 번째는 주-서지(Notes-Bibliography)를 중심으로 작성하는 양식이고 두 번째는 저자명-발행년도(Author-Date)를 중심으로 작성하는 양식이다. 전자는 문학, 역사, 예술 등 인문학 분야에서 선호하고, 후자는 자연과학, 사회과학 분야에서 선호한다. 여기서는 먼저 주-서지 양식에 관한 설명과 예시를 보여주고, 그다음에 저자명-발행년도 양식을 다루고자 한다.

1 주-서지 양식

주-서지 양식은 문학, 역사학, 예술을 포함하는 인문학에서 주로 사용하는데, 본문 안의 주와 서지를 통해 인용 정보원을 참고하는 형식을 제공한다. 이 양식을 통해 저자는 인용한 정보원에 관해 주해를 제시할 수 있어 역사학 분야에서 가장 공통적으로 사용하고 있다. 이러한 양식을 적합하게 사용하면 인용한 자료에 대한 책임성을 강조하는 인상을 주어 논문의 신뢰도를 높일 수 있다. 주-서지 양식에서는 직접인용, 간접인용, 요약 중 어떤 인용 형태에서든 정보원을 사용할 때마다 주를 포함해야 한다. 각주는 참조한 정보원이 있는 해당 쪽의 아랫단 여백에 추가하고 미주는 전체 자료의 끝이나 각 장의 끝에 모아서 배열한다. 이 모든 경우에 있어서 주의 번호는 그 정보원을 위한 서지정보의 주에 하나씩 순차적으로 부여되고, 참조한 정보원은 본문의 해당 절이나 문장의 말미에 제시한다. 각 정보원의 첫 번째 주는 그 정보원에 대한 모든 적합한 정보를 포함해야만 한다. 즉 저자의 완전한 성명, 표제명과 발행 사항이다. 동일한 정보원을 다시 인용할 경우, 주는 저자의 성, 표제의 축약 형태, 쪽수를 포함하면 된다. 서지에서는 논문에서 사용된 모든 정보원의 목록을, 저자명의 성을 기준으로 자모순, 알파벳순으로 정렬하여 제공한다. 저자명이나 편집자명이 수록되지 않은 자료인 경우에는 표제나 핵심어를 대신 사용한다. 해당 논문에 인용된 정보원은 모두 포함해야 하고, 종종 인용하지는 않았더라도 참고할 만한 적합한 정보원이 있다면 추가로 포함한다.

기본 요소는 저자명(편집자명, 편찬자명, 번역자명 포함), 표제명, 발행 사항이다. 저자명은 동양 자료인 경우에는 주와 서지에서 모두 성-이름 순으로 기재하고, 서양 자료인 경우에는 주에서는 이름-성 순으로, 서지에서는 성-이름 순으로 기재하되 성 뒤에 쉼표를 붙여 이름과 구분해준다. 예를 들면 주에 'John Smith'로 수록된 저자명은 서지에서 'Smith, John'으로 수록되고, 저자명이 없으면 편집자명, 편찬자명, 번역자명 등 해당하는 사항을 수록한다. 표제는 서양서의 경우 서명·잡지명은 이탤릭체로 쓰고, 논문·장제·시 등은 인용부호를 사용한다. 발행 정보는 출판사나 잡지명 다음에 발행년도를 수록한다. 구두점은 서지에서 모든 주된 요소 뒤에 마침표를 넣어 구분한다. 주와 서지의 기본 형식은 다음과 같다.

① 저서

- 주

1. Zadie Smith, *Swing Time* (New York: Penguin Press, 2016), 315-16.
2. Brian Grazer and Charles Fishman, *A Curious Mind: The Secret to a Bigger Life* (New York: Simon & Schuster, 2015), 12.

3. 정연경. 기억의 기록으로 쓰는 구술사(서울: 이화여자대학교출판문화원, 2022), 158.

- 간략주

4. Smith, *Swing Time*, 320.

5. Grazer and Fishman, *Curious Mind*, 37.

6. 정연경, 기억의 기록으로 쓰는 구술사, 158.

- 서지

Grazer, Brian, and Charles Fishman. *A Curious Mind: The Secret to a Bigger Life*. New York: Simon & Schuster, 2015.

Smith, Zadie. *Swing Time*. New York: Penguin Press, 2016.

정연경. 기억의 기록으로 쓰는 구술사. 서울: 이화여자대학교출판문화원, 2022.

② 편저의 한 챕터나 일부분

주에서는 인용한 내용이 나오는 해당 쪽수만을 기재하고, 서지에는 그 내용이 포함된 하나의 챕터나 일부분에 해당하는 쪽수를 '시작 쪽–끝 쪽'의 형태로 기재한다.

- 주

1. Henry David Thoreau, "Walking", in *The Making of the American Essay*, ed. John D'Agata (Minneapolis: Graywolf Press, 2016), 177–78.

- 간략주

2. Thoreau, "Walking", 182.

- 서지

Thoreau, Henry David. "Walking", In *The Making of the American Essay*, edited by John D'Agata, 167-95. Minneapolis, MN: Graywolf Press, 2016.

③ 번역서

- 주

1. Jhumpa Lahiri, *In Other Words*, trans. Ann Goldstein (New York: Alfred A. Knopf, 2016), 146.
2. Michael H. Harris, 서양도서관사(1990), 전명숙, 정연경 역 (서울: 지문사, 1991), 87.

- 간략주

3. Lahiri, *In Other Words*, 184.
4. Harris, 서양도서관사, 87.

- 서지

Lahiri, Jhumpa. *In Other Words*. Translated by Ann Goldstein. New York: Alfred A. Knopf, 2016.

Harris, Michael H. 서양도서관사(1990), 전명숙, 정연경 역, 서울: 지문사, 1991.

④ 전자책

온라인으로 참조하는 전자책은 URL이나 데이터베이스명을 포함한다. 다른 유형의 전자책은 Kindle edition, PDF e-book, Microsoft Reader e-book, Palm e-book, CD-ROM 등과 같은 포맷명을 쓴다. 정확한 쪽수가 없으면 장제나 절제 또는 다른 번호를 포함할 수 있으며 쪽수 표기를 제외해도 된다.

- 주

1. Herman Melville, *Moby-Dick; or, The Whale* (New York: Harper & Brothers, 1851), 627, http://mel.hofstra.edu/moby-dick-the-whale-proofs.html.
2. Philip B. Kurland and Ralph Lerner, eds., *The Founders' Constitution* (Chicago, IL: University of Chicago Press, 1987), chap. 10, doc. 19, http://press-pubs.uchicago.edu/founders/.
3. Brooke Borel, *The Chicago Guide to Fact-Checking* (Chicago, IL: University of Chicago Press, 2016), 92, ProQuest Ebrary.
4. Jane Austen, *Pride and Prejudice* (New York: Penguin Classics, 2007), chap. 3, Kindle.

- 간략주

5. Melville, *Moby-Dick*, 722-23.
6. Kurland and Lerner, *Founders' Constitution*, chap. 4, doc. 29.
7. Borel, *Fact-Checking*, 104-5.
8. Austen, *Pride and Prejudice*, chap. 14.

- 서지

Austen, Jane. *Pride and Prejudice*. New York: Penguin Classics, 2007. Kindle.

Borel, Brooke. *The Chicago Guide to Fact-Checking*. Chicago, IL: University of Chicago Press, 2016. ProQuest Ebrary.

Kurland, Philip B., and Ralph Lerner, eds. *The Founders' Constitution*. Chicago, IL: University of Chicago Press, 1987, http://press-pubs.uchicago.edu/founders/.

Melville, Herman. *Moby-Dick; or, The Whale*. New York: Harper & Brothers, 1851, http://mel.hofstra.edu/moby-dick-the-whale-proofs.html.

⑤ 학술지 논문

주에는 인용한 내용에 해당하는 쪽수만 기재하고 서지에는 학술지 논문 전체에 해당하는 쪽수의 범주를 '시작 쪽-끝 쪽' 형태로 기재한다. 온라인으로 참고한 학술지 논문은 URL이나 데이터베이스를 포함한다. 많은 학술지 논문이 DOI(Digital Object Identifier)를 수록하고 있다. DOI는 'https://doi.org/'로 시작하며 영구한 URL을 가지므로 우선적으로 사용한다.

- 주

1. Susan Satterfield, "Livy and the Pax Deum", *Classical Philology*, 111, no. 2 (April 2016): 170.
2. Shao-Hsun Keng, Chun-Hung Lin, and Peter F. Orazem, "Expanding College Access in Taiwan, 1978-2014: Effects on

Graduate Quality and Income Inequality", *Journal of Human Capital*, 11, no. 1 (Spring 2017): 9-10, https://doi.org/10.1086/690235.

3. Peter LaSalle, "Conundrum: A Story about Reading", *New England Review*, 38, no. 1 (2017): 95, Project MUSE.
4. 권은경, "일본의 학교도서관 발전에 미치는 문고운동의 영향", 한국문헌정보학회지, 39(2005): 105.

- 간략주

5. Satterfield, "Livy", 172-73.
6. Keng, Lin, and Orazem, "Expanding College Access", 23.
7. LaSalle, "Conundrum", 101.
8. 권은경, "일본의 학교도서관 발전에 미치는 문고운동의 영향", 105.

- 서지

Keng, Shao-Hsun, Chun-Hung Lin, and Peter F. Orazem. "Expanding College Access in Taiwan, 1978-2014: Effects on Graduate Quality and Income Inequality", *Journal of Human Capital*, 11, no. 1 (Spring 2017): 1-34. https://doi.org/10.1086/690235.

LaSalle, Peter. "Conundrum: A Story about Reading", *New England Review*, 38, no. 1 (2017): 95-109. Project MUSE.

Satterfield, Susan. "Livy and the Pax Deum", *Classical Philology*, 111, no. 2 (April 2016): 165-76.

권은경, "일본의 학교도서관 발전에 미치는 문고운동의 영향", 한국문헌정보학회지, 39(2005): 105-126.

과학 분야의 학술지 논문은 저자가 많은 경우가 대부분이다. 4인 이상의 저자는 서지에 10명까지 저자를 수록하고 주에는 첫 번째 저자만 쓴 후 두 번째 저자부터는 "등", "외", "et al."로 일괄해 쓴다. 서지에는 첫 번째 저자만 성-이름 순으로 쓰며, 나머지는 이름-성 순으로 쓴다. 저자가 10명 이상이라면 서지에 앞 7명의 저자까지만 쓰고 그다음에 "등", "외", "et al."로 일괄한다.

- 주

7. Rachel A. Bay et al., "Predicting Responses to Contemporary Environmental Change Using Evolutionary Response Architectures", *American Naturalist*, 189, no. 5 (May 2017): 465, https://doi.org/10.1086/691233.

- 간략주

8. Bay et al., "Predicting Responses", 466.

- 서지

Bay, Rachael A., Noah Rose, Rowan Barrett, Louis Bernatchez, Cameron K. Ghalambor, Jesse R. Lasky, Rachel B. Brem, Stephen R. Palumbi, and Peter Ralph. "Predicting Responses to Contemporary Environmental Change Using Evolutionary Response Architectures", *American Naturalist*, 189, no. 5 (May 2017): 463-73. https://doi.org/10.1086/691233.

⑥ 신문이나 잡지기사

신문이나 뉴스 사이트, 잡지, 블로그 등에서 나온 기사도 유사하게 인용한다. 페이지 번호는 주에는 인용할 수 있지만 서지에는 없어도 된다. 온라인으로 기사를 참고한 경우에는 URL이나 데이터베이스명을 준다.

\- 주

1. Rebecca Mead, "The Prophet of Dystopia", *New Yorker*, April 17, 2017, 43.
2. Farhad Manjoo, "Snap Makes a Bet on the Cultural Supremacy of the Camera", *New York Times*, March 8,2017, https://www.nytimes.com/2017/03/08/technology/snap-makes-a-bet-on-the-cultural-supremacy-of-the-camera.html.
3. Rob Pegoraro, "Apple's iPhone Is Sleek, Smart and Simple", *Washington Post*, July 5, 2007, LexisNexis Academic.
4. Tanya Pai, "The Squishy, Sugary History of Peeps", *Vox*, April 11, 2017, http://www.vox.com/culture/2017/4/11/15209084/peeps-easter.

\- 간략주

5. Mead, "Dystopia", 47.
6. Manjoo, "Snap".
7. Pegoraro, "Apple's iPhone".
8. Pai, "History of Peeps".

\- 서지

Manjoo, Farhad. "Snap Makes a Bet on the Cultural Supremacy of the Camera", *New York Times*, March 8, 2017. https://www.nytimes.com/2017/03/08/technology/snap-makes-a-bet-on-the-cultural-supremacy-of-the-camera.html.

Mead, Rebecca. "The Prophet of Dystopia", *New Yorker*, April 17, 2017.

Pai, Tanya. "The Squishy, Sugary History of Peeps", *Vox*, April 11, 2017. http://www.vox.com/culture/2017/4/11/15209084/peeps-easter.

Pegoraro, Rob. "Apple's iPhone Is Sleek, Smart and Simple", *Washington Post*, July 5, 2007. LexisNexis Academic.

⑦ 서평

- 주

1. Michiko Kakutani, "Friendship Takes a Path That Diverges", review of *Swing Time*, by Zadie Smith, New York Times, November 7, 2016.

- 간략주

2. Kakutani, "Friendship".

- 서지

Kakutani, Michiko. "Friendship Takes a Path That Diverges", Review of *Swing Time*, by Zadie Smith. New York Times, November 7, 2016.

⑧ 인터뷰

- 주

1. Kory Stamper, "From 'F-Bomb' to 'Photobomb', How the Dictionary Keeps Up with English", interview by Terry Gross, Fresh Air, NPR, April 19, 2017, audio, 35:25, http://www.npr.org/2017/04/19/524618639/from-f-bomb-to-photobomb-how-the-dictionary-keeps-up-with-english.

- 간략주

2. Stamper, interview.

- 서지

Stamper, Kory. "From 'F-Bomb' to 'Photobomb,' How the Dictionary Keeps Up with English", Interview by Terry Gross. Fresh Air, NPR, April 19, 2017. Audio, 35:25. http://www.npr.org/2017/04/19/524618639/from-f-bomb-to-photobomb-how-the-dictionary-keeps-up-with-english.

⑨ 학위논문

- 주

1. Cynthia Lillian Rutz, "King Lear and Its Folktale Analogues" (PhD diss., University of Chicago, 2013), 99–100.
2. 서영채, "무정 연구" (석사학위논문, 서울대학교, 1992). 73.

- 간략주

3. Rutz, "King Lear", 158.

4. 서영채, "무정 연구", 73.

- 서지

Rutz, Cynthia Lillian. "King Lear and Its Folktale Analogues", PhD diss., University of Chicago, 2013.

서영채, "무정 연구", 석사학위논문, 서울대학교, 1992.

⑩ 웹사이트

"2017년 5월 1일 예일대학교 홈페이지에 수록되기를,"과 같이 웹사이트 페이지나 다른 웹사이트의 내용을 간략하게 기술하는 것으로 충분하다. 만약 좀 더 공식적인 인용이 필요한 경우라면 다음과 같은 양식을 쓸 수 있다. 갱신일이나 버전이 수록되지 않은 정보원의 경우 접속일을 포함한다.

- 주

1. "Privacy Policy", Privacy & Terms, Google, last modified April 17, 2017, https://www.google.com/policies/privacy/.
2. "About Yale: Yale Facts", Yale University, accessed May 1, 2017, https://www.yale.edu/about-yale/yale-facts.
3. Katie Bouman, "How to Take a Picture of a Black Hole", filmed November 2016 at TEDxBeaconStreet, Brookline, MA, video, 12:51, https://www.ted.com/talks/katie_bouman_what_does_a_black_hole_look_like.

- 간략주

4. Google, “Privacy Policy”.

5. “Yale Facts”.

6. Bouman, “Black Hole”.

- 서지

Bouman, Katie. “How to Take a Picture of a Black Hole”, Filmed November 2016 at TEDxBeaconStreet, Brookline, MA. Video, 12:51. https://www.ted.com/talks/katie_bouman_what_does_a_black_hole_look_like.

Google. “Privacy Policy”, Privacy & Terms. Last modified April 17, 2017. https://www.google.com/policies/privacy/.

Yale University. “About Yale: Yale Facts”, Accessed May 1, 2017. https://www.yale.edu/about-yale/yale-facts.

⑪ 소셜 미디어

소셜 미디어를 통해 공유된 내용이라면 텍스트만 인용해야 하며, 다음과 같은 형태로 한정된다.

Conan O'Brien's tweet was characteristically deadpan: “In honor of Earth Day, I'm recycling my tweets” (@ConanOBrien, April 22, 2015).

좀 더 공식적인 인용이 필요한 경우에는 주에 추가할 수도 있다. 드문 경우지만 서지에 추가하는 것도 가능하다. 이 경우에는 표제의 위치에 포스트의 첫 번째 160자까지를 인용한다.

- 주

1. Pete Souza (@petesouza), "President Obama bids farewell to President Xi of China at the conclusion of the Nuclear Security Summit", Instagram photo, April 1, 2016, https://www.instagram.com/p/BDrmfXTtNCt/.
2. Chicago Manual of Style, "Is the world ready for singular they? We thought so back in 1993", Facebook, April 17, 2015, https://www.facebook.com/ChicagoManual/posts/10152906193679151.

- 간략주

3. Souza, "President Obama".
4. Michele Truty, April 17, 2015, 1:09 p.m., comment on Chicago Manual of Style, "singular they".

- 서지

Chicago Manual of Style. "Is the world ready for singular they? We thought so back in 1993", Facebook, April 17, 2015. https://www.facebook.com/ChicagoManual/posts/10152906193679151.

⑫ 개인적인 커뮤니케이션

소셜 미디어를 통해 보내진 직접적인 통화나 문자, 이메일 등의 개인적인 커뮤니케이션은 항상 문장 안이나 주에서만 인용하고 서지에는 포함하지 않는다.

- 주

1. Sam Gomez, Facebook message to author, August 1, 2017.

2 저자명-발행년도 양식

저자명–발행년도 양식은 자연과학과 사회과학에서 오랫동안 사용되어온 양식이다. 이 양식에 있어서 정보원은 본문에서 간단히 인용되는데, 소괄호 안에 동양서의 경우에는 성명을, 서양서의 경우에는 성을 먼저 쓰고 발행년도를 기재한다. 저자명–발행년도 양식의 예시는 다음과 같다.

① 도서

- 본문

(Grazer and Fishman 2015, 12)

(Smith 2016, 315–16)

(정연경 2022, 158)

- 참고문헌

Grazer, Brian, and Charles Fishman. 2015. *A Curious Mind: The Secret to a Bigger Life*. New York: Simon & Schuster.

Smith, Zadie. 2016. *Swing Time*. New York: Penguin Press.

정연경. 2022. 기억의 기록으로 쓰는 구술사. 서울: 이화여자대학교출판문화원.

② 편저의 한 챕터나 일부

- 본문

(Thoreau 2016, 177-78)

- 참고문헌

Thoreau, Henry David. 2016. "Walking", In *The Making of the American Essay*, edited by John D'Agata, 167-95. Minneapolis: Graywolf Press.

③ 번역서

- 본문

(Lahiri 2016, 146)

(Harris 1990, 87)

- 참고문헌

Lahiri, Jhumpa. 2016. *In Other Words*. Translated by Ann Goldstein. New York: Alfred A. Knopf.

Harris, Michael H. 1990. 서양도서관사. 전명숙, 정연경 역. 서울: 지문사.

④ 전자책

- 본문

(Austen 2007, chap. 3)

(Borel 2016, 92)

(Kurland and Lerner 1987, chap. 10, doc. 19)

(Melville 1851, 627)

- 참고문헌

Austen, Jane. 2007. *Pride and Prejudice*. New York: Penguin Classics. Kindle.

Borel, Brooke. 2016. *The Chicago Guide to Fact-Checking*. Chicago, IL: University of Chicago Press. ProQuest Ebrary.

Kurland, Philip B., and Ralph Lerner, eds. 1987. *The Founders' Constitution*. Chicago, IL: University of Chicago Press, http://press-pubs.uchicago.edu/founders/.

Melville, Herman. 1851. *Moby-Dick; or, The Whale*. New York: Harper & Brothers, http://mel.hofstra.edu/moby-dick-the-whale-proofs.html.

⑤ 학술지 논문

- 본문

(Keng, Lin, and Orazem 2017, 9-10)

(LaSalle 2017, 95)

(Satterfield 2016, 170)
(권은경 2005, 105)

- 참고문헌

Keng, Shao-Hsun, Chun-Hung Lin, and Peter F. Orazem. 2017. "Expanding College Access in Taiwan, 1978-2014: Effects on Graduate Quality and Income Inequality", *Journal of Human Capital*, 11, no. 1 (Spring): 1-34, https://doi.org/10.1086/690235.

LaSalle, Peter. 2017. "Conundrum: A Story about Reading", *New England Review*, 38 (1): 95-109. Project MUSE.

Satterfield, Susan. 2016. "Livy and the Pax Deum", *Classical Philology*, 111, no. 2 (April): 165-76.

권은경. 2005. "일본의 학교도서관 발전에 미치는 문고운동의 영향", 한국문헌정보학회지, 39: 105-126.

저자가 4인 이상인 학술지 논문의 경우에는 다음과 같이 쓴다.

- 본문

(Bay et al. 2017, 465)

- 참고문헌

Bay, Rachael A., Noah Rose, Rowan Barrett, Louis Bernatchez, Cameron K. Ghalambor, Jesse R. Lasky, Rachel B. Brem, Stephen R. Palumbi, and Peter Ralph. 2017. "Predicting

Responses to Contemporary Environmental Change Using Evolutionary Response Architectures", American Naturalist, 189, no. 5 (May): 463-73. https://doi.org/10.1086/691233.

⑥ 신문이나 잡지기사

- 본문

(Manjoo 2017)

(Mead 2017, 43)

(Pai 2017)

(Pegoraro 2007)

- 참고문헌

Manjoo, Farhad. 2017. "Snap Makes a Bet on the Cultural Supremacy of the Camera", *New York Times*, March 8, 2017, https://www.nytimes.com/2017/03/08/technology/snap-makes-a-bet-on-the-cultural-supremacy-of-the-camera.html.

Mead, Rebecca. 2017. "The Prophet of Dystopia", *New Yorker*, April 17, 2017.

Pai, Tanya. 2017. "The Squishy, Sugary History of Peeps", *Vox*, April 11, 2017, http://www.vox.com/culture/2017/4/11/15209084/peeps-easter.

Pegoraro, Rob. 2007. "Apple's iPhone Is Sleek, Smart and Simple", *Washington Post*, July 5, 2007, LexisNexis Academic.

⑦ 서평

- 본문

(Kakutani 2016)

- 참고문헌

Kakutani, Michiko. 2016. "Friendship Takes a Path That Diverges", Review of *Swing Time*, by Zadie Smith. *New York Times*, November 7, 2016.

⑧ 인터뷰

- 본문

(Stamper 2017)

- 참고문헌

Stamper, Kory. 2017. "From 'F-Bomb' to 'Photobomb,' How the Dictionary Keeps Up with English", Interview by Terry Gross. Fresh Air, NPR, April 19, 2017. Audio, 35:25, http://www.npr.org/2017/04/19/524618639/from-f-bomb-to-photobomb-how-the-dictionary-keeps-up-with-english.

⑨ 학위논문

- 본문

(Rutz 2013, 99-100)

- 참고문헌

Rutz, Cynthia Lillian. 2013. "King Lear and Its Folktale Analogues", PhD diss., University of Chicago.

⑩ 웹사이트

- 본문

(Bouman 2016)

(Google 2017)

(Yale University, n.d.)

- 참고문헌

Bouman, Katie. 2016. "How to Take a Picture of a Black Hole", Filmed November 2016 at TEDxBeaconStreet, Brookline, MA. Video, 12:51, https://www.ted.com/talks/katie_bouman_what_does_a_black_hole_look_like.

Google. 2017. "Privacy Policy", Privacy & Terms. Last modified April 17, 2017, https://www.google.com/policies/privacy/.

Yale University. n.d. "About Yale: Yale Facts", Accessed May 1, 2017, https://www.yale.edu/about-yale/yale-facts.

⑪ 소셜 미디어

- 본문

(Chicago Manual of Style 2015)

(Souza 2016)

(Michele Truty, April 17, 2015, 1:09 p.m., comment on Chicago Manual of Style 2015)

- 참고문헌

Chicago Manual of Style. 2015. "Is the world ready for singular they? We thought so back in 1993", Facebook, April 17, 2015, https://www.facebook.com/ChicagoManual/posts/10152906193679151.

Souza, Pete (@petesouza). 2016. "President Obama bids farewell to President Xi of China at the conclusion of the Nuclear Security Summit", Instagram photo, April 1, 2016, https://www.instagram.com/p/BDrmfXTtNCt/.

⑫ 개인적인 커뮤니케이션

- 본문

(Sam Gomez, Facebook message to author, August 1, 2017)

▣ Publication Manual of the American Psychological Association

미국심리학회의 편집위원회에서 제정한 출판지침서(Publication Manual)인 APA 양식은 학회에 규정되어 있는 논문 작성 기준이다. 교육학이나 심리학 관련 분야 연구자들이 논문을 작성할 때 도움을 주고자 만든 것이나 오늘날에 와서는 인문·사회 과학의 전 학문 분야를 통틀어 정보원을 인용할 때 흔히 사용한다. 학위논문, 일반 저널이나 학생들의 학기논고 또는 학술 기사 논문 작성을 위한 양식서로 주로 활용되고 있다. 2020년에 발행된 APA 제7판이 가장 최근 판이며 APA 연구 보고서, 논문 안의 인용·각주·주기·참고문헌 작성을 위한 일반적인 체재의 예시를 제공한다(http://www.apastyle.org).

제7판의 특징은 다음과 같다(https://library.khu.ac.kr/seoul/referencingNcitation/apastyle). 첫째, 참고문헌에서 도서의 출판지 정보를 생략한다. 둘째, 본문 내 인용에서 저자가 3명 이상인 저작물은 처음 인용할 때 첫 번째 저자만 표기하고 나머지는 'et al.'로 일괄해 표기한다. 셋째, 참고문헌에서 저자는 최대 20명까지 표기한다. 넷째, DOI 표기 형식이 URL 형식으로 변경되었다. 다섯째, 웹사이트명이 이탤릭체로 출처에 포함된다. 여섯째, 참고문헌에서 자료의 유형이나 매체 등의 정보는 생략한다. 일곱째, 온라인 출처에 대한 다양하고 보다 명확한 표기 기준을 제시한다.

1 저자명-발행년도 방식

본문 안의 인용 제시 형식에는 두 가지가 있는데, 서술식 인용과 소괄호 인용이다. 서술식 인용은 저자가 본문에 제시되고, 발행년도는 저자명 바로 뒤에 소괄호를 붙여 그 안에 제시된다. 소괄호 인용은 저자와 발행년도 사이에 쉼표를 넣어 모두 소괄호 안에 제시하며, 문장 중간이나 끝에 제시할 수도 있다. 소괄호 인용이 문장의 끝에 있는 경우에는 소괄호를 닫고 나서 마침표를 찍는다. 소괄호로 표시하여 다수의 저작물을 인용하는 경우에는 모든 저작물을 알파벳순으로 배열하되 쌍반점으로 분리한다. 논문 마지막의 참고문헌에서는 정보원에 대한 완벽한 서지 정보를 제공함으로써 독자들이 저작물을 확인하고 검색할 수 있게 해준다. DOI를 우선적으로 써주고, 없는 경우에는 URL이 있으면 URL을 써준다. APA에서 제시하고 있는 예시는 다음과 같다.

- 본문(서술식)

McCauley와 Christiansen(2019)은

- 본문(소괄호 인용)

…했다(McCauley & Christiansen, 2019).

- 참고문헌

McCauley, S. M. & Christiansen, M. H. (2019). Language learning as language use: A cross-linguistic model of child language development. *Psychological Review*, 126(1), 1-51, https://doi.prg/10.1037/rev0000126.

① 인용을 위한 기본 형식

서양서의 경우 저자의 성, 동양서의 경우 저자의 성명 뒤에 소괄호를 붙이고 그 안에 발행년도를 넣은 어구로 인용을 제시한다. 인용 문장 끝에는 다시 소괄호를 붙이고, 그 안에 인용한 내용이 들어간 쪽수를 제시해준다. 이때 해당 쪽수 앞에는 p.나 pp.를 다음과 같이 붙여준다.

> – 본문(서술식)
>
> Critser(2003)는 비만인 미국인의 수가 증가함에도 불구하고 많은 건강 보험사는 여전히 "가난하고 젊은 사람들에게 있어서 건강의 위험에 대해서만 무시하거나 노골적인 거부를 하고 있다"(p. 5).

저자가 직접인용을 하지 않는 경우라면 인용문의 마지막에 저자의 성, 발행년도, 쪽수를 소괄호 안에 넣고 (Critser, 2003, p. 5)와 같이 둔다.

② 요약이나 다른 말로 바꿔 표현한 부분의 기본 표기 형식

저자의 성과 발행년도를 인용하여 문장의 앞에 쓰거나 문장의 마지막에 쓴다. 요약이나 다른 말로 바꿔 표현할 경우에는 쪽수를 넣지 않아도 무방하나, 독자들이 긴 논문 안에서 문장을 찾기 쉽게 하기 위해 다음과 같이 포함할 수 있다.

> – 본문(서술식)
>
> Yanovski와 Yanovski (2002)는 … 라고 설명했다(p. 594).
>
> – 본문(소괄호 인용)
>
> … 라고 했다(Yanovski & Yanovski, 2002, p. 594).

③ 두 명의 저자가 저술한 저작

저작을 인용할 때마다 두 명 모두의 이름을 표기해주어야 한다. 소괄호 안에 넣어 표기하는 경우에는 두 저자명 사이에 '&'나 '와/과'를 사용하고, 본문의 문장 첫 부분에 나올 때는 'and' 나 '와/과'를 사용한다.

- 본문(서술식)

Wegener와 Petty (1994)의 연구에 따르면,

- 본문(소괄호 인용)

…(Wegener & Petty, 1994)

④ 다수의 저자가 저술한 저작

저자가 3명 이상일 경우 첫 번째 저자의 성 다음에 'et al.', '외', '등'을 사용하고, 저작물이 여러 명인 경우에는 최신 발행년도 순으로 배치한다.

- 본문(서술식)

Martin et al. (2020)은 마지막으로 결론 내리길 "…"이라고 했다(p. 181).

⑤ 알 수 없는 저자의 저작(작가 미상)

만약 저자를 알 수 없다면 표제의 첫 단어, 혹은 혼동을 막기 위해 두 단어를 주고 발행년도를 밝힌다. 논문 기사와 장의 제목은 인용부호 안에 넣고 도서명과 보고서명은 이탤릭체로 쓴다.

- 본문(소괄호 인용)

몸무게를 조절하는 고통을 겪는 아동들은 텔레비전 광고의 스트레스와 싸워야 하는데 이러한 광고는 몸에 안 좋은 음식의 소비를 격려하고 날씬한 연예인들을 찬양하고 있다("Television", 2002).

아주 드문 경우로 저자가 '익명(Anonymous)'이라면, 본문 인용에서 저자명 위치에 해당 사실을 (Anonymous, 2001) 또는 (익명, 2001)과 같이 쓰고 참고문헌에서도 동일하게 표기한 후 알파벳순, 자모순으로 배열하면 된다.

⑥ 저자가 인물이 아닌 특정 단체인 저작

저자가 정부 기관이나 단체이면 문장 앞에 해당 단체명을 쓰거나 인용한 문장 마지막에 소괄호를 넣고 그 안에 쓴다. 기관이나 단체가 익숙한 약어를 갖고 있고 약어가 잘 알려져 있거나 자주 제시된다면 해당 약어를 사용한다. 이 경우 약어를 본문에서 처음 언급할 때 전체 명칭을 병기해준다. 서술식 인용에서 단체명이 처음 제시되는 경우에는 소괄호 내에 단체명의 약자와 발행년도를 제시해주고 쉼표로 분리한다. 단체명이 소괄호 인용에서 처음 제시된다면 단체명 뒤에 해당 단체의 약자를 대괄호에 넣어 병기해준 다음 쉼표와 발행년도를 표기한다. 즉 첫 번째로 인용할 때는 (Mothers Against Drunk Driving [MADD], 2000), (Centers for Disease Control and Prevention [CDC], 2009)와 같이 쓰고 두 번째부터는 (MADD, 2000), (CDC, 2009)로 쓴다.

- 본문(서술식)

American Psychological Association(APA, 2000)에 따르면, …

- 본문(소괄호 인용)

아동 비만은 어릴 때 겪는 정신적 스트레스에서 온다(American Psychological Association [APA], 2010).

⑦ 동일한 성을 가진 저자들의 저작

동일한 성을 가진 두 명 이상의 저자들의 저작을 인용하게 되면 혼동을 피하기 위해 성과 함께 이름의 첫 자를 제시함으로써 구분해준다.

> - 본문(서술식)
>
> E. Smith(1989)의 연구에 따르면, …
>
> P. Smith(1964)에 의하면…

⑧ 한 저자의 같은 해에 나온 두 개 이상의 저작

한 저자가 같은 해에 쓴 두 개 이상의 저작을 함께 본문에 인용하게 되는 경우, 동일 저자명 다음에 발행년도와 알파벳 소문자인 a, b 등을 추가해서 구분한다. 알파벳 소문자를 추가하는 기준은 표제명의 자모순 또는 알파벳순이며, 참고문헌에서는 동일 저자명의 발행년 다음에 나오는 알파벳 소문자의 순서로 수록한다.

> - 본문(서술식)
>
> Berndt(1981a)의 연구에 의하면 … 과 같다.
>
> Berndt(1981b)의 연구는 아동 비만의 상담 역할에 관한 새로운 발견을 제공했다.
>
> - 본문(소괄호 인용)
>
> 특정 시대를 나타내기 위한 보조표이다(정연경, 1998a, p. 34).
>
> … 내부 보조표의 세부주제 번호에 따라 추가로 합성되어야 한다(정연경, 1998b, p. 203).

⑨ 동일한 내용을 다룬 두 개 이상의 저작

동일한 내용을 다룬 두 개 이상의 저작을 언급할 때는 쌍반점으로 구분해 참고문헌에 수록된 순서대로 다음과 같이 인용하고, 해당 저작들의 저자가 동일한 성을 가진 경우에는 이름의 첫 자로 구분할 수 있게 한다. 동일 저자인 경우 발행년도 순으로 배열하고 동일 저자의 다른 저작은 쉼표로 구분한다. 여러 저자들의 연구가 두 개 이상 표기될 때는 저자명의 자모순(영문은 알파벳순)으로 쓰고 연구와 연구 사이에 쌍반점을 넣어 구분한다. 국내와 동서양 문헌이 모두 포함되는 경우에는 국내 문헌, 동양 문헌, 서양 문헌의 저자순으로 나열한다.

- 본문(서술식)

주요 연구들(장근영, 1998a, 1998b; 홍성기, 1999; Allen, 1981)에서는…

여러 연구들(장시철, 2000; 한가람, 1994; Elkind, 1991; Mussen, 1995) 등에서…

- 본문(소괄호 인용)

연구자들은 아동 비만의 약물 처방 연구가 결론에 다다르지 못했다고 밝혔다(Berkowitz et al., 2003; McDuffie et al., 2002).

그러나 지난 수세기 동안에 진행된 아동 비만에 대한 실험 연구의 공통적인 결론은 하나로 보았다(E. Johnson, 2001; L. Johnson, 1998).

조기표는 분류기호를 효과적으로 합성함으로써 분류표의 양을 절대적으로 줄여준다(정연경, 1998a, 1998b; 정연경, 이미화, 2010, pp. 203-205).

⑩ 개인적인 의사 교환, 개인적인 면담, 메모, 서신, 이메일, 유사한 미간행물을 인용할 때는 의견을 교환한 사람들의 성과 이름의 첫 자를 본

문 안에서만 인용하고, 이것이 개인적인 의사 교환이라는 내용과 함께 소통한 일자를 밝힌다. 참고문헌에는 수록하지 않는다.

- 본문(소괄호 인용)

A. P. Smith는 또한 많은 학생들이 또한 APA 스타일에 어려움을 갖고 있다고 했다(personal communication, November 3, 2002).

Atkinson의 동료 중 한 사람은 아동의 식습관에 매체가 주는 영향을 공부했는데 간식 광고주들이 아동에게 더 바람직한 관점을 책임지는 광고를 기획할 필요가 있다고 주장했다(F. Johnson, personal communication, October 20, 2009).

⑪ 전자정보원

전자정보원은 다른 정보원처럼 저자와 발행년도를 포함하는 온라인 정보원을 인용한다.

Angeli, E. et al.(2010, May 5). General format. Retrieved from http://owl.english.purdue.edu/owl/resource/560/01/.

발행년도가 알려지지 않은 경우에는 발행년도가 들어가는 위치에 'n.d.' (no date)라는 약어를 넣어 다음과 같이 사용한다.

텔레비전 프로그램과 아동의 식습관의 절대적인 연결을 설정하고자 하는 시도는 늘 문제가 되어왔다(Magnus, n.d.).

전자정보원이 정확한 쪽수를 제공하지 않는 경우, 문단의 수를 매기고 있으면 약어인 'para.'를 앞세워 문단 번호를 준다. PDF(portable document format)와 같은 전자 파일은 대부분 정확한 쪽수를 갖고 있으므로 인용한 정보원의 쪽수를 준다.

> Hoppin and Taveras (2004)는 다른 처방들이 "중독 가능성"을 갖는 것으로 식약청이 분류했다고 지적했다(Weight-Loss Drugs section, para. 6).

⑫ 간접 정보원

다른 정보원에 인용된 정보원을 가져와서 사용할 때는 첫 번째 문장에 원정보원을 밝힌다. 그리고 2차 정보원을 소괄호에 '~에서 재인용'이라는 표현과 함께 밝히고 참고문헌에는 2차 정보원을 수록한다. 본문에 인용할 때는 원전(저자명, 발행년도)과 재인용한 자료의 출처를 쌍점으로 구분해 다음 첫 번째 예와 같이 제시한다. 저자명이 본문 중에 제시되는 경우에는 다음 두 번째 예와 같이 원전의 발행년도 뒤에 쌍점을 한 후 재인용 출처의 저자명과 이 자료의 발행년도를 적고 이어 '~에서 재인용'이라고 표기한다. 그리고 괄호 안에 원전의 저자명과 발행년도가 표기되었을 경우에는 다음 세 번째 예와 같이 원전 저자명과 발행년도는 쉼표로 구분하고, 원전 발행년도 뒤에 쌍점을 한 후 재인용 연구의 저자명과 발행년도를 적고 '~에서 재인용'이라고 적는다. 다음 마지막 예는 'David Satcher 박사'가 'Crister'의 2003년 자료 p. 4에서 인용한 것을 재인용한 것으로, 'David Satcher'는 1차 정보원이고 'Critser'가 2차 정보원이다.

- 본문(서술식)

김혜숙(1990: 김혜숙, 2001에서 재인용)의 연구에서는…

- 본문(소괄호 인용)

…을 제시했다(Hoffman, 1979: 김경혜, 1991에서 재인용).

…라는 주장이 제기되었다(Maharish, 1951: Gordon, 1989에서 재인용).

전직 외과의사인 David Satcher 박사는 "젊은 세대들은 심각하게 비만의 위험을 생각하고 심각한 병을 극복하기 위한 어려운 작업에 있어서 자신들을 절망적으로 보고 있다"(Critser, 2003, p. 4에서 재인용).

⑬ 성전이나 고전 문헌

사용한 문헌이나 판, 적절한 부분(장, 절, 줄)을 밝히고 참고문헌에는 일반적으로 수록하지 않는다.

평화주의 활동자는 전쟁이 없는 세계의 성경적 예언의 비전을 오랫동안 다음과 같이 인용해왔다. "……"(이사야서 2장 4절, 개정표준판).

⑭ 번역서

번역서는 원저자명을 원명의 문자로 기재한다. '영어 인명의 성(원서 발행년도/번역서 발행년도, 인용 쪽수)'의 형태로 기재하고 원서 발행년도를 모르는 경우에는 'n.d.' 또는 '불명'으로 기재한다.

Coleman(n.d./2000, p. 22)은…

…라고 했다(Laplace, 1814/1951).

2 참고문헌 양식

일반적인 APA 양식에 따라 정보원 유형별로 참고문헌을 작성하는 경우 어떤 정보가 포함되어야 하는지, 정보가 어떻게 배열되어야 하는지에 대한 예시는 다음과 같다(Writing Center, https://writingcenter.gmu.edu/). 먼저 어떤 유형의 자료인지를 결정한 후, 출처에서 필요한 정보를 수집해야 한다. 이때는 모든 양식과 구두점을 포함하여 중요한 정보를 예제에 표시된 대로 정확하게 배열해야 한다.

참고문헌은 본문에서 인용하거나 언급한 문헌만을 제시하며, 본문에 인용된 문헌은 반드시 참고문헌 목록에 포함해야 한다. 참고문헌에서는 국내 문헌과 외국 문헌을 구분해주어야 하고, 국내 문헌, 동양 문헌, 서양 문헌의 순으로 배열한다. 저자명(저자의 성)에 따라 자모순(알파벳순)으로 정렬하고, 동일 저자의 저작은 발행년도가 오래된 것부터 순서대로 배열한다. 저자명은 국내를 포함한 중국·일본 저자인 경우 성명을 그대로 기재하고, 서양 인명은 성(last name), 쉼표(,) 이름(first name, middle name)의 순으로 기재한 후 성 이외의 이름은 두문자만 표기한다.

> 정연경(2021). 기억의 기록으로 쓰는 구술사. 이화여자대학교출판문화원.
>
> Caplan, P. (2003). *Metadata Fundamentals for All Librarians*. American Library Association.

저자가 두 명 이상인 경우에는 공저자의 수와 상관없이 모두 기재하고 각 저자는 쉼표로 구분한다. 다만 서양 저자의 경우에는 마지막 저자의 이름 앞에 기호(&)를 부기한다.

구정화, 우윤희, 신난희, 조용완(2020). 사서 대상 도서관 다문화서비스 교육과 정의 교과목에 관한 연구. 한국도서관·정보학회지, 51(3), 351-384.

Hoffer, J. A., George, J., & Valacich, J. S. (1996). *Modern Systems Analysis and Design*. The Benjamin/Cummings Publishing Company.

서양서의 경우 단행본의 서명과 연속간행물의 간행물명은 각 단어 첫 글자를 대문자로 표기하고, 연속간행물의 논문명은 첫 글자만 대문자로 표기한다.

Owens, R. G. (2001). *Organizational Behavior in Education* (7th. ed.). Allyn and Bacon.

Ram, S. (1987). A model of innovation resistance, *Advances in Consumer Research*, 13, 208-212.

발행년도를 확인할 수 없는 경우에는 대괄호를 사용하여 국내 문헌은 [발행년도불명], 외국 문헌은 [n.d.]라고 기재한다. 한편 발행처가 불명확한 경우에는 국내 문헌은 [발행처불명], 외국 문헌은 [s.n.]이라고 기재한다. 그리고 APA 9판에 따르면 발행지는 꼭 밝혀야 하는 경우를 제외하고는 생략한다.

丁若鏞 [발행년도불명]. 丁茶山全集, 下卷. 尹世鐸 編. 영인본. 弘益人間社.

McGinnis, J. P. [n.d.]. *The Surprising Modernism of "Troilus and*

Cressida". In Press.

김병희(2000). 80인생을 회고한다. [발행처불명].

APA 양식에서 자주 사용되는 정보원의 유형에 대한 참고문헌의 예시는 다음과 같다.

① 단행본

'저자의 성명. (발행년도). 서명(판사항 – 판본이 여러 개인 경우). 출판사명.'의 형식으로 기재한다.

- 단독 저자

정연경(2021). 기억의 기록으로 쓰는 구술사. 이화여자대학교출판문화원.

Tapscott, D. (1998). *Growing up digital*. McGraw-Hill.

- 2인 저자

Hamer, D., & Copeland, P. (1998). *Living with our genes*. Doubleday.

- 특정 판

정필모(2011). 문헌정보학원론(개정 5판). 한국학술정보.

Stark, R. (1998). Sociology (7th ed.). Wadsworth.

② 편집 단행본, 번역 단행본

저자·편자·역자를 기재해야 할 경우, 이를 '편', '공편', '번역', '옮김',

‘ed.’, ‘Translated by’ 등을 사용하여 표기한다.

김철현, 안길수 공편(2014). 독서치료와 도서관서비스. 미래출판.
한국문헌정보학회 편(2008). 최신 문헌정보학의 이해. 한국도서관협회.
Caplan, P. (2003). *Metadata Fundamentals for All Librarians*. 오동근 옮김(2004). 메타 데이터의 이해. 태일사.
Duncan, G. J., & Brooks-Gunn, J. (Eds.). (1997). *Consequences of growing up poor*. Russell Sage Foundation.
Hillman, D. I. & Westbrooks, E. L. (Eds.). (2004). *Metadata in Practice*. American Library Association.

③ 전자책

‘저자의 성명. (발행년도). 표제(판차), 출판사명. DOI or URL.’의 형식으로 기재한다.

Brown, L. S. (2018). Feminist therapy (2nd ed.). Americal Psychological Association, https://doi.org/10.1037/0000092-00.

④ 편집 단행본의 챕터

장별로 저자가 따로 있는 편집 단행본을 참고한 경우, 인용한 장의 저자명과 장의 제목(외국 문헌은 ‘In’을 추가)을 순서대로 기재하고 ‘저자의 성명. (발행년도). 챕터 제목. In 편집자 성명(Ed.) 표제(해당 페이지 쪽수). 출판사명. DOI or URL.’의 형식(가능한 경우)으로 기재한다.

곽승진, 이성숙, 김순희(2008). 기록정보서비스: 기록정보의 활용과 서비스를 어떻게 확대할 것인가? 한국기록관리학회 편. 기록관리론: 증거와 기억의 과학(pp. 165–215). 아세아문화사.

Fesmire, S. (1997). The social basis of character: An ecological humanist approach. In H. LaFollette (Ed.), *Ethics in practice* (pp. 282–292). Blackwell.

⑤ 다권본

다권본 모두를 참고한 경우 단행본의 기술 형식을 따르고, 다권본의 일부만 참고한 경우 서명 뒤에 마침표로 구분하여 해당 다권본의 서명을 기재한다.

강종훈, 송호정, 윤선태, 임기환(2011). 미래를 여는 한국의 역사. 제1권: 원시시대에서 남북국시대까지. 웅진지식하우스.

Wright, S. (1969). Evolution and the Genetics of Populations. Vol. 2: *Theory of Gene Frequencies*. University of Chicago Press.

총서명의 표기는 서명 뒤에 기재하고 마침표로 구분한다. 총서 시리즈 가운데 일부인 경우 총서번호를 총서명 뒤에 기술하고 쉼표로 구분한다.

문헌정보처리연구회 편(1998). 메타데이터의 형식과 구조. 문헌정보처리연구회 시리즈, 7. 문헌정보처리연구회.

Taylor, A. G. & Joudrey, D. N. (2008). *The Organization of*

Information. (3rd ed.). Library and Information Science Text Series. Libraries Unlimited.

⑥ 학술지 논문

'저자의 성명. (발행년도). 논문 제목. 학술지명, 권(호). 게재면수.'의 형식으로 기재한다.

권은경(2005). 일본의 학교도서관 발전에 미치는 문고운동의 영향. 한국문헌정보학회지, 39(1), 105-126.

Anderson, M. (2018). Getting consistent with consequences. *Educational Leadership*, 76(1), 26-33.

Villarreal, A. (2004). The social ecology of rural violence: land scarcity, the organization of agricultural production, and the presence of the state. *The American Journal of Sociology*, 110(2), 313-338.

학술대회 발표논문은 논문집으로 발간된 경우 학술지와 같은 방법으로 표기하고, 그렇지 않으면 '저자명(발표일자). 논문제목. 회의명, 회의장소.'의 형식으로 기재한다.

이수상(2012. 02. 15.). 네트워크 분석 방법론의 통합적 고찰. 2012 정보관리와 네트워크 분석 워크숍, 해운대, 부산.

이정규, 오동근(2014). 어린이자료와 월경(越境)작가 작품의 통일적 분류를 위한 탐색적 연구. 2014년도 한국도서관·정보학회 하계학술발표대회 논문집, 123-128.

Yang, K. & Meho, L. I. (2006). *Citation analysis: A comparison of Google Scholar, Scopus, and Web of Science*, Proceedings of the 69th Annual Meeting of the American Society for Information Science and Technology, 43, 185-199.

⑦ 온라인 저널 논문

'저자의 성명. (발행년도). 논문 제목. 학술지명, 권(호), 게재면수. DOI 또는 URL.'의 형식으로 기재한다.

정영미, 배정희(2015). 기술확산 통합모델을 통한 개방형 기관 리포지터리 수용의 영향요인 분석. 한국도서관·정보학회지, 46(4), 529-549. http://dx.doi.org/10.16981/kliss.46.4.201512.529.

McCauley, S. M., & Christiansen, M. H. (2019). Language learning as language use: A cross-linguistic model of child language development. *Psychological Review*, 26(1), 1-51, https://doi.org/10.1037/rev0000126.

⑧ 학위논문

'저자명 (발행년도). 논문명. [학위명, 학위수여기관명].'의 형식으로 기재한다.

변회균(2014). 학교도서관 사서의 SNS 활용과 업무성과의 영향요인 연구. [박사학위논문, 경기대학교 대학원 문헌정보학과].

Kang, E. (2012). *Current Situation of Collection Development in Public Libraries*. [Doctoral dissertation, Indiana University].

Michael, S. F. (2005). *The Images of Public Librarians in 20th Century*. [Master's thesis, Cambridge University].

데이터베이스의 학위논문은 '저자의 성명. (발행년도). 논문 제목. 데이터베이스명.'의 형식으로 기재한다.

Hollander, M. M. (2017). *Resistance to authority: Methodological innovations and new lessons from the Milgram experiment* (Publication No. 10289373) [Doctoral dissertation, University of Wisconsin-Madison]. ProQuest Dissertations and Theses Global.

⑨ 연구보고서 및 정부간행물

개인이나 단체 저자명이 있는 경우에는, '저자명(발행년도). 보고서명(간행물 번호), 발행기관명.'의 형식으로 기재한다. 단, 자료를 발행한 기관을 저자로 기재하는 경우에는 '발행기관명(발행년도). 보고서명(간행물 번호).'의 형식으로 기재한다. 간행물 번호를 알 수 없다면 기재하지 않는다.

대우경제연구소(2000). 종합상사와 제조업체간 수출협력방안 연구 (2000-07).

홍수동(1999). 한국의 언론인 (조사분석 99-03). 한국언론재단.

National Institute of Mental Health (1982, October). *Television and Behavior: Ten Years of Scientific Progress and Implications for the Eighties* (DHHS Publication No. ADM 82-1195).

정부간행물일 때 발행 정부기관명의 식별이 필요한 경우에는 '상위기관명. 하위기관명'의 형식으로 기재하고, 기관의 소속 국가를 기재해야 식별이 가능한 경우라면 기관명 앞에 국가명을 부기한다.

대한민국. 국회. 안전행정위원회(2013). 국회운영위원회, 제321회.
대한민국. 안전행정부(2013). 2012 스마트워크 우수사례집.
U.S. Committee on Appripriations (2012). *The Congressional Appropriations Process: an introduction*.

⑩ 단독 저자의 온라인 참고 자료

'저자의 성명. (발행년도). 제목. In 편집자명 (Ed.), 백과사전명/(판차). 출판사명. URL.'의 형식으로 기재한다.

임지연(2019. 01. 17.). 대학도서관, '이용자 중심'으로 확대된다. e-대학저널, https://www.dhnews.co.kr/news/articleView.html?idxno=90598.
Graham, G. (2019). Behaviorism. In E. N. Zalta (Ed.), *The Stanford encyclopedia of philosophy* (Summer 2019 ed.). Stanford University, https://plato.stanford.edu/archives/sum2019/behaviorism.
Wilson, T. D. (2000). Recent trends in user studies: action research and qualitative methods. *Information Research: An International Electronic Journal*, 5(3), https://doaj.org/article/5e27e254b4164507bab6bda09cab4fac.

⑪ 단체나 기관의 온라인 참고자료

'단체나 기관명. (발행일자 또는 날짜 알 수 없음). 제목. In 저작명. 검색[일자], URL.'의 형식으로 기재한다.

> 지식채널e(2020. 11. 19.). 교과서 한 권의 기적. https://youtu.be/zMkU4Z2mKgM.
>
> 행정안전부[발행년도불명]. 빅데이터 분석과제. 국민의 삶을 바꾸는 빅데이터. http://www.bigdata.go.kr/analysis18.html.
>
> McCombes, S. (2020, June 25). How to write a literature review. In *Scribbr*. Retrieved July 30, 2021, from https://www.scribbr.com/dissertation/literature-review/Merriam-Webster. (n.d.) Self-report. In Merriam-Webster.com dictionary. Retrieved July, 12, 2019, from https://www.merriam-webster.com/dictionary/self-report.
>
> U.S Securities and Exchange Commission (2017). *Agency financial report: Fiscal year 2017*, https://www.sec.gov/files/sec-2017-agency-financial-report.pdf.

⑫ 잡지기사

잡지는 저자를 알 수 있는 경우 '저자명 (발행일자). 기사명. 잡지명, 면수 또는 출처: 웹페이지 URL.'의 형식으로 기재하고, 저자를 알 수 없는 경우 '기사명. (발행일자). 잡지명, 면수 또는 출처: 웹페이지 URL.' 형식으로 기재한다.

Toufexis, A. (1990, October 8). Struggling for sanity. Time, 47–48.

Weir, K. (2017, January). Forgiveness can improve mental and physical health. *Monitor on Psychology*, 48(1), 30.

⑬ 온라인 잡지기사

'저자의 성명. (발행년도, 월 일). 제목. 잡지명, 권(호), 페이지. DOI or URL.' 형식으로 기재한다.

Bergeson, S. (2019, January 4). Really cool neutral plasmas. Science, 363(6422), 33–34, https://doi.org/10.1126/science.aau7988.

Bustillos, M. (2013, March 19). On video games and storytelling: An interview with Tom Bissell. *The New Yorker*, https://www.newyorker.com/books/page-turner/on-video-games-and-storytelling-an-interview-with-tom-bissell.

⑭ 신문기사

신문기사는 저자를 알 수 있는 경우 '저자명 (발행일자). 기사명. 신문명, 면수 또는 출처: 웹페이지 URL'의 형식으로 기재하고, 저자를 알 수 없는 경우 '기사명. (발행일자). 신문명, 면수 또는 출처: 웹페이지 URL.' 형식으로 기재한다.

안병영 (1990. 06. 28.). 관료부패는 고질병인가. 한국일보, 5.

대학생들 '폰'은 가깝고 책은 멀다. (2013. 02. 02.). 조선일보, 28.

Hess, A. (2019, January 3). Cats who take direction. *The New York Times*, C1.

⑮ 온라인 신문기사

'저자의 성명. (발행년도. 월. 일.). 제목. 신문명. URL.'의 형식으로 기재한다.

김의진 (2020. 05. 25.). KCI 논문, 대학도서관 홈페이지에서 찾을 수 있다. 한국대학신문, http://news.unn.net/news/articleView.html?idxno=229811.

Guarino, B. (2017, December 4). How will humanity react to alien life? Psychologists have some predictions. *The Washington Post*, https://www.washingtonpost.com/news/speaking-of-science/wp/2017/12/04/how-will-humanity-react-to-alien-life-psychologists-have-some-predictions.

Park, J. M. & Lves, M. (2020. October 2). Covid-19 upends South Korea's Thanksgiving, and its rituals. *The New York Times*, https://www.nytimes.com/2020/10/02/world/asia/covid-south-korea-chuseok.html.

⑯ 웹페이지

'저자의 성명. (발행년도, 월 일 또는 최종 갱신년, 월 일). 제목. 사이트명. URL.'의 형식으로 기재한다.

Martin Lillie, C. M. (2016, December 29). *Be kind to yourself: How self-compassion can improve your resiliency*. Mayo Clinic, https://mayoclinic.org/healthy-lifestyle/adult-health/in-depth/self-compassion-can-improve-your-resiliency/art-20267193.

기관의 웹페이지인 경우 저자명 자리에 기관명을 쓰고, 기관명과 사이트명이 동일하다면 사이트명은 쓰지 않는다.

Centers for Disease Control and Prevention. (2018, January 23). *People at high risk of developing flu-related complications*, https://www.cdc.gov/flu/about/disease/high_risk.htm.

⑰ 법률, 표준, 특허

'법령명. 공포번호'의 형식으로 기재한다. 표준 및 특허의 경우 '표준 및 특허명. 표준 및 특허번호.'의 형식으로 기재한다.

학교도서관진흥법. 법률 제15368호.

The Archives and Public Records Management Act, Chapter A-26.11.

Civil Rights Act of 1964, Pub. L. No. 88-352, 78 Stat. 241 (1964) https;//www.govinfo.gov/content/pkg/STATUTE-78/pdf/STATUTE-78-Pg241.pdf.

교육(행정)기관 공통 단위과제 분류기준 및 보존기간 책정기준(v1.0). NAK 34:2018(v1.0).

도서관의 도서 관리를 위한 미들웨어 시스템 및 이를 이용한 도서 위치 표시 시스템. KR 10-1004488.

Information and Documentation - Library Performance Indicators. ISO 11620:2014.

Knowledge-management-based Cloud Library Information Service System. CN 107424109 A.

⑱ 경전, 실록, 원전(原典)

단행본의 기술 형식을 따르되, 서명을 앞세워서 기재한다.

三國遺事 紀異編, 卷第 2.

The Bible. (1954). A New Translation. Translated by James Moffatt. Harper and Row.

⑲ 시청각매체

시청각매체 유형을 제목 뒤에 대괄호를 사용하여 표기한다. 매체 유형에 따른 저자는 다음과 같다. 영화는 감독, TV 프로그램은 제작자, 팟캐스트는 호스트 또는 제작자, 웹비나(webinar, 웹에서 이루어진 세미나)는 강사, 클래식 음악 앨범 또는 노래는 작곡가, 현대 음악 앨범 또는 노래는 녹음 아티스트, 예술품은 아티스트, 사진은 사진작가 등이다.

- TV 프로그램

서유석 (연출) (1993. 11. 05.). 팔만대장경의 비밀 [TV 프로그램]. SBS.

Crystal, L. (Executive Producer) (1933, October 11). The MacNeil/Lehrer news hour [Television broadcast]. Public Broadcasting Service.

- 영화

황동혁 (2011). 도가니 [영화]. 삼거리픽쳐스.

Forman, M. (1975). *One flew over the cuckoo's nest* [Film]. United Artists.

- 스트리밍 비디오

University of Oxford. (2018, December 6). *How do geckos walk on water?* [Video]. YouTube, https://www.youtube.com/watch?v=qm1xGfOZJc8.

- 음악 레코드

Beyonc . (2016). Formation [Song]. On Lemonade. Columbia.

Bowie, D. (2016). Blackstar [Album]. Columbia.

Mozart, W. A. (1990). Symphony no.38 in D Major [CD]. Vienna Philharmonic. James Levine. Polydor compact disk 423 086-2.

- 팟캐스트

Vedantam, S. (Host). (2015-Present). *Hidden brain* [Audio podcast]. NPR, https://www.npr.org/series/423302056/hidden-brain.

⑳ 이메일과 개인적인 커뮤니케이션

개인적인 커뮤니케이션은 참고문헌에 수록하지 않고 본문 안에서만 소괄호 인용을 한다.

(First initial Last name, personal communication, date).
(V. G. Nguyen, personal communication, September 29, 1998).

본문에서 저자를 언급했다면 어어지는 소괄호 인용에서는 저자명을 생략한다.

T. K. Lutes claims that rumor of the president's retirement is only hearsay (personal communication, April 18, 2001).

▣ MLA Handbook for Writers of Research Papers

2021년에 출판된 MLA 핸드북 제9판(https://www.mla.org/MLA-Style)은 작가가 인용할 수 있는 핵심 요소(저자, 제목, 출판 날짜 등 대부분의 출처에 공통적인 사실)의 템플릿을 사용하여 출처를 문서화할 수 있게 하는 독특한 접근 방식을 제공한다. 종이책, 전자책, 데이터베이스에 있는 저널 기사부터 노래 가사, 온라인 이미지, 소셜 미디어 게시물, 논문 등에 이르기까지 다양한 작업 유형을 제공한다.

MLA 양식에서는 문장에 다른 사람의 저작을 인용하는 경우 괄호 인용을 사용한다. 문장에서 인용이 사용될 때마다 괄호 안에 관련 출처의 정보를 제공하는 것이다. 일반적으로는 간단하게 인용 관련 정보를 문장 끝의 괄호 안에 넣는다. 즉 저자의 성과 인용한 쪽번호를 본문에 작성해야 하며, 인용된 저작의 완전한 참고문헌이 실려야 한다.

-본문

Wordsworth는 낭만주의 시가 "강력한 감정의 자발적인 범람"(263)으로 특징지어진다고 말했습니다.

낭만주의 시는 "강력한 감정이 자발적으로 넘쳐나는" 것이 특징입니다(Wordsworth 263).

Wordsworth는 창작 과정에서 감정의 역할을 광범위하게 탐구했습니다(263).

-참고문헌

Wordsworth, William. *Lyrical Ballads*. Oxford UP, 1967.

앞의 예에서 제시된 (263)과 (Wordsworth 263)의 인용은 그 내용을 'Wordsworth'라는 작가의 작품 263쪽에서 찾을 수 있음을 알려준다. 독자가 이 출처에 대해 더 많은 정보를 원한다면 'Wordsworth'라는 이름으로 참고문헌에서 찾을 수 있다.

MLA가 포함하도록 제안하는 인용 문헌에 대한 일반적인 정보는 '저자. 제목. 컨테이너 제목(시를 인용한 경우에는 시집과 같이 더 큰 범주의 정보원), 기타 기여자(번역가 또는 편집자), 버전(판), 번호(권 및/또는 번호), 출판사, 발행 날짜, 위치(페이지, 단락), URL 또는 DOI, 두 번째 컨테이너의 제목, 기타 기여자, 버전, 번호, 게시자, 발행일, 위치, 접속 날짜(해당되는 경우).'순으로 나열된다. 발행지는 1900년 이전에 출판된 경우, 혹은 여러 국가에 사무실을 둔 출판사이거나 북미에 알려지지 않은 경우에만 사용한다. 자주 사용되는 정보원의 참고문헌 예시는 다음과 같다(https://owl.purdue.edu/owl/research_and_citation/mla_style/).

① 도서

'저자명, 역할어. 표제: 부표제. 역자나 편자. 판차. 권차. 발행지: 발행처, 발행년도.'의 형식으로 기재한다.

정연경, 최윤경, 공저. 구술 아카이브 시스템의 구축과 활용. 아르케, 2002.

Zelizer, Barbie, and Stuart Allan, eds. *Journalism after September 11*. Routledge, 2002.

Henley, Patricia. *The Hummingbird House*. MacMurray, 1999.

저자가 3인 이상인 경우에는 첫 저자만 쓰고 '등', 'et al'을 붙이는 방식, 혹은 모든 저자를 다 쓰는 방식 중에 하나를 선택해 기재할 수 있다.

이소현 등, 공저. 단일대상 연구: 교육 및 임상현장 적용을 위한. 학지사, 2000.

이소현, 박은혜, 김영태. 단일대상 연구: 교육 및 임상현장 적용을 위한. 학지사, 2000.

Wysocki, Anne Frances, et al. *Writing New Media: Theory and Applications for Expanding the Teaching of Composition*. Utah State UP, 2004.

Wysocki, Anne Frances, Johndan Johnson-Eilola, Cynthia L. Selfe, and Geoffrey Sirc. *Writing New Media: Theory and Applications for Expanding the Teaching of Composition*. Utah State UP, 2004.

이외에도 도서에 저자가 명시되어 있지 않은 경우나 번역서인 경우, 혹은 전자책인 경우에는 참고문헌을 다음과 같이 기재한다.

- 저자가 없는 경우

Encyclopedia of Indiana. Somerset, 1993.

- 번역서의 경우

Caplan, Priscilla. 메타데이터의 이해. 오동근 역. 태일사, 2004.

Foucault, Michel. *Madness and Civilization: A History of Insanity in the Age of Reason*. Trans. Richard Howard. Vintage-Random House, 1988.

- 전자책의 경우

Silva, Paul J. *How to Write a Lot: A Practical Guide to Productive Academic Writing*. E-book, American Psychological Association, 2007.

Machiavelli, Niccolo. *The Prince*, translated by W. K. Marriott, Kindle ed., Library of Alexandria, 2018.

② 도서의 한 챕터

'저자명, 역할어. "챕터 제목", 표제: 부표제. 편자. 판차. 권차. 발행지: 발행처, 발행년도. 챕터 수록면.'의 형식으로 기술한다.

김현, 등. "엔트로피(Entropy)", 화학공학 열역학: MATLAB을 이용한. 제3장. 아진, 2002. 88-144.

Sinclair, Upton. "The Brass Check", *The Journalist's Moral Compass: Basic Principles*. Eds. Steven R. Knowlton, and Patrick R. Parsons. Praeger, 1995. 184-190.

③ 학위논문

'연구자. 논문명. 학위명. 수여기관, 수여연도.' 형식으로 기재한다.

김남석. 일제하 공공도서관의 사회교육활동. 박사학위논문. 단국대학교, 1980.

Bishop, Karen Lynn. *Documenting Institutional Identity: Strategic Writing in the IUPUI Comprehensive Campaign*. 2002. Purdue University, PhD dissertation.

Bile, Jeffrey. *Ecology, Feminism, and a Revised Critical Rhetoric: Toward a Dialectical Partnership*. 2005. Ohio University, PhD dissertation.

Mitchell, Mark. *The Impact of Product Quality Reducing Events on the Value of Brand-Name Capital: Evidence from Airline Crashes and the 1982 Tylenol Poisonings*. 1987. PhD dissertation. ProQuest Dissertations and Theses.

④ 학술논문

'연구자명. "논문명", 저널명, 권, 호, 발행년도, pp. 수록면.'의 형식으로 기재한다.

이기영, 정연경. "국내 대학도서관 가상현실(VR) 서비스에 관한 사례 연구", 정보관리학회지, vol. 37, no. 3, 2020, pp. 133-156.

Bagchi, Alaknanda. "Conflicting Nationalisms: The Voice of the Subaltern in Mahasweta Devi's Bashai Tudu", *Tulsa Studies in Women's Literature*, vol. 15, no. 1, 1996, pp. 41-50.

Duvall, John N. "The (Super)Marketplace of Images: Television as Unmediated Mediation in DeLillo's White Noise", *Arizona Quarterly*, vol. 50, no. 3, 1994, pp. 127-53.

⑤ 전자저널 논문

'연구자명. "논문명", 저널명, 권, 호, 발행년도, pp. 수록면.' 접속일의 형식으로 기재한다.

Wheelis, Mark. "Investigating Disease Outbreaks Under a Protocol to the Biological and Toxin Weapons Convention", *Emerging Infectious Diseases*, vol. 6, no. 6, 2000, pp. 595-600, wwwnc.cdc.gov/eid/article/6/6/00-0607_article. Accessed 8 Feb. 2009.

이외에 전자저널이 온라인으로만 발행되는 경우, 혹은 특정 데이터베이스에서 검색한 논문인 경우에는 다음과 같이 기재한다.

- 온라인으로만 발행되는 저널 논문

Dolby, Nadine. "Research in Youth Culture and Policy: Current Conditions and Future Directions", *Social Work and Society:*

The International Online-Only Journal, vol. 6, no. 2, 2008, www.socwork.net/sws/article/view/60/362. Accessed 20 May 2009.

- 특정 데이터베이스에서 검색한 논문

김해인, 정연경. "구술 기록의 활용을 위한 패싯 기반 주제명표목 개발에 관한 연구: 해방촌 니트 사업 구술 기록을 대상으로", 한국기록관리학회지, vol. 22, no. 4, 2022, pp. 67-85. DBpia. 웹사이트. 2023년 11월 26일.

Alonso, Alvaro, and Julio A. Camargo. "Toxicity of Nitrite to Three Species of Freshwater Invertebrates", *Environmental Toxicology*, vol. 21, no. 1, 3 Feb. 2006, pp. 90-94. Wiley Online Library, https://doi.org/10.1002/tox.20155. Accessed 26 May 2009.

Langhamer, Claire. "Love and Courtship in Mid-Twentieth-Century England", *Historical Journal*, vol. 50, no. 1, 2007, pp. 173-96. ProQuest, https://doi.org/10.1017/S0018246X06005966. Accessed 27 May 2009.

⑥ 웹사이트

'저자명. "자료명", 웹사이트명. 편자명. 자료의 생성일자. 자료 접근일자.'의 형식으로 기재한다.

"공공도서관선언", 위키백과: 우리 모두의 백과사전. Wikimedia Foundation, Inc. 2010년 7월 8일. 2012년 4월 17일.

Lundman, Susan. "How to Make Vegetarian Chili", *eHow*, www.ehow.com/how_10727_make-vegetarian-chili.html. Accessed 6 July 2015.

The Purdue OWL Family of Sites. The Writing Lab and OWL at Purdue and Purdue U, 2008, owl.english.purdue.edu/owl. Accessed 23 Apr. 2008.

Felluga, Dino. *Guide to Literary and Critical Theory*. Purdue U, 28 Nov. 2003, www.cla.purdue.edu/english/theory/. Accessed 10 May 2006.

⑦ 신문

'기자의 성명. "기사제목", 신문명, 날짜, 페이지.'의 형식으로 기재한다.

허용범, "워싱턴의 벚꽃과 동맹", 조선일보, 2005년 4월 19일, A30.

Brubaker, Bill. "New Health Center Targets County's Uninsured Patients", Washington Post, 24 May 2007, p. LZ01.

Krugman, Andrew. "Fear of Eating", *New York Times*, late ed., 21 May 2007, p. A1.

⑧ 신문 웹사이트

'기자의 성명. "기사 제목", 신문명, 날짜, 페이지. 웹사이트. 접속일.'의 형식으로 기재한다.

허용범, “워싱턴의 벚꽃과 동맹”, 조선일보, 2005년 4월 19일. 웹사이트. 2010년 4월 5일.

Nicholson, Brendan. “Row over ‘biblical’ weapons in Afghanistan”, *The Australian*, 22 January 2010. Web. 22 March 2010.

⑨ 영화

영화 전체를 참조하는 경우에는 영화 제목을 첫 번째로 하고, 특정한 사람의 기여를 인용하는 경우에는 그 사람의 이름을 먼저 쓴다. 그래서 ‘제목, 감독의 성명, 제작자의 성명. 배급자, 상영연도. 매체(필름, DVD, 텔레비전, 비디오카세트 등).’로 기재한다.

초록물고기. 이창동 감독, 시나리오. 명계남, 여균동 제작 기획. 드림박스홈비디오, 1997. DVD.

Speed Racer. Directed by Lana Wachowski and Lilly Wachowski, performances by Emile Hirsch, Nicholas Elia, Susan Sarandon, Ariel Winter, and John Goodman, Warner Brothers, 2008.

Lucas, George, director. *Star Wars Episode IV: A New Hope*. Twentieth Century Fox, 1977.

⑩ 강의 동영상

‘저자명. “강의제목”, 회의명이나 프로그램명. 강의장소. 강연일시.’의 형식으로 기재한다.

깡드쉬, 미셸. "개방시대의 한국의 선택", 사공일 대담. 세계석학과의 대담. EBS. 1995년 1월 5일.

Bryan, Sharon and Helen Hooper. "Reference Points", Writing The Assignment. James Cook University, Townsville, QLD. 27 Feb. 2011.

Craven, Allison. "EL2047 Introduction to Children's Literature", James Cook University, Townsville, QLD. 24 Feb. 2011.

Stein, Bob. "Reading and Writing in the Digital Era", Discovering Digital Dimensions, Computers and Writing Conference, 23 May 2003, Union Club Hotel, West Lafayette, IN. Keynote Address.

⑪ 이메일

Kunka, Andrew. "Re: Modernist Literature", Received by John Watts, 15 Nov. 2000.

Neyhart, David. "Re: Online Tutoring", Received by Joe Barbato, 1 Dec. 2016.

⑫ 유튜브

McGonigal, Jane. "Gaming and Productivity", *YouTube*, uploaded by Big Think, 3 July 2012, www.youtube.com/watch?v=mkdzy9bWW3E.

“8 Hot Dog Gadgets put to the Test”, *YouTube*, uploaded by Crazy Russian Hacker, 6 June 2016, www.youtube.com/watch?v=WBlpjSEtELs.

⑬ 팟캐스트

“Best of Not My Job Musicians”, *Wait Wait…Don't Tell Me!* from NPR, 4 June 2016, www.npr.org/podcasts/344098539/wait-wait-don-t-tell-me.

⑭ 디지털 파일(PDFS, MP3S, JPEGS)

Smith, George. “Pax Americana: Strife in a Time of Peace”, 2005. *Microsoft Word file.*

Council of Writing Program Administrators, National Council of Teachers of English, and National Writing Project. *Framework for Success in Postsecondary Writing*. CWPA, NCTE, and NWP, 2011, wpacouncil.org/files/framework-for-success-postsecondary-writing.pdf.

5장

연구윤리

1. 연구윤리 원칙과 의의

1) 연구윤리의 배경

1974년 미국에서 발생한 윌리엄 서머린(William Summerlin) 사건은 대표적인 연구 부정행위 사건으로 손꼽힌다. 서머린은 미국 뉴욕에 있는 슬로언 케터링 연구소에서 피부암 연구를 하던 면역학자로, 유전적으로 부적합한 피부 조직을 쉽게 이식하기 위한 조직배양 기법을 연구하고 있었다. 그는 흰쥐의 이식된 피부 조각을 펠트펜으로 검게 칠한 후, 마치 검은쥐의 피부 조각을 흰쥐에 이식하는 데 성공한 것처럼 가장했다. 이 사건은 일명 "색칠한 쥐" 사건으로 불리면서 미국 내에서 대중적 주목을 끌었다(한국환경산업기술원, 2016). 이 사건으로 인해 1980년 미하원 산하 과학기술위원회가 과학연구의 부정행위에 관한 청문회를 실시했으며, 국립보건원(National Institutes of Health, NIH)과 대학을 비롯한 연구기관들이 적절히 대응하지 못했다는 비판을 받게 되었다. 이후 미국에서는 서머린 사건과 더불어 보고된 여러 건의 유사 연구 부정행위 사례들을 계기로, 과학연구에서의 부정행위 방지를 위한 제도를 만들어왔다.

국내에서는 1990년대 말부터 연구자들의 해외 학술지 투고가 활발해지면서 연구 부정행위 사건들이 발생하기 시작했으나, 연구윤리가 전적으로 학계나 과학기술계의 영역이라는 인식으로 인해 정부 차원의 제도적인 대응은 미미했다. 그러던 중 2005년 국내에서 발생한 황우석 논문 조작 사건을 계기로 학계, 시민단체, 언론계 등은 토론회와 공청회를 개최하며 연구윤리에 관한 다양한 논점을 제기하게 되었다. 특히 과학기술부는 연구윤리 · 진실성 확보를 위한 가이드라인을 마련하는 작업을 추진했고, 2007년 2월 8일 과학기술부 훈령 제236호로 「연구윤리 확보를 위한 지침」을 공포했다. 이 지침에서는 연구 부정행위로 위조, 변조, 표절 이외에도 부당한 논문저자 표시, 부정행위조사를 방해하거나 제보자에게 위해를 가하는 행위, 과학기술계에서 통상적으로 용인되는 범위를 심각하게 벗어난 행위를 포함시키고 있다(황은성 외, 2011).

이후 2009년 3월 29일에 동물실험에 대한 동물실험윤리위원회(IACUC) 심의 및 조사 · 감독 의무화 내용을 담은 「실험동물에 관한 법률」이 제정 및 시행되었고, 2013년 2월 2일, 인간 대상 연구와 인체유래물연구 등에 대한 기관생명윤리위원회(IRB) 심의 및 조사 · 감독 의무화 내용이 담긴 「생명윤리 및 안전에 관한 법률」이 전면 개정되었다. 2014년 3월 24일에는 연구 부정행위 신고접수 · 검증 · 보고 · 후속조치 등에 대한 연구윤리 자체 규정 마련 의무화 내용이 담긴 「연구윤리 확보를 위한 지침」이 제정되었으며, 2021년 1월 1일에는 「국가연구개발혁신법」이 제정되어 국가연구개발사업 추진 과정 전반에 있어 자율적이고 책임 있는 연구개발 환경 조성을 강조했고, 부정행위 금지와 이에 대한 제재처분의 내용 및 절차를 규정했으며, 연구자와 대학의 의무, 연구부정행위 금지, 인간 및 동물 대상 연구윤리 등에 대한 자체 연구윤리규정 마련 및 운영에 대한 제도가 마련되었다(이화연구윤리센터, 2022).

2) 연구윤리의 개념과 원칙

연구윤리는 연구자가 연구의 계획, 수행, 보고 등과 같은 연구의 전 과정에서 정직하고 정확하며, 성실한 태도로 바람직하고 책임 있는 연구를 추진하기 위해 지켜야 할 윤리적 원칙 또는 행동 양식이다. 그러므로 연구윤리의 실천은 바람직한 연구를 수행하기 위해 연구자가 연구 절차상의 투명성과 연구내용의 정직성을 확보하는 것을 의미한다. 즉 연구수행 및 결과 도출에 있어서 의도적인 연구부정행위 없이 연구진실성을 확보하는 것이다. 연구수행은 학문 분야에 따라, 추구하는 목적에 따라, 혹은 방법에 따라 그 범주가 다양하고 특수한 측면이 있지만, 모든 학문 분야에서 연구자들은 바람직한 연구수행을 위해 반드시 연구윤리에 대해 올바르게 이해하고 실천해야 한다.

연구윤리는 연구내용의 윤리는 물론 연구절차의 윤리를 포함한다. 즉 연구윤리는 연구수행 전체 과정에서의 윤리로 연구계획의 설계와 수립, 연구계획의 제안, 연구절차의 진행, 연구 원자료와 연구자료의 관리 및 분석, 연구결과의 보고와 발표 등에 있어 연구진실성을 보호하고 연구부정행위를 하지 않는 것을 의미한다(이화연구윤리센터, 2022). 연구자가 연구의 전 과정에서 자발적으로 연구윤리를 잘 준수할 때 해당 연구의 진실성과 객관성은 물론 책임성을 높일 수 있다. 그러므로 연구윤리는 연구자가 추구하고 실천해야 할 바람직한 연구수행의 방향과 원칙을 제시해줄 뿐만 아니라 연구의 신뢰도와 경쟁력을 높이는 데 매우 중요한 역할을 한다(엄창섭 외, 2019).

연구윤리는 연구자가 연구활동을 함에 있어 사회적 책임에 따라 공익을 추구하는 방향으로 행동할 것을 요구하고 있다. 물론 학문 분야나 연구기관에 따라 윤리기준은 다를 수 있지만 추구하는 방향은 동일하다. 미국의 연구윤리학자 데이비드 레스닉(David B. Resnik)은 많은 영향력 있는 연구기관에서 추구하는 윤리적 지향점을 조사하여 도출한 윤리 원칙(ethical principles)을 다음과 같이 정리했다(경제·인문사회연구회, 2013).

① 정직함(honesty): 데이터나 연구의 결과, 방법과 절차, 출판 상황, 참여자의 기여도, 이해충돌의 가능성 등에 대해 정직하게 보고해야 한다. 연구의 전 과정에서 연구자료와 데이터를 사실 그대로 활용하고 보고해야 하며 논문, 보고서, 연구비 신청서의 데이터를 날조·변조하거나 왜곡하여 제시해서는 안 된다. 연구과정의 모든 측면에서 객관적이고 편향되지 말아야 하며 정직해야 한다.

② 객관적 타당성(objectivity): 특정한 동기가 연구자의 연구수행에 영향을 미치지 않도록 실험계획, 데이터 분석과 해석은 물론, 논문 심사, 연구비 신청, 전문가 진술 등이 요구되는 상황에서 객관적 타당성을 얻기 위해 애써야 한다.

③ 개방과 수용(openness): 연구수행을 통해 획득한 데이터, 결과, 방법, 아이디어, 기법, 도구, 재료 등을 투명하게 공개하고 공유해야 하며 다른 연구자들의 비판을 수용하는 한편, 새로운 아이디어에 대해 열려 있어야 한다.

④ 비밀 준수(confidentiality): 논문 심사와 연구비 제안서, 기업과 군사의 기밀사항 그리고 연구대상자(피실험자)의 개인 기록에 대한 보안을 확보해야 한다.

⑤ 주의 깊음(carefulness): 연구자 본인뿐 아니라 동료의 연구수행 과정이나 결과 제시 과정에 오류가 발생하지 않도록 주의를 기해야 한다. 데이터 수집, 실험 디자인, 피험자 동의 확보, 논문 투고 후 교신 등의 연구활동에서 철저히 기록을 남겨야 한다.

⑥ 동료에 대한 존중(respect for colleagues): 동료, 학생, 부하 연구원을 존중해야 하며, 동료에게 해를 가하지 말고 공정히 대우해야 한다. 성, 인종, 종교 등 과학적 소양과는 무관한 이유로 동료를 차별해서는 안 되며 차세대 연구자들을 교육하고 돌보고 도와야 한다.

⑦ 지식재산의 존중(respect for intellectual property): 특허, 저작권 등 지식재산을 존중해야 하며 타인의 발표되지 않은 데이터, 방법 또는 결과를 허가 없이 사용해서는 안 되고, 인용을 한 경우 출처를 밝혀야 하며 표절해서는 안 된다.

⑧ 준법성(respect for the law): 자신의 연구 활동에 적용되는 법규 및 기관의 규정을 준수해야 한다.

⑨ 실험대상에 대한 존중(respect for subjects): 실험대상에 대해서 적절한 대우를 해야 하고 조심해서 다루어야 하며, 필요하지 않거나 제대로 계획되지 않은 실험을 해서는 안 된다. 인간을 대상으로 한 실험에서는 인간의 존엄성을 존중하고 혜택을 최대화하는 동시에 인권, 사생활, 자유의지를 존중해야 한다.

⑩ 자원의 관리(stewardship): 인적 · 경제적 · 기술적 자원을 잘 활용해야 하고 자원, 도구, 샘플, 연구현장을 잘 관리해야 한다. 연구의 가치가 올바르게 확산하고 연구자들의 활동이 진작될 수 있도록 연구 공동체를 운영해야 한다.

⑪ 사회적 책임(social responsibility): 연구, 컨설팅, 전문가 증언, 대중교육과 적극적 지지를 통해서 사회적으로 좋은 결실을 맺을 수 있게 애써야 한다.

⑫ 자유(freedom): 연구자의 사고와 탐구 활동이 연구기관과 정부의 간섭을 받아서는 안 된다.

이러한 연구윤리 원칙은 연구자가 자신의 연구방향이 옳은지를 확신할 수 없거나 혼란스러워할 때 명확하고 바람직한 방향을 설정할 수 있도록 안내해준다. 또한 연구과정에서 부정행위나 부적절한 행위의 유혹을 떨쳐버리게 함으로써 연구자가 진실하고 당당하게 책임 있는 연구를 수행할 수 있도록 돕는다. 그러므로 연구자는 연구과정을 시작하기 전부터 마칠 때까지 정기적으로 연구윤리 관련 자원을 참조해야 한다. 이러한 연구윤리를 바탕으로 책임 있는 연구를 수행한다면 연구자는 다른 연구자의 연구결과를 신뢰할 수 있게 되고, 여기에 보태어 본인의 연구를 발전시켜나갈 수 있으며, 나아가 자신이 속한 학문 분야의 발전에도 기여할 수 있을 것이다. 그러나 연구활동의 모든 상황을 규범적 문서로 표현할 수는 없다. 따라서 규범에 명시되지 않은 상황에 처한다면 처음부터 꼼꼼히 윤리 원칙을 되새겨보며 그 본질과 지향점을 이해하고, 자신의 경우에 적용해볼 수 있어야 할 것이다.

3) 연구진실성의 정의

연구윤리의 핵심은 '진실성(intergrity)'에 있다. 다시 말해 진실성을 확보하기 위한 논의와 실천이 연구윤리이다(황은성 외, 2011). 연구의 전 과정인 제안, 계획, 수행, 보고, 검토, 확산 등을 진행함에 있어 연구의 핵심가치인 객관성, 정직성, 개방성, 공정성, 책무성, 관리 등을 지켜나가는 것이 곧 연구진실성이라는 것이다(이효빈, 조진호, 엄창섭, 이인재, 2019). 그러므로 모든 대학이 연구진실성과 관련한 규정을 마련해놓고 있는데, 이화여자대학교의 규정은 <표 5-1>과 같다(이화여자대학교 연구윤리지침 제1장 제2조 제4항, 제2장 제6조 제2항, 제2장 제7조 제2항).

<표 5-1> 연구진실성과 관련한 대학의 규정 사례

제2조(용어의 정의) 4. "연구진실성"이란 연구자가 정직하고 성실하며 책임 있게 연구를 수행하여 연구에 부정행위와 부적절 행위가 관계되지 않고 거짓이 없어 그 정확성과 객관성을 신뢰할 수 있는 상태를 말한다. 제6조(연구책임자와 지도교수의 역할과 책무) ② 연구책임자와 지도교수는 자신이 이끌고 지도하는 연구에 있어 연구진실성이 확보될 수 있도록 하여야 하고, 연구의 전 과정에 연구부정행위와 연구부적절 행위가 개입되지 않도록 하여야 한다. 제7조(연구원과 학생의 역할과 책무) ② 연구원과 학생은 정직하고 성실하며 책임 있게 연구를 수행하여 연구에 있어 연구진실성이 확보될 수 있도록 하는 데에 협력하고, 연구의 전 과정에서 연구부정행위와 연구부적절 행위가 개입되지 않도록 하여야 한다.

출처: 이화여자대학교 연구윤리지침[2023. 02. 28. 개정].

연구자는 연구수행 과정에서 진실성을 확보하기 위해 다음의 세 가지 실천 항목을 명심하고 지켜나가야 한다(황은성 외, 2011).

① 연구의 전 과정에서 위조, 변조, 표절과 같은 부정행위 없이 정직하고 충실한 연구를 해야 한다. 비보우(Bebeau, 1995)는 과학의 가장 근본적인 가치는 정직이므로 모든 과학자는 데이터를 진실로 보고해야 할 의무가 있다고 했다. 그러므로 부도덕한 행위는 어떤 상황에서도 결코 정당화될 수 없다.

② 항상 연구의 모든 과정에서 충분한 주의를 기울여 정확한 연구를 수행했는지 자문해보아야 한다. 부주의(carelessness), 무능력(incompetence), 자기기만(self-deception)은 배제되어야 한다. 언제나 실수의 가능성을 인식하고 반복을 통해 결과를 확인하며 수정해가면서 진실에 접근하는 것이 바로 책임의식 있는 연구 자세이다.

③ 연구계획 단계에서부터 논문 발표 단계에까지 지속적으로 연구의 진실성에 영향을 미치는 요소들이 있다. 논문 저자의 배정, 이해충돌 여부의 명시, 지적재산권과 데이터소유권의 배분, 연구대상 인간과 동물의 관리, 연구비 집행, 유해물질의 취급과 안전, 실험노트의 작성과 관리, 연구지도 등의 항목들에 대해 치밀하게 계획하고 공정하게 처리해서 부적절한 행위가 일어나지 않도록 해야 한다. 연구의 진실성은 데이터를 생성·수집하고 분석하는 일만 제대로 한다고 해서 갖추어지는 것이 아니다. 앞의 항목들에 대해서도 정확하고 공정한 처리가 이루어져야만 온전한 연구진실성을 확보할 수 있다.

2. 연구부정행위

1) 연구부정행위의 개념

연구부정행위(research misconduct)는 연구진실성을 직접적으로 저해하는 위조, 변조, 표절, 부당한 저자 표기, 부당한 중복 게재, 부정행위, 조사를 방해하거나 제보자에게 위해를 가하는 행위, 각 학문 분야에서 통상적으로 용인되는 범위를 심각하게 벗어난 행위 등으로 규정한다(이효빈 외, 2019). 연구부정행위는 연구자가 실현해야 할 바람직한 연구수행 또는 연구윤리에서 심각하게 벗어난 행위로, 나라마다 어디까지를 연구부정행위로 볼 것인가에는 차이가 있지만, 공통적으로 위조, 변조, 표절을 대표적인 연구부정행위로 규정하고 있다(엄창섭 외, 2019).

미국은 1986년 NIH R&D 프로그램의 계약에 관한 가이드라인에서 연구부정행위를 '위조, 변조, 표절 및 과학자 집단에서 통상적으로 용인되는 정도를 심각하게 벗어난 행위'로 정의한 바 있다. 그러나 '통상적으로 용인되는 정도를 심각하게 벗어난 행위'라는 표현이 법률 규정상의 문구로는 지나치게 모호하여 적절하지 않다는 비판이 과학자 집단을 중심으로 끊임없이 제기되었다. 이에 2000년 미 백악관 과학기술정책실(Office of Science and Technology Policy, OSTP)은 연구부정행위를 위조, 변조, 표절로 국한하는 내용의 연방 가이드라인(Federal Research Misconduct Policy)을 발표했고, 이후 ORI(The Office of Research Integrity), NSF(National Science Foundation)를 비롯한 모든 미국 연방기구는 연구부정행위를 위조, 변조, 표절로 한정했다. 그러나 독일이나 영국, 북유럽 국가 등 주요 유럽 국가들은 연구부정행위를 위조, 변조, 표절로 국한하지 않고 출판 과정에서의 윤리, 이해상충 관계, 데이터 관리 등 연구와 관련된 행위를 포괄하여 그 대상으로 하고 있어 미국과 차이를 보인다. 미국은 연구부정행위의 처리 과정과 관련하여 조사 절차와 원칙, 연구기관 및 정부기관의 역할을 연방 규정을 통해 명확히 규정하고 있으며, 연구부정에 대해서도 엄격하고 구체적인 정의를 두고 있다. 그러나 과학 연구에서의 자성을 최대한 존중하고 국가의 개입을 최소화하려는 유럽의 기조는 연구행위에 대해서도 학계의 자율적 판단과 처리를 중시하므로 엄격한 정의를 두지 않고 있는 것이다(황은성 외, 2011).

우리나라는 지난 2005년 발생한 황우석 사건 이후 2007년 2월에 연구부정행위를 방지하고 연구윤리를 확보하는 데 필요한 역할 및 책임의 기본적인 원칙과 방향에 대해 제시한 「연구윤리 확보를 위한 지침」(과학기술부 훈령 제236호)을 마련했다. 이 훈령에서 처음으로 연구부정행위가 정의되었고, 그 범위에 위조, 변조, 표절, 부당한 논문 저자 표시, 부정행위 의혹에 대한 조사를 고의로 방해하거나 제보자에게 위해를 가하는 행위, 그리고 과학기술계에서 통상적으로 용인되는 범위를 심각하게 벗어난 행위 등을 포함했다(엄창섭 외, 2019). 현재는 2023년 7월 17일에 개정·시행된 교육부훈령 제449호가 적용되고 있으며, 해당 훈령의 제2장 제11조는 연구부정행위의 범위를 <표 5-2>와 같이 규정하고 있다.

<표 5-2> 연구부정행위의 범위

제11조(연구부정행위의 범위)

① 연구부정행위는 연구개발 과제의 제안, 수행, 결과 보고 및 발표 등에서 이루어진 다음 각 호를 말한다.

1. "위조"는 존재하지 않는 연구 원자료 또는 연구자료, 연구결과 등을 허위로 만들거나 기록 또는 보고하는 행위
2. "변조"는 연구 재료·장비·과정 등을 인위적으로 조작하거나 연구 원자료 또는 연구자료를 임의로 변형·삭제함으로써 연구내용 또는 결과를 왜곡하는 행위
3. "표절"은 다음 각 목과 같이 일반적 지식이 아닌 타인의 독창적인 아이디어 또는 창작물을 적절한 출처 표시 없이 활용함으로써, 제3자에게 자신의 창작물인 것처럼 인식하게 하는 행위
   가. 타인의 연구내용 전부 또는 일부를 출처를 표시하지 않고 그대로 활용하는 경우
   나. 타인의 저작물의 단어·문장구조를 일부 변형하여 사용하면서 출처 표시를 하지 않는 경우
   다. 타인의 독창적인 생각 등을 활용하면서 출처를 표시하지 않

은 경우

라. 타인의 저작물을 번역하여 활용하면서 출처를 표시하지 않은 경우

4. "부당한 저자 표시"는 다음 각 목과 같이 연구내용 또는 결과에 대하여 공헌 또는 기여를 한 사람에게 정당한 이유 없이 저자 자격을 부여하지 않거나, 공헌 또는 기여를 하지 않은 사람에게 감사의 표시 또는 예우 등을 이유로 저자 자격을 부여하는 행위

가. 연구내용 또는 결과에 대한 공헌 또는 기여가 없음에도 저자 자격을 부여하는 경우

나. 연구내용 또는 결과에 대한 공헌 또는 기여가 있음에도 저자 자격을 부여하지 않는 경우

다. 지도 학생의 학위논문을 학술지 등에 지도교수의 단독 명의로 게재·발표하는 경우

5. "부당한 중복 게재"는 연구자가 자신의 이전 연구결과와 동일 또는 실질적으로 유사한 저작물을 출처 표시 없이 게재한 후, 연구비를 수령하거나 별도의 연구업적으로 인정받는 경우 등 부당한 이익을 얻는 행위

6. "연구부정행위에 대한 조사 방해 행위"는 본인 또는 타인의 부정행위에 대한 조사를 고의로 방해하거나 제보자에게 위해를 가하는 행위

7. 그 밖에 각 학문 분야에서 통상적으로 용인되는 범위를 심각하게 벗어나는 행위

② 대학 등의 장은 제1항에 따른 연구부정행위 외에도 자체 조사 또는 예방이 필요하다고 판단되는 행위를 자체 지침에 포함시킬 수 있다.

이를 바탕으로 연구부정행위의 유형을 살펴보면 <표 5-3>과 같다(이화윤리센터, 2022).

<표 5-3> 연구부정행위의 유형

위조	원자료 또는 연구자료의 연구개발 성과와 연구결과를 거짓으로 만들거나 기록 또는 보고하는 행위
변조	연구시설 장비·연구재료 및 연구개발 과정을 인위적으로 조작하거나, 연구개발 자료 및 연구개발 성과를 임의로 변형, 추가, 삭제함으로써 연구개발 수행의 내용 또는 결과를 왜곡하는 행위
표절	연구자 자신 또는 다른 사람의 연구개발 자료 및 연구개발 성과를 적절한 출처의 표시 없이 연구자 자신의 연구개발 자료 및 연구개발 성과에 사용하여 제3자에게 자신의 창작물인 것처럼 인식하게 하는 행위
부당한 저자 표시	연구개발 과제 수행의 내용 또는 결과에 대하여 공헌 및 기여를 한 사람에게 정당한 이유 없이 저자의 자격을 부여하지 않거나, 공헌 및 기여를 하지 않은 사람에게 정당한 이유 없이 저자의 자격을 부여하는 행위
부당한 중복 게재	연구자가 자신의 이전 연구결과와 동일한, 또는 실질적으로 유사한 저작물을 출처 표시 없이 게재한 후 연구비를 수령하거나 별도의 연구업적으로 인정받는 경우 등 부당한 이익을 얻는 행위
연구부정행위에 대한 조사 방해 행위	연구자 자신 또는 다른 사람의 부정행위에 대한 조사를 고의로 방해하거나 제보자에게 위해를 가하는 행위
학문 분야 용인 범위를 심각하게 벗어나는 행위	연구자의 소속기관에서 금지되는 행위로 명문으로 정하고 있는 행위, 연구자가 속한 학계에서 부정한 행위라는 인식이 널리 퍼져 있는 행위

출처: 이화연구윤리센터(2022), 13쪽.

이효빈 등(2019)은 <표 5-4>와 같이 연구부정행위 예방을 위한 자가점검표를 제시했고, 엄창섭 등(2023)은 연구진실성을 확립하고 연구부정행위를 사전에 예방하기 위하여 연구자는 연구수행 중 또는 연구결과 발표 전 자가점검표를 활용하는 것이 바람직하다고 했다. 자가점검표의 모든 질문 항목에 대한 대답이 '예'가 되어야 연구부정행위에 해당하지 않는다고 할 수 있다.

<표 5-4> 연구부정행위 자가점검표

구분	세부	내용	Yes	No
위조	1	연구수행 전 과정에서 존재하지 않는 데이터 또는 결과 등을 거짓으로 만들거나 기록한 사실이 없는가?		
변조	1	연구수행 과정에서 데이터 또는 결과 등을 임의적으로 사실과 다르게 변형, 삭제, 왜곡하여 기록한 사실이 없는가?		
표절	1	이미 발표된 타인의 독창적인 아이디어나 연구성과물을 활용하면서 출처를 정확하게 표기했는가?		
	2	일반적 지식이 아닌 타인의 독창적인 개념, 용어, 문장, 표현, 그림, 표, 사진, 영상, 데이터 등을 활용하면서 출처를 정확하게 표기했는가?		
	3	타인의 연구성과물을 그대로 쓰지 않고 풀어쓰기(paraphrasing) 또는 요약(summarizing)을 하면서 출처를 정확하게 표기했는가?		
	4	외국어 논문이나 저서를 번역하여 활용하면서 출처를 정확하게 표기했는가?		
	5	2차 문헌을 활용하면서 재인용 표기를 하지 않고 직접 원문을 본 것처럼 1차 문헌에 대해서만 출처를 표기한 적이 없는가?		
	6	출처 표기를 제대로 했으나, 인용된 양 또는 질이 해당 학문 분야에서 인정하는 범위 이내라고 확신할 수 있는가?		
	7	타인의 저작물을 여러 번 인용한 경우 모든 인용 부분들에 대해 정확하게 출처를 표기했는가?		
	8	타인의 저작물을 직접인용할 경우, 적절한 인용 표기를 했는가?		
부당한 저자 표기	1	연구에 지적 기여를 한 연구자에게 저자 자격을 부여했는가?		
	2	연구에 지적 기여를 하지 않은 연구자에게는 저자의 자격을 제외했는가?		
	3	저자들의 표기 순서와 연구 기여도가 일치하는가?		
부당한 중복 게재	1	자신의 이전 저작물을 활용하면서 적절한 출처 표기를 했는가?		
	2	자신의 이전 저작물을 여러 번 활용하면서 모든 인용 부분들에 대해 정확하게 출처 표기를 했는가?		
	3	자신의 이전 저작물을 활용하면서 출처 표기를 제대로 했으나, 인용된 양 또는 질이 해당 학문 분야에서 인정하는 범위 이내라고 확신할 수 있는가?		

구분	세부	내용	Yes	No
연구부정행위 조사 방해	1	본인 또는 타인에 대한 연구부정행위 조사를 고의로 방해하는 일이 없었는가?		
	2	제보자 또는 피조사자에게 위해를 가하는 일이 없었는가?		

출처: 이효빈 외(2019), 12-13쪽.

연구부정행위에서 '조사에 대한 방해'와 '제보자에 대한 위해'는 연구 진실성 검증 체계 운영과 관련된 부정행위이며, 직접적으로 연구윤리와 관련된 부정행위는 크게 위조, 변조, 표절, 부당한 저자 배분, 그리고 통상적으로 용인되는 범위를 벗어난 행위라고 볼 수 있다(황은성 외, 2011). 연구부정행위의 범위를 위조, 변조, 표절에만 국한해 볼 것인지 아니면 그 외의 부정행위와도 연결해야 하는 것인지에 대해서는 여전히 여러 논의가 존재한다.

2) 연구부정행위에 대한 판단

연구부정행위는 형법상의 범죄와 다르게 유무죄가 이분법적으로 구분되지 않고 그 판단 기준 또한 시대에 따라 변화되어간다. 샤르마(Sharma) 사건, 포포비치(Popovic) 사건, 볼티모어(Baltimore) 사건 등 부정행위로 최초 판정되었다가 재심을 거쳐 번복된 다수의 사례들은 연구부정행위에 대한 판단 기준이 기존 과학계의 관행에 의해 간단히 세워질 수 있는 것이 아님을 보여준다. 그러나 이러한 회색지대가 존재한다고 해서 연구부정행위에 대한 판단을 사안별로 그때그때 내릴 수는 없으며, 적어도 기본적인 원칙은 반드시 제시되어야 한다. 이때 가장 중요한 기준이 고의성 여부이다. 실수와 고의의 차이는 행위를 할 때 이를 알고 있었는지 여부가 핵심이다. 연구부정행위에 대한 조사에서도 위조, 변조,

표절 등 구체적 사실이 확인되고 나면 과연 행위가 이루어진 시점에 이를 알고 있었는지 여부는 연구부정행위 판정에 필요한 핵심 사항이 된다(황은성 외, 2011).

「연구윤리 확보를 위한 지침」(교육부 훈령 제449호, 2023. 07. 17., 전부개정)의 제2장 제12조에서는 연구부정행위를 판단할 때 고려할 주요 사항을 <표 5-5>와 같이 구체적으로 제시하고 있다.

<표 5-5> 연구부정행위의 판단

제12조(연구부정행위의 판단) ① 연구부정행위는 다음 각 호의 기준으로 판단한다. 1. 연구자가 속한 학문 분야에서 윤리적 또는 법적으로 비난을 받을 만한 행위인지 2. 해당 행위 당시의 '연구윤리 확보를 위한 지침' 및 해당 행위가 있었던 시점의 보편적인 기준을 고려 3. 행위자의 고의, 연구부정행위 결과물의 양과 질, 학계의 관행과 특수성, 연구부정행위를 통해 얻은 이익 등을 종합적으로 고려 ② 제11조 제1항 제7호에서 정한 '그 밖에 각 학문분야에서 통상적으로 용인되는 범위를 심각하게 벗어난 행위'를 판단하고자 할 때는 대학 등 연구자의 소속기관에서 금지되는 행위를 명문으로 정하고 있거나 연구자가 속한 학계에서 부정한 행위라는 인식이 널리 퍼져 있는지 등을 고려하여야 한다.

이상의 연구부정행위에 대한 판단 기준을 종합해서 정리하면 <표 5-6>과 같다.

<표 5-6> 연구부정행위에 대한 판단 기준 비교

황은성·송성수·이인재·박기범·손화철 (2011)	이화윤리센터 (2022)	연구윤리 확보를 위한 지침 (2023)
알고 저지른 행위인가? 모르는 상태에서의 실수인가?	행위자의 고의	행위자의 고의
행위의 목적이 무엇이었는가?	행위자가 얻은 이익	부정행위를 통해 얻은 이익
과학자 집단에서 볼 때 얼마나 무모한 행위인가?	행위 당시의 보편적인 기준	행위 당시의 보편적인 기준
반복적으로 행해졌는가? 일회성 사건인가?	학계의 관행과 특수성	학계의 관행과 특수성
-	윤리적·법적 비난 가능성	윤리적·법적 비난 가능성
-	결과물의 양과 질	결과물의 양과 질
-	-	연구자 소속기관의 명문화된 지침

출처: 황은성 외(2011), 159쪽; 이화윤리센터(2022), 11쪽; 「연구윤리 확보를 위한 지침」(2023), 제12조 요약·정리.

3) 연구부정행위 검증 및 조치

「연구윤리 확보를 위한 지침」(교육부훈령 제449호, 2023. 07. 17.) 제2장 제18조에서는 연구부정행위의 검증 절차를 <표 5-7>과 같이 정하고 있다.

<표 5-7> 연구부정행위 검증 절차

> 제18조(연구부정행위 검증 절차)
>
> ① 전문기관 및 대학 등의 장이 연구부정행위를 검증하고자 할 경우에는 "예비조사"와 "본조사", "판정"의 절차를 거쳐야 한다.
>
> ② 해당 기관의 장은 연구부정행위에 대한 충분한 혐의를 인지했을 경우에는 예비조사 없이 바로 본조사에 착수할 수 있다.
>
> ③ 대학 등의 장은 연구부정행위 검증을 위해 제16조 제1항에 따른 해

당 연구가 수행될 당시 연구자의 소속 기관에서 협조를 요청할 경우 이에 적극 응하여야 한다.

④ 대학 등의 장이 연구자의 연구부정행위를 제보받아 검증했을 때는 그 결과를 해당 연구자의 소속 기관 및 해당 논문의 발간 학술단체에 통보하여야 한다.

이효빈 등(2019)은 연구부정행위의 검증 절차와 단계에 대해 <그림 5-1>과 같이 설명했다.

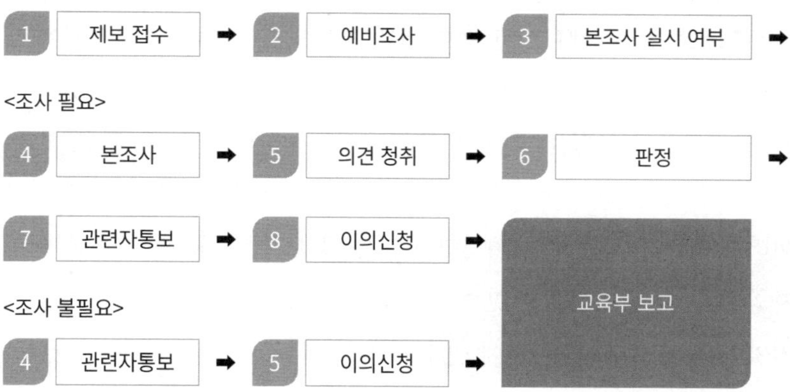

<그림 5-1> 연구부정행위의 검증 절차
출처: 이효빈 외(2019), 22-23쪽 요약 정리.

먼저 제보 접수는 구술·서면·전화·전자우편 등의 방법으로 실명 제보된 사안을 접수하는 것이며, 구체적인 증거(연구과제명, 논문명, 구체적인 연구부정행위 등이 포함된 증거)가 있을 경우 서면이나 전자우편 등의 방법으로 익명 제보된 사안을 접수하는 것도 가능하다. 두 번째로 예비조사는 공식적인 조사의 필요 여부를 결정하는 단계이며, 제보 접수일로부터 30일 이내에 조사에 착수하고 조사위원회에서 이해상충 관련자는 제척

된다. 본조사에서는 연구부정행위의 사실 여부만을 확인하는 것이 아니라 행위의 심각성, 반복성 여부, 경위, 공동 연구자들의 역할 등을 총체적으로 조사한다. 조사위원회는 5인 이상으로 구성하되, 해당 연구분야 전문가 50% 이상, 외부 인사 30% 이상으로 구성해야 하며, 조사위원회에서 이해상충 관련자는 제척된다. 이렇게 본조사 최종 보고서를 바탕으로 연구부정행위 여부를 판정하며, 제보자와 피조사자 모두 판정 후 30일 이내에 판정 결과에 대한 이의 신청 및 재조사 요청을 할 수 있다.

여기서 내부고발자 및 공익제보자는 관련 법령(공익신고자 보호법) 및 관련 기관(국민권익위원회)의 '제보자의 신분이 노출되지 않으며, 피조사자와 직접 대면을 하지 않을 수 있다'는 원칙에 따라 보호되어야 한다(이효빈, 조진호, 2019). 제보자의 보호 내용으로는, 첫째, 제보자의 신원에 대한 철저한 비밀 유지, 둘째, 제보자에 대한 불이익이나 차별의 방지, 셋째, 불이익이나 차별을 받은 제보자에 대한 원상회복 및 피해보상이 이루어져야 한다. 그러나 선진국들의 사례를 보면 과학기술 분야에 있어 이러한 비밀 유지는 매우 어렵다는 것을 알 수 있다. 국내에서 내부제보자의 역할 및 중요성을 확인하고 사회적으로 보호하려는 노력이 이루어지기 시작한 것은 1990년대 이후이지만, 대부분의 내부제보자들은 그 순수한 의도에도 불구하고 소속 기관으로부터 여러 가지 형태의 압력과 위해 또는 신분상 불이익의 처분을 받는 것과 함께 사회적으로도 배신자라는 낙인이 찍히고 냉대를 받았던 것이 현실이다. 내부제보는 부정행위의 정보를 추출하는 수단으로서가 아니라, 비윤리적 연구환경으로부터 건전한 연구자들이 오염되는 것을 막고 연구자들 사이의 윤리적 긴장을 통해 충실한 연구를 가능하게 하는 연구환경 구축의 수단으로서 작동되어야 한다(황은성 외, 2011).

「연구윤리 확보를 위한 지침」(교육부훈령 제449호, 2023. 07. 17.) 제2장에서는 제보자의 권리 보호(제14조)와 더불어 피조사자의 권리 보호(제15조)

도 함께 명시하고 있다(<표 5-8> 참조).

<표 5-8> 제보자 및 피조사자의 권리 보호

제14조(제보자의 권리 보호)

① "제보자"란 연구부정행위를 인지하여 인지한 사실 또는 관련 증거를 해당 대학 등 또는 교육부, 전문기관에 알린 자를 말한다.

② 교육부장관, 전문기관 및 대학 등의 장은 제보자가 연구부정행위를 제보했다는 이유로 신분상의 이익이나 근무 조건상의 차별을 받지 않도록 보호하여야 한다.

③ 제보자의 신원에 관한 사항은 정보공개의 대상이 되지 않는다.

④ 제보자가 제2항의 불이익 또는 차별을 받거나 자신의 의지에 반하여 신원이 노출될 경우 해당 기관은 이에 대한 책임을 진다.

⑤ 제보자는 제보 접수기관 또는 조사기관에 연구부정행위 신고 이후에 진행되는 절차 및 일정 등에 대해 알려줄 것을 요구할 수 있으며 해당 기관은 이에 성실히 응하여야 한다.

⑥ 제보내용이 허위인 줄 알았음에도 이를 제보한 제보자는 보호 대상에 포함하지 않는다.

제15조(피조사자의 권리 보호)

① "피조사자"란 제보자의 제보나 대학 등의 인지로 연구부정행위의 조사 대상이 된 자 또는 조사 과정에서 연구부정행위에 가담한 것으로 추정되어 조사 대상이 된 자를 말하며, 조사 과정에서의 참고인이나 증인은 이에 포함되지 아니한다.

② 조사기관은 검증 과정에서 피조사자의 명예나 권리를 침해하지 않도록 주의하여야 한다.

③ 연구부정행위에 대한 의혹은 판정 전까지 외부에 공개되어서는 아니된다. 다만, 제31조 제3항 각 호의 사항이 발생하여 필요한 조치를 취하고자 할 경우에는 해당되지 아니한다.

④ 피조사자는 조사기관에 연구부정행위의 절차 및 일정 등에 대해 알려줄 것을 요구할 수 있으며, 해당 기관의 장은 이에 성실히 응하여야 한다.

⑤ 조사기관은 연구부정행위에 대한 의혹이 연구부정행위가 아닌 것으로 판정되고, 피조사자가 명예회복을 신청할 경우 명예회복을 위하여 노력하여야 한다.

이와 같은 절차가 종료된 후의 조치에 대해서는 「연구윤리 확보를 위한 지침」(교육부훈령 제449호, 2023. 07. 17.) 제2장 제27조에서 <표 5-9>와 같이 규정하고 있다.

<표 5-9> 연구부정행위에 대한 조치

제27조(연구부정행위에 대한 조치)

① 대학 등의 장은 연구부정행위에 대한 판정과 이의신청에 관한 모든 절차를 종료한 후, 연구부정행위에 대해 적절한 조치를 취하여야 한다.

② 연구부정행위에 대한 조치의 내용은 대학 등의 내부 규정과 관련 법령 그리고 사회 일반의 인식에 반하지 않도록 하여야 한다. 이때 대학 등의 장은 징계 등의 조치가 당해 연구부정행위에 상당한 수준으로 비례성이 있는지 등을 고려하여야 한다.

이렇게 법에서는 연구부정행위에 대한 조치를 대학의 내부 규정과 대학의 장에게 일임하고 있고, 이화여자대학교는 연구부정행위 조치 후 그에 따른 처벌의 범위를 국가연구개발 활동 10년 이내 참여 제한, 연구개발비 5배 범위 제재부가금 부과, 연구개발비 전액 잔액 환수, 연구실적 삭제, 징계(견책, 감봉 등), 논문 철회나 수정 요구 학술지 편집인에 통보, 교내 연구비 신청 및 연구지원 제한으로 두고 있다(이화연구윤리센터, 2022).

3. 연구수행 중 연구윤리

1) 인간 대상 연구

인간 대상 연구의 개념

2012년 2월 1일에 전부 개정된 「생명윤리 및 안전에 관한 법률」(이하 생명윤리법)이 2013년 2월 2일부터 시행되면서 인간 대상 연구는 이 법률에 규정된 바에 따라 기관생명윤리위원회로부터 연구수행 이전에 연구계획서에 대한 심의를 받아야 하고, 그 진행 과정 및 결과에 대해 조사·감독을 받아야 하는 대상이 되었다(제10조 제3항 제1호 및 제2호, 제15조 제1항, 제19조 제1항 및 제3항 그리고 동법 시행규칙 제15조 제1항 제1호 및 제4호). 다만 인간 대상 연구 중 일부는 기관위원회의 심의가 면제될 수 있다(제15조 제2항).

생명윤리법에 정의되어 있는 바(제2조 제1호 및 동법 시행규칙 제2조 제1항)에 따르면 다음과 같은 세 유형이 인간 대상 연구이다(유수정, 김은애, 최경석, 2022). 첫째, 사람을 대상으로 물리적으로 개입하는 연구이다. 이는 연구대상자를 직접 조작하거나 연구대상자의 환경을 조작하여 자료를 얻는 연구를 말한다. 둘째, 의사소통, 대인 접촉 등의 상호작용을 통하여 수행하는 연구이다. 이는 연구대상자의 행동관찰, 대면 설문조사 등으로 자료를 얻는 연구를 말한다. 셋째, 개인을 식별할 수 있는 정보를 이용하는 연구이다. 이는 연구대상자를 직접적·간접적으로 식별할 수 있는 정보를 이용하는 연구를 말한다. 이러한 인간 대상 연구의 대상이 되는 사람이 "연구대상자"로 정의되어 있으며, 연구를 위해 물리적 개입 및 상호작용의 대상이 되거나 연구에 이용되는 정보의 출처가 되는 사람을 보호 대상으로 한다.

생명윤리법과 동법 시행규칙에서는 인간 대상 연구의 범위를 <표 5-10>과 같이 정하고 있다.

<표 5-10> 인간 대상 연구의 범위

「생명윤리 및 안전에 관한 법률」(법률 제17783호)

제2조(정의)

이 법에서 사용하는 용어의 뜻은 다음과 같다.

1. "인간 대상 연구"란 사람을 대상으로 물리적으로 개입하거나 의사소통, 대인 접촉 등의 상호작용을 통하여 수행하는 연구 또는 개인을 식별할 수 있는 정보를 이용하는 연구로서 보건복지부령으로 정하는 연구를 말한다.
2. "연구대상자"란 인간 대상 연구의 대상이 되는 사람을 말한다.

「생명윤리 및 안전에 관한 법률 시행규칙」(보건복지부령 제982호)

제2조(인간 대상 연구의 범위)

① 「생명윤리 및 안전에 관한 법률」(이하 "법"이라 한다) 제2조 제1호에서

"보건복지부령으로 정하는 연구"란 다음 각 호의 연구를 말한다.

1. 사람을 대상으로 물리적으로 개입하는 연구: 연구대상자를 직접 조작하거나 연구대상자의 환경을 조작하여 자료를 얻는 연구
2. 의사소통, 대인 접촉 등의 상호작용을 통하여 수행하는 연구: 연구대상자의 행동관찰, 대면(對面) 설문조사 등으로 자료를 얻는 연구
3. 개인을 식별할 수 있는 정보를 이용하는 연구: 연구대상자를 직접·간접적으로 식별할 수 있는 정보를 이용하는 연구

이와 같은 인간 대상 연구의 종류를 정리하면 <표 5-11>과 같다.

<표 5-11> 인간 대상 연구의 종류

구분	내용	해당 연구
중재(intervention) 연구	"연구"를 위해 연구대상자에게 어떤 침습적 행위(식품, 의약품 등의 섭취, 혈액채취 등)를 하거나 연구대상자의 환경을 조작(시각, 청각 등에 자극 또는 스트레스 유발)하는 등 물리적 개입이 포함된 연구를 수행하고 그 결과를 얻어 이용하는 연구	「약사법 시행규칙」 내지 「의료기기법 시행규칙」에 따라 승인된 임상시험계획서에 따라 수행되는 의약품 또는 의료기기를 이용한 임상시험
		식품의약품안전청 고시 「생물학적 동등성시험 관리기준」에 따라 시험기관에서 수행되는 생물학적 동등성시험
		그 밖에 화장품·건강기능식품·생의약제·생물학적 제제 등에 대한 안전성·효능·효과를 보기 위해 해당 물질을 직접 연구대상자에게 적용한 후 그로부터 얻은 정보를 이용하는 연구
		그 밖에 소음, 물리적 자극 등으로 연구대상자의 환경을 조작하여 얻은 정보를 이용하는 연구 등 실험적 연구
상호작용(interaction)을 통한 연구	의사소통, 대인 접촉 등의 상호작용을 통하여 수행하는 연구로, "연구"를 위해 연구대상자를 선정하고 연구대상자를 대면	연구를 위해 연구대상자의 행동관찰 등을 수행하여 자료를 얻는 연구
		연구를 위해 연구대상자를 대면하며 설문조사 등을 통해 자료를 얻는 연구

구분	내용	해당 연구
상호작용 (interaction)을 통한 연구	해 설문조사나 행동관찰 등으로 자료를 얻어 그 정보를 이용하는 연구	그 밖에 연구를 위해 연구대상자를 접촉하고 조사 및 관찰 등을 수행하는 연구
개인식별정보를 포함한 연구	연구대상자를 직접 대면하거나 연구대상자로부터 정보를 직접 수집하지는 않지만, 연구대상자를 직간접적으로 식별할 수 있는 자료를 이용하는 연구	
복합적으로 수행되는 연구	실험적 연구와 조사 등을 통한 정보를 이용해 복합적으로 수행되는 연구, 또는, 관찰 연구가 포함된 연구 등 위의 연구유형들이 복합적으로 수행되는 연구	

출처: 엄창성 외(2023), 131쪽.

인간을 실험 대상으로 하는 연구에는 여러 유형이 있는데, <표 5-12>와 같이 접촉 및 조치의 위험성 · 빈도와 무관하게 어떠한 방식으로든 인간을 다루는 연구라면 사전심의를 받아야 한다. 이러한 연구에서 피험자에게 예측지 못할 위험이나 불쾌감, 또는 개인정보의 유출 문제가 발생할 수도 있다. 대부분의 국가에서는 이런 위험이 그 연구를 통해서 얻을 수 있는 사회적 이익보다 크지 않도록 하기 위해 인간을 대상으로 하는 연구를 엄격하게 규제하고 있다(황은성 외, 2011).

<표 5-12> 인간 대상 연구로서 사전심의를 받아야 하는 경우

연구의 종류	내용
임상시험	사람을 직접 대상으로 하는 모든 실험적 연구
조직 및 혈액 연구	조직·혈액 등을 연구대상으로 하는 전향적 연구
보관된 검체 연구	진단 및 치료 과정 중에 수집된 조직·혈액 등을 연구목적으로 이용하는 연구
환자군 연구	특정 질환군을 대상으로 과거로부터 축적되어 있는 정보를 이용하여 분석하는 관찰적 연구
단면조사 연구	지역주민을 대상으로 유병률을 추정하고, 특정 질병의 위험요인을 파악하고자 설문, 인터뷰 등을 통하여 자료를 수집·분석하는 관찰적 연구
환자·대조군 연구	특정 질병 발생의 위험요인을 확인하기 위하여, 환자군과 대조군을 설정하여 자료를 수집·분석하는 관찰적 연구

연구의 종류	내용
시료은행 연구	치료 이외 목적으로 혈액, 타액, 조직 등을 수집하고자 하는 경우
배아 연구	잔여 배아를 이용한 연구
유전자 연구	유전자 검사를 이용한 연구
기타	이 밖에도 심리학, 아동학, 사회학, 사회복지학, 인류학, 경영학, 행정학, 교육학, 체육학, 식품의류학, 화장품학 등 다양한 인문·사회·예체능 분야의 연구

출처: 김옥주(2009), 9-11쪽 정리.

기관생명윤리위원회

생명윤리법 제3장(인간 대상 연구 및 연구대상자 보호) 제15조(인간 대상 연구의 심의)와 『약사법』 제5장(의약품 등의 제조 및 수입 등) 제34조(임상시험의 계획 승인 등)에 따르면, 인간을 대상으로 연구를 하거나 이미 확보된 검체 및 기 수집된 자료를 대상으로 연구를 할 때는 시험대상자나 검체의 수, 그리고 연구가 시험대상자에게 해를 끼치는가의 여부와 관계없이 반드시 인간 대상 연구내용에 대한 승인을 받아야 한다. 이를 위해 기관 내 기관생명윤리위원회(IRB)에서는 <표 5-13>과 같은 사항에 대해 심사를 받아야 한다(황은성 외, 2011; 엄창섭 외, 2019).

<표 5-13> 기관생명윤리위원회의 주요 심사 항목

1. 연구계획서의 윤리적 · 과학적 타당성이 충분히 제시되어 있는가?
2. 피험자의 위험성이 최소화되어 있는가?
3. 피험자가 얻을 수 있는 예상 이익과 비교하여 조금이라도 위험성이 있다면, 그것은 피험자가 감수할 만큼 합리적인 위험인가? 그리고 그 실험 결과를 통해 얻을 수 있는 지식에 중요성이 있는가?
4. 피험자의 선별은 공정한가?

5. 피험자나 법적 대리인에게 실험에 대해 충분히 알린 후 동의를 받았는가?
6. 피험자가 실험에 대해 자세한 설명을 듣고 이해했다는 동의서를 받았는가?
7. 피험자의 개인정보를 보호하고 데이터의 비밀을 보장하기 위한 적절한 계획이 있는가?

연구자는 이들 항목 모두에 대해 적절한 계획을 수립하고 이를 계획서에 명시하여야 한다. 한편 연구의 속성상 불가피하게 피험자의 안전을 침해하거나 심리적·사회적·신체적·경제적·법적 피해를 입힐 수 있는 경우에는, 이의 구체적인 내용을 사전에 피험자에게 알리고 동의를 구해야 하며, 언제든지 연구 참여를 중단할 수 있는 권리를 알려주어야 한다. 피험자의 동의는 승인된 양식에 따라 서면으로 받게 되는데, 어린아이나 결정 능력이 약한 노인, 위독한 환자들은 자신이 겪을 실험에 대해 정확히 이해하기 어렵기 때문에 적절한 동의를 받아내는 일이 쉽지 않을 수 있다. 따라서 이들의 경우에는 대리인을 통해서 동의를 받아야 한다(엄창섭 외, 2023). 그리고 연구 도중 피험자에게 예상하지 못한 손상이나 고통이 발생하는 경우에는 즉시 연구를 중단하여야 한다. 피험자에게 위험이 발생하거나 예상치 못한 문제가 발생해 IRB로부터 승인받은 연구계획을 변경해야 하는 경우에는 즉시 IRB에 보고하고, 새로운 승인이 필요한 경우에는 다시 신청하여 심의를 받아야 한다. 그래서 생명윤리법 제10조에 따라, 인간 대상 연구를 수행하는 자가 소속된 교육·연구 기관 또는 병원 등에서는 독립적인 IRB를 설치 및 운영하고 있다(이인재, 2014).

2) 동물 대상 연구

동물실험이 포함되거나 사람을 대상으로 하는 연구의 경우에는 연구를 수행하는 과정에서 실험동물과 시험 대상자의 안전을 확보하고, 연구가 윤리적으로 진행될 수 있도록 면밀하게 설계된 계획서를 기관심사위원회에 제출하여 승인을 받아야 한다. 「동물보호법」(제19880호, 일부 개정 2024. 01. 02.) 제4장(동물실험의 관리 등) 제47조에서는 동물실험의 원칙을 <표 5-14>와 같이 명시하고 있다.

<표 5-14> 동물실험의 원칙

제47조(동물실험의 원칙) ① 동물실험은 인류의 복지 증진과 동물 생명의 존엄성을 고려하여 실시되어야 한다. ② 동물실험을 하려는 경우에는 이를 대체할 수 있는 방법을 우선적으로 고려하여야 한다. ③ 동물실험은 실험동물의 윤리적 취급과 과학적 사용에 관한 지식과 경험을 보유한 자가 시행하여야 하며 필요한 최소한의 동물을 사용하여야 한다. ④ 실험동물의 고통이 수반되는 실험을 하려는 경우에는 감각능력이 낮은 동물을 사용하고 진통제·진정제·마취제의 사용 등 수의학적 방법에 따라 고통을 덜어주기 위한 적절한 조치를 하여야 한다. ⑤ 동물실험을 한 자는 그 실험이 끝난 후 지체 없이 해당 동물을 검사하여야 하며, 검사 결과 정상적으로 회복한 동물은 기증하거나 분양할 수 있다. ⑥ 제5항에 따른 검사 결과 해당 동물이 회복할 수 없거나 지속적으로

> 고통을 받으며 살아야 할 것으로 인정되는 경우에는 신속하게 고통을 주지 아니하는 방법으로 처리하여야 한다.
>
> ⑦ 제1항부터 제6항까지에서 규정한 사항 외에 동물실험의 원칙과 이에 따른 기준 및 방법에 관한 사항은 농림축산식품부장관이 정하여 고시한다.

이 법령은 다음과 같은 동물실험의 3R 원칙을 고려하도록 하고 있다. 첫째, 동물실험의 대체이다. 동물실험은 완전한 대체 방안인 무생물 시스템 혹은 컴퓨터 시뮬레이션을 사용하거나, 상대적 대체 방안으로 미생물 혹은 식물을 이용하거나, 계통 발생학적으로 낮은 등급의 종(곤충 등 무척추동물)을 사용하거나, 세포배양 및 조직배양 등의 생체외(in vitro) 기술을 이용해야 한다는 것이다. 둘째, 사용되는 동물의 수를 가능한 선으로 줄이는 것이다. 셋째, 필요한 수단과 시설을 갖추는 등 실험 방법의 개선을 통해 동물에게 불필요한 고통을 주지 않는 것이다. 연구자는 반대 현상이 생기지 않는 한 인간에게 통증과 고통을 수반하는 실험은 다른 동물에게도 똑같이 통증과 고통을 수반함을 인식해야 한다(엄창섭 외, 2019).

동물보호법 제4장 제51조에 따르면, 동물실험을 실시하는 동물실험수행기관은 실험동물을 보호하고 윤리적으로 취급하기 위하여 동물실험윤리위원회를 설치·운영하여야 하며, 모든 동물실험은 동물실험윤리위원회의 심의를 거쳐야 한다(<표 5-15> 참조).

<표 5-15> 동물실험윤리위원회의 설치

제51조(동물실험윤리위원회의 설치 등)

① 동물실험시행기관의 장은 실험동물의 보호와 윤리적인 취급을 위하여 제53조에 따라 동물실험윤리위원회(이하 "윤리위원회"라 한다)를 설치·운영하여야 한다.

② 제1항에도 불구하고 다음 각 호의 어느 하나에 해당하는 경우에는 윤리위원회를 설치한 것으로 본다.

1. 농림축산식품부령으로 정하는 일정 기준 이하의 동물실험시행기관이 제54조에 따른 윤리위원회의 기능을 제52조에 따른 공용동물실험윤리위원회에 위탁하는 협약을 맺은 경우
2. 동물실험시행기관에 「실험동물에 관한 법률」 제7조에 따른 실험동물운영위원회가 설치되어 있고, 그 위원회의 구성이 제53조 제2항부터 제4항까지에 규정된 요건을 충족할 경우

③ 동물실험시행기관의 장은 동물실험을 하려면 윤리위원회의 심의를 거쳐야 한다.

④ 동물실험시행기관의 장은 제3항에 따른 심의를 거친 내용 중 농림축산식품부령으로 정하는 중요사항에 변경이 있는 경우에는 해당 변경사유의 발생 즉시 윤리위원회에 변경심의를 요청하여야 한다. 다만, 농림축산식품부령으로 정하는 경미한 변경이 있는 경우에는 제56조 제1항에 따라 지정된 전문위원의 검토를 거친 후 제53조 제1항의 위원장의 승인을 받아야 한다.

⑤ 농림축산식품부장관은 윤리위원회의 운영에 관한 표준지침을 위원회(IACUC) 표준운영가이드라인으로 고시하여야 한다.

동물실험윤리위원회는 해당 동물실험 수행기관에서 실시하는 동물실험이 동물실험의 원칙(「동물보호법」 제4장 제47조)에 따라 수행될 수 있도록 유도하고 감시하는 역할을 하게 되며, 해당 기관의 동물실험 계획서, 실험동물 관리 및 사용 프로그램, 동물실험 절차, 시설 전반을 평가·감독하고, 동물실험시설 운영자와 종사자에게 실험동물 보호와 윤리적인 취급을 위하여 필요한 조치를 요구할 수 있다. 따라서 동물실험을 해야 하는 경우에 연구자는 실험을 실시하기 전 동물실험 계획서를 동물실험윤리위원회에 제출하여 심사를 받고 승인을 얻어야 한다. 또한 「동물보호법시행령」(대통령령 제33435호, 2023. 04. 27.) 제20조(동물실험윤리위원회의 지도·감독 등)에서는 법 제51조 제1항에 따른 동물실험윤리위원회의 심의(변경심의 포함), 확인, 평가 및 지도, 감독에 대한 방법을 정하여 수행토록 하고 있다(엄창섭 외, 2019).

3) 이해충돌

이해충돌은 쉽게 이야기하면 개인의 이익을 위하여 자신의 직위나 업무를 부당하게 남용함으로써 부당한 이익을 취하거나 남의 이익을 침해하는 것을 말한다. 즉 일반적으로 공공의 이익과 개인의 이익이 충돌하는 경우로서, 연구윤리의 대상이 되는 이해상충은 연구의 여러 단계에서 다양하게 발생할 수 있다(엄창섭 외, 2023). 따라서 연구자는 연구자, 연구기관, 연구지원기관 사이에 이해상충 관계가 있는지 확인하고, 이해관계 유형에 맞게 예방 조치를 취해야 한다. 이해상충의 유형은 <표 5-16>과 같이 정리할 수 있다(이효빈 외, 2019).

<표 5-16> 연구윤리 대상이 되는 이해상충의 유형

유형	내용	해결 방안
재정적 이해상충	연구자가 소속기관 이외의 조직 또는 단체로부터 급여, 대가(사례금, 컨설팅비), 선물, 여행비, 주식(스톡옵션 포함), 지적재산권 사용료 등을 받고 있거나 받기로 약정한 경우	연구자가 연구의 객관성, 공정성, 정직성 등을 유지하기 어렵기 때문에 소속 기관의 규칙에 따라 이를 공개하고, 필요에 따라서는 이해상충 우려가 있는 특정 연구자를 연구에서 배제해야 함.
인적 이해상충	연구의 기회 및 자원(연구비, 연구시간, 연구장비 등), 연구업적 등의 분배에 부당한 영향력을 행사한 경우(교수가 자신의 자녀를 연구진에 포함시키는 행위)	오해의 소지가 있는 연구자를 연구에서 배제하거나, 이러한 이해관계를 사전에 공개해야 함.
학문적 이해상충	연구자의 학문적 성향에 따라 연구를 편향적으로 수행하거나 편향적인 연구결과를 작성·발표할 경우(특정 학파의 이론에 부합하거나 이를 부당하게 비판하는 연구보고서를 발표하는 행위)	특정 학파에 편향된 연구자는 논문 심사에서 배제해야 함.
임상적 이해상충	인간을 대상으로 하는 연구에서 인간 대상자의 안전과 연구자의 이익이 충돌하는 경우(특정 기업의 이익을 위해 인간 대상자의 실험 결과를 위변조하는 행위)	인간 대상자의 안전을 최우선으로 해야 함.
역할 충돌에 의한 이해상충	연구자가 여러 역할들(교육, 연구, 외부 활동 등)을 수행하면서 그 우선순위를 혼동하는 경우(대학교수가 외부 연구나 외부 강연을 중시하여 소속 대학에서의 교육 업무에 소홀한 경우)	연구자의 일차적 소속기관을 명확히 하고, 본연의 역할에 우선 충실하도록 해야 함.

출처: 이효빈 외(2019), 30쪽 정리.

이해상충에 해당하는지 여부의 판단은 일차적으로 개별 연구자 차원에서 이루어져야 한다. 연구자는 최대한 이해상충의 상황을 피해야 하며, 밝혀야 할 것이 있다면 미리 밝혀 불필요한 오해를 막고, 스스로를 이해상충으로 인한 부적절한 결과로부터 지키기 위해 노력해야 한다. 제보에 의해 부적절한 이해상충에 대한 조사가 시작된 경우에는 통상적인 연구부적절 행위에 대한 처리 과정을 통해 문제를 해결할 수밖에 없다. 그러나 우리나라는 아직 이해상충에 대한 자세한 규정이 마련되어 있지 않기 때문에 통상적인 규정들과 조사위원회의 윤리적 판단에 따라 문제 해결을 할 수밖에 없다(엄창섭 외, 2019). 2023년에 제정된 이화여자대학교 윤리지침은 <표 5-17>과 같이 이해상충에 대한 대학과 학교의 책무를 명시하고 있다(이화여자대학교 2023년 윤리지침 제24·25조).

<표 5-17> 이해충돌의 예방과 관리에 대한 학교와 연구자의 책무

제24조(이해충돌의 예방과 관리에 대한 본교 등의 책무)

① 본교와 연구윤리담당위원회는 연구자의 연구 관련 이해충돌이 연구의 객관성과 진실성을 저해하거나 연구에 있어 비윤리적인 문제가 발생하지 않도록 하여야 한다.

② 본교와 연구윤리담당위원회는 연구자가 이해충돌 유무를 공개할 수 있는 방법과 절차를 마련하고 이를 연구자에게 안내하여야 한다.

③ 본교와 연구윤리담당위원회는 연구자에게 연구 관련 이해충돌의 개념과 유형, 이해충돌 유무의 공개와 점검·관리의 목적 및 중요성, 이해충돌 공개의 방법과 절차, 이해충돌을 없애거나 최소화할 수 있는 방안 등에 대해 교육하고 관련 정보와 자료를 제공하여야 한다.

④ 본교와 연구윤리담당위원회는 연구자의 이해충돌 유무를 확인하고, 이해충돌이 있는 경우 이를 없애거나 최소화하고 점검·관리하기 위해 연구자가 준비한 방안을 확인하여 연구수행 승인 여부를 결정하여야 한다.

제25조(이해충돌의 예방과 관리에 대한 연구자의 책무)

① 연구자는 연구수행과 관련한 판단을 내림에 있어 그 역할과 책무, 그

리고 연구에 있어 준수되어야 하는 원칙에 따른 1차적 이해를 반드시 고려하거나 우선시하여야 하고, 그렇지 않은 2차적 이해가 1차적 이해에 대해 부정적인 영향을 주지 않도록 하여야 한다.

② 연구자는 연구자의 연구 관련 이해충돌이 연구에 미칠 수 있는 부정적인 영향을 방지하여, 연구자와 본교는 물론 연구의 전 과정과 연구결과에 대한 사회적·학문적 차원에서의 신뢰를 확보할 수 있도록 하여야 한다.

③ 연구자는 연구를 수행하기에 앞서 연구 관련 이해충돌 유무를 확인하여 본교와 연구윤리담당위원회에 공개하여야 한다.

④ 연구자는 연구 관련 이해충돌이 있는 경우 이를 모두 공개하여 투명성과 책임성을 확보하고, 이를 없애거나 최소화하기 위해 노력하여야 하며, 최소화된 이해충돌에 대해서는 지속적으로 점검하고 관리함으로써 이해충돌이 연구에 부정적인 영향을 미치지 않도록 하여야 한다.

⑤ 연구자는 자신이 연구를 통해 얻을 수 있는 금전적이거나 비금전적인 이익이 연구결과를 왜곡·과장·축소하지 않도록 하여야 하고, 이러한 이익이 본교, 해당 학계, 사회 등의 이익과 충돌하는 경우 이를 본교와 연구윤리담당위원회에 보고하여 문제를 해결할 수 있도록 하여야 한다.

⑥ 연구자는 연구비의 일부나 전부를 지원받은 경우 이러한 사실을 연구계획서와 연구결과물에 적절하게 밝혀야 하고, 연구비를 지원받음으로 인하여 학문의 자유와 연구진실성이 훼손되지 않도록 하여야 한다.

4. 연구결과 발표에서 연구윤리

이인재(2023)는 국내에서 표절과 중복 게재가 발생하는 원인을 네 유형으로 정리했다. 첫째, 표절과 중복 게재가 무엇인지도 모르고, 연구윤리측면에서 심각한 문제가 된다는 점조차 인지하지 못하는 경우이다. 둘째, 표절과 중복 게재가 무엇인지 알고 연구윤리 측면에서 문제가 된다는 것도 인식하지만 이를 심각하게 받아들이지 않는 경우이다. 셋째, 표절과 중복 게재를 피할 수 있는 방법을 모르거나 잘못된 관행을 그대로 따르는 경우이다. 넷째, 연구자나 소속 전공의 연구윤리 의식 수준이 부족하거나 연구윤리 제도가 정립되어 있지 않은 경우이다. 그러므로 연구윤리에 대한 무지나 부주의, 또는 의도적으로 생기는 문제를 알리고 이를 예방하여 학문 공동체의 연구윤리를 확립하고 국가경쟁력을 높일 수 있어야 할 것이다.

1) 표절

표절은 연구자가 자신의 글에 다른 사람의 독창적인 아이디어 또는 창작물을 적절한 출처 표시 없이 활용함으로써 그 글이 제3자에게 연구자 자신의 글인 것처럼 인식되게 할 때 발생한다. 기본적으로 표절은 타인의 학문적 성과를 인정하지 않고, 마치 자기 자신의 것인 양 도용하는 행위를 말한다. 타인의 학문적 성과를 자신의 글에 이용할 때는 반드시 적절한 인용 표시를 해야 하며, 인용 표시 없이 사용할 경우에는 의도적이건 아니건 간에 표절로 간주될 수 있다. 그러므로 표절의 위험을 피하고 타인의 글을 사용할 권리를 갖기 위해서는 먼저 인용한 출처를 밝힘으로써 기본적으로 다른 사람의 저작권(authorship)을 인정하고 사의(謝意)를 표해야만 한다. 다른 사람의 아이디어를 재진술하는 경우에는 자신의 말로 기술해야 하고, 다른 사람의 말을 직접인용했다면 데이터 또는 데이터 세트, 표나 그림 등을 참조했음을 밝혀 표절을 피해야 한다.

2021년 1월 1일부터 시행되고 있는 「국가연구개발혁신법 시행령」(대통령령 제34174호, 2024. 02. 06., 일부개정) 제56조(국가연구개발사업 관련 부정행위) 제2항에서는 표절을 "일반적인 지식이 아닌 연구자 자신 또는 다른 사람의 연구개발자료 또는 연구개발성과를 적절한 출처의 표시 없이 연구자 자신의 연구개발자료 또는 연구개발성과에 사용하는 행위"로 규정하고 있다. 여기서는 특히 자기표절(self plagiarism)을 표절에 포함시켰다는 점이 특징이다. 자기표절은 자신의 이전 저작물의 일부나 전부를 적절한 출처 표시 없이 사용하여 마치 새로운 창작물처럼 보이게 하는 것을 말한다. 이러한 행위 역시 다른 사람들을 속이는 행위가 되고 학문적으로도 신뢰를 저버리는 것이 되어 비난받을 수 있다. 적절한 출처 표시에 위배되는 경우에는 출처 표시를 누락한 경우 외에 출처 표시를 부적절하게 한 경우도 포함된다(이인재 2023). 이렇게 표절로 판단하는 범위는 점차 늘어나는 경향을 보이고 있어, 연구자는 표절의 범위와 유형에 대해 파악하고 주의해야 할 필요가 있다(엄창섭 외, 2019; 이인재, 2022).

최근 여러 대학에서 문헌 유사도 검사에 기반을 둔 표절예방시스템을 도입하고 있으며, 그 대표적인 프로그램으로는 턴잇인(Turnitin), 카피킬러(Copy killer), 한국학술지인용색인(KCI) 문헌 유사도 검사 서비스 등이 있다. 하지만 이와 같은 프로그램을 활용해 표절 검사를 할 때 반드시 유의해야 할 점은 문장 유사율이 표절을 판정하는 절대적이거나 최종적인 근거가 아니라는 점이다. 연구자가 글을 쓰며 출처 표시가 제대로 되어 있는지 스스로 확인하거나 표절 및 중복 게재 여부를 검증하기 위해 비교 대상이 되는 문서 간 유사율을 빠르게 파악하려는 수단으로 이러한 프로그램을 유용하게 활용할 수는 있지만, 이 프로그램에서 제시하는 수치, 즉 '몇 %'라는 유사율이 곧 표절의 여부를 결정하는 것은 아니기 때문이다. 문장 유사도를 검색하는 프로그램은 글의 순서나 주요 어휘의 반복 등을 기계적으로 검사하는 것일 뿐이므로, 아무리 낮은 수치의 유사율이 나왔어도 그 부분이 타인의 연구에서 독창적인 아이디어나 중요한 데이터·표현을 출처 표시 없이 가져온 것이라면 표절이며, 높은 수치의 유사율이 나왔더라도 그 부분이 해당 분야의 연구자들 사이에서 상식으로 확립된 사실이나 일반적인 지식이라면 출처 표시 없이 사용해도 표절이 아니다. 따라서 표절의 최종 판정은 단지 프로그램을 통해 나온 유사율의 수치에 의존하기보다 해당 분야의 전문가들이 두 논문을 놓고 직접 비교하여 타인의 독창적인 아이디어나 중요한 연구내용을 출처 표시 없이 가져다 마치 자신의 것처럼 활용했는지 여부를 신중히 확인하여 내려야 한다(이인재, 2021).

KCI에서 자신이 쓴 글과의 유사도를 확인하는 방법은 다음과 같다. 우선 KCI 사이트(https://www.kci.go.kr)에서 유사도 검사 서비스 항목에 들어가면 논문 유사도 검사에 대한 매뉴얼이 상세히 나와 있으며, 유의사항으로 'KCI 문헌 유사도 검사에서 나타나는 유사도 수치는 단순한 자동검사 결과이므로 문헌 간 유사 여부 판단을 위해서는 반드시 해당 분야 전문가의 직접 검사가 필요함'을 밝히고 있다. 유사도 검사 단계는 다음과 같다.

① 먼저 KCI 회원 가입을 하고 로그인을 한 후, 논문 유사도 검사 메뉴를 클릭하여 이동하면 다음과 같은 화면이 뜬다.

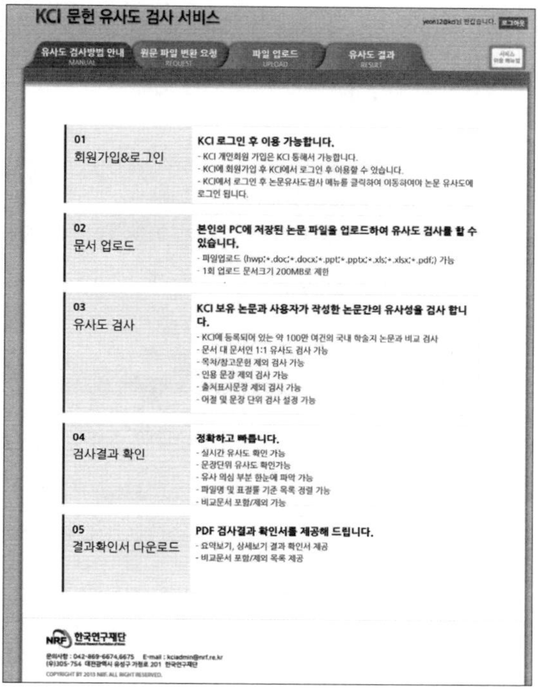

② 유사도 검사 방법 안내의 내용을 숙지한 후에 유사도를 검사할 파일을 다음과 같이 업로드하고 '유사도 검사'를 선택한다.

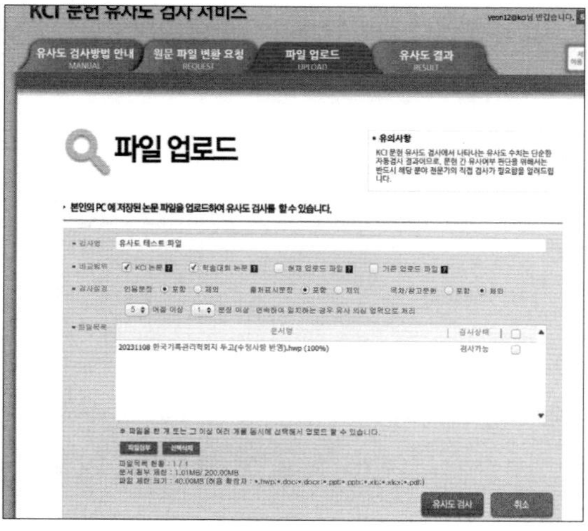

③ 다음과 같은 화면이 나타나면 유사도 검사 상세 결과를 확인할 파일명을 클릭한다.

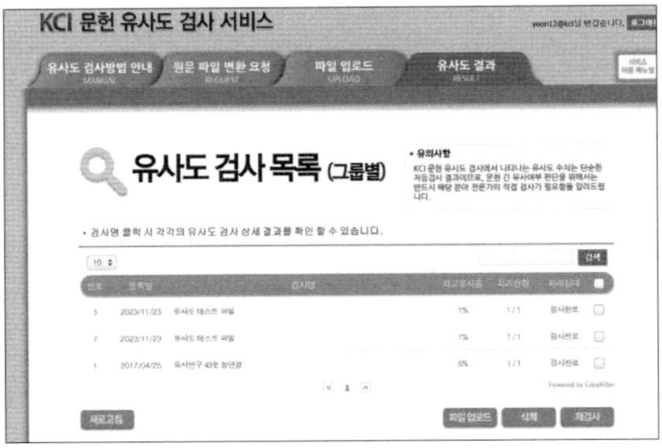

④ 다음과 같은 화면이 나타나면 여기서 종합결과를 다운로드할 수 있다.

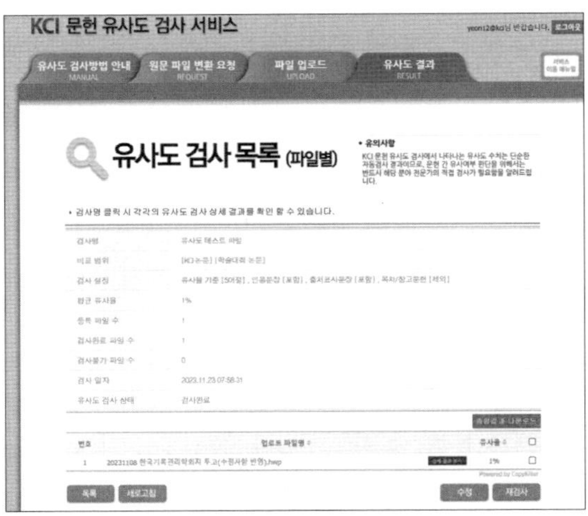

⑤ 앞의 화면에서 하단의 파일명을 클릭하면 각 문장별 유사도의 상세 내용도 확인할 수 있다. 다음 예시와 같이 전체 유사율(1%), 전

체 문장(364개) 중 동일문장(0개), 유사의심문장(4개), 인용포함문장(0개), 출처표시문장(1개)을 확인할 수 있다. 유사의심문장의 경우에는 모두 확인해볼 필요가 있다.

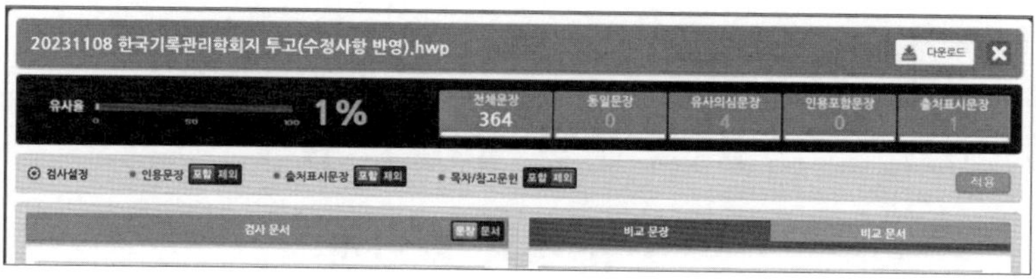

⑥ 타 문서와 유사율이 높은 검사 문서의 문장들이 좌측에 표시되며, 이와 비교해봐야 할 비교 문서의 문장들은 우측에 표시된다. 우측의 비교 문장들을 하나씩 클릭해보면 각각의 내용을 구체적으로 확인할 수 있는데, 다음 예시의 경우에는 검사 문서의 문장과 비교 문서의 문장에 같은 학회지명이 공통으로 포함되어 유사도가 높게 잡힌 것으로 문제가 되지 않는다.

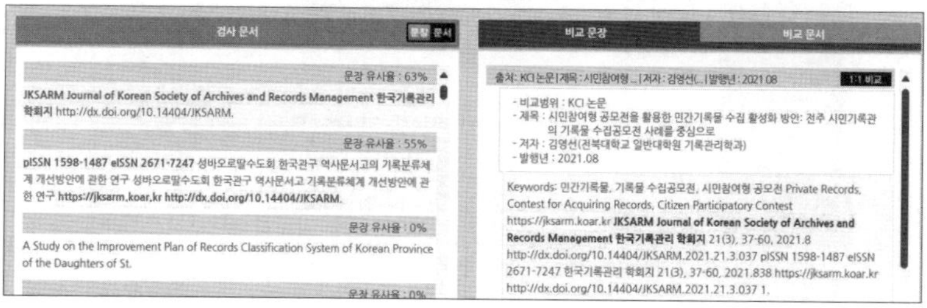

⑦ KCI 문헌 유사도 검사의 종합 결과 확인서를 출력할 수 있다. '다운로드'를 클릭하면 '상세보기'와 '요약보기'로 선택할 수 있으며, '요약보기'가 평균 유사율과 최고 유사율의 수치를 보여준다. 여기서 유사도가 1%라는 것은 유사한 내용이 거의 없음을 의미한다.

KCI

KCI 문헌 유사도 검사 서비스
check.kci.go.kr

KCI 문헌 유사도 검사

종합 결과 확인서

확 인

*** 유의사항**
KCI 문헌 유사도 검사에서 나타나는 유사도 수치는 단순한 자동검사 결과이므로,
문헌 간 유사여부 판단을 위해서는 반드시 해당 분야 전문가의 직접 검사가 필요함을 알려드립니다.

발급번호	00010933878	발급일자	2023.11.23 09:19
아이디	yeon12	검사일자	2023.11.23 07:58
검사명	유사도 테스트 파일		
비교범위	[KCI 논문] [학술대회 논문]		
검사설정	유사율 기준 [5어절] , 인용문장 [포함] , 출처표시문장 [포함] , 목차/참고문헌 [제외]		
평균유사율	1%	최고유사율	1%
업로드 파일 수	1	검사 파일 수	1
비고			

1 / 2

Powered by CopyKiller

KCI

KCI 문헌 유사도 검사 서비스
check.kci.go.kr

번호	발급번호	업로드 파일명	유사율
1	00010933879	20231108 한국기록관리학회지 투고(수정사항 반영).hwp	1%

2) 저자 기재

저자가 되는 것은 학계에서 연구에 대한 공로를 인정받을 수 있는 가장 뚜렷한 방법이다. 그러나 출판물에 대한 기여도는 연구부정행위를 판정하는 과정에서도 중요한 문제이기 때문에 저자의 자격은 단순히 개인적인 공로를 인정하는 것 이상의 문제가 된다. 대학과 학회들에서는 저자 윤리 항목을 통해 저자에게 주어져 있는 책임, 그리고 저자가 되기 위한 합당한 자격 기준이 무엇인지를 명확하게 하고 있다.

저자의 자격은, 첫째, 연구를 계획하거나 자료를 수집 · 분석 · 해석하는 데 상당한 기여를 한 사람, 둘째, 논문의 초안을 만들고 학문적으로 중요한 내용을 비판적으로 수정한 사람, 셋째, 출판될 논문의 최종본을 승인한 사람에게 주어져야 한다. 물론 저자가 되기 위해 이러한 요소들을 모두 다 만족시켜야 하는가, 아니면 이 중 일부 요소를 만족시키지 못하더라도 가능한가에 대해서는 논란이 있을 수 있다. 국제의학학술편집위원회(The International Committee of Medical Journal Editors, ICMJE)에서는 이 세 가지 조건을 모두 충족하는 경우에만 저자 자격을 가진다고 규정하고 있는데, 미국의 하버드대학교나 「Science」지도 이 안을 따르고 있다(황은성 외, 2011). 또한 IEEE(Institute of Electrical and Electronics Engineers, 미국전기전자기술자협회)는 <표 5-18>의 기준을 모두 충족하는 자를 저자로 간주한다.

<표 5-18> IEEE에서 규정하는 저자 기준

① 이론, 시스템 또는 실험 디자인, 시험 제작 원형의 개발 또는 논문에 포함된 작업과 관련한 데이터를 분석하고 해석하기 위해 필요한 지적 능력을 기여한 자

> ② 논문 초안을 작성, 검토 또는 수정하는 데에 기여한 자
> ③ 참고문헌을 포함한 논문 게재에 대한 최종 수락을 받은 자

출처: 엄창섭(2019), 134쪽.

이 세 가지 기준을 모두 충족하지 않은 기여자는, 저자는 아니지만 논문의 감사 및 사사 표기 문구에 포함시킬 수 있다. 모든 요구 사항을 충족하지 않음에도 저자에 포함하거나, 논문 작성에 기여한 자에 대한 언급을 누락할 경우에는 출판윤리에 위배되는 것으로 간주한다(엄창섭 외, 2019).

저자가 아닌 단순 기여자는 '사사 표기(acknowledgement)'의 방식으로 표시한다. 사사 표기는 도움을 준 인물 또는 기관에 대한 감사의 표기일 뿐만 아니라, 해당 연구과제가 이해상충 가능성이 있을 수 있음을 정직하게 공개한다는 의미도 있으므로 철저하게 표기해야 한다. <표 5-19>는 저자가 아닌 단순 기여자로서 사사 표기에 포함하기 적합한 예를 정리한 것이다(이효빈 외, 2019).

<표 5-19> 저자가 아닌 단순 기여자로서 사사 표기에 포함하는 경우

구분	역할
행정지원	연구비 획득에 도움을 준 인물 또는 기관
	IRB, IACUC 심의 승인 등 행정적 지원을 제공한 인물 또는 기관
기술지원	연구자료, 연구장비, 연구대상 및 자원 획득과 관리에 도움을 준 인물 또는 기관
	단순 실험이나 분석 업무를 수행한 인물 또는 기관
	시약, 실험동물 등 연구자원을 제공한 인물 또는 기관
멘토링	원고를 읽고 퇴고와 조언을 제공한 인물 또는 기관
재정지원	연구비를 제공한 인물 또는 기관

출처: 이효빈 외(2019), 44쪽.

올바른 논문 저자의 개념과 더불어 부당한 논문 저자 표시(invalid authorship)에 대해서도 이해하고 있어야 한다. 연구자들은 연구에 참여하지 않은 사람을 저자에 포함시키는 잘못된 관행에 깊은 관심을 가지고 고쳐나가기 위해 노력해야만 한다(엄창섭 외, 2023). 연구윤리 확보를 위한 지침에서 부당한 저자 표시에 대한 내용은 <표 5-20>과 같다.

<표 5-20> 부당한 저자 표시에 대한 법령

제11조(연구부정행위의 범위)

4. "부당한 저자 표시"는 다음 각 목과 같이 연구내용 또는 결과에 대하여 공헌 또는 기여를 한 사람에게 정당한 이유 없이 저자 자격을 부여하지 않거나, 공헌 또는 기여를 하지 않은 사람에게 감사의 표시 또는 예우 등을 이유로 저자 자격을 부여하는 행위
   가. 연구내용 또는 결과에 대한 공헌 또는 기여가 없음에도 저자 자격을 부여하는 경우
   나. 연구내용 또는 결과에 대한 공헌 또는 기여가 있음에도 저자 자격을 부여하지 않는 경우
   다. 지도학생의 학위논문을 학술지 등에 지도교수의 단독 명의로 게재·발표하는 경우

부당한 저자 표기에는 두 유형이 있다. 첫째, 연구내용 또는 결과에 대한 지적 공헌이나 기여가 없음에도 저자 자격을 부여하는 경우이다. 연구에 참여하지 않은 상급자가 강압적으로 자신을 저자 명단에 포함하거나 그러한 압력을 넣는 경우, 또 지위나 권력을 이용하여 연구에 참여하지 않은 인물을 저자 명단에 포함시키도록 강요하는 경우는 모두 강요 저자에 해당한다고 본다. 또한 연구에 참여하지 않은 유명인사를 저자 명단

에 포함하는 경우를 명예 저자로 분류하며, 연구자들이 실적 부풀리기를 위해 서로 합의하여 상호 연구논문에 저자로 포함시켜주는 경우를 상호 지원 저자로 본다. 둘째, 연구내용 또는 결과에 대한 지적 공헌이나 기여가 있음에도 저자 자격을 부여하지 않는 경우로, 연구에 실질적으로 기여했음에도 논문 저자에서 배제된 유령 저자가 여기에 해당한다(이효빈 외, 2019).

논문 저자의 순서를 결정하는 것은 누구나 납득할 만한 기준을 제시하기 어렵지만, 학술논문에서 저자는 보통 제1저자(first author), 공동 저자(coauthor), 교신 저자(corresponding author)로 나눌 수 있다. 제1저자(주저자)는 데이터를 수집하고 실험한 자, 즉 데이터를 만드는 데 중요한 역할을 한 연구자로서 그 결과를 해석하고 원고 초안을 작성한 자를 의미한다. 공동 연구를 수행한 경우 제1저자는 여러 명이 될 수 있다. 공동 저자는 제1저자와 함께 연구과제 수행에 참여하여 데이터 수집, 분석, 해석, 결론 도출 및 보고서 작성 등에 상당히 기여한 자이다. 그리고 교신 저자는 학술지에 논문을 게재하기 위해 원고를 제출하는 저자로서 출판 전, 출판 과정 중, 그리고 출판 후 용이하게 출판사나 독자와 교신할 수 있는 자여야 한다(엽창섭 외, 2023). 하지만 저자의 유형은 학문 분야마다 다를 수 있어서, 특정 학문 분야에서는 알파벳순이나 자모순으로 저자의 순서를 정하기도 한다. 중요한 것은, 논문의 저자 순서는 연구가 개시되기 전에 연구진이 충분히 협의하여 기여도에 따라 합리적으로 결정하는 것을 원칙으로 해야 한다는 것, 그리고 문서로 기록을 남기는 게 바람직하다는 것이다(이효빈 외, 2019).

3) 중복 게재

중복 게재(redundant publication)는 연구자가 새로운 저작물을 발표할 때 자신의 이전 저작물을 일부 또는 상당히 많은 부분 재활용하면서 그 출처를 적절하게 표시하지 않아 생기는 연구윤리 문제로, 연구자가 연구결과를 발표할 때 매우 조심해야 할 사항이다(한국연구재단, 2011). 외국 대학이나 학회에서는 자신의 저작물을 적절하게 출처 표시 없이 다시 사용하는 것을 가리켜 자기표절(self plagiarism), 중복 게재 또는 이중 게재(duplicate publication), 논문 쪼개기(salami slicing publication), 논문 덧붙이기(imalas publication) 등 여러 가지 용어를 교환적으로 사용하고 있다(황은성 외, 2011). 여기서 중복 게재는 이미 출판되어 저작권을 획득한 자료에 새로운 혹은 출판되지 않은 자료를 추가하는 것, 또는 이미 출판된 논문에서 내용 전체가 아닌 일부를 다시 출판하는 것을 말하며, 이중 게재는 이미 다른 곳에서 출판된 논문과 동일하거나 실질적으로 겹치는 논문을 출처를 적절하게 밝히지 않고 출판하는 경우를 말한다(이인재, 2023).

대표적인 부당한 중복 게재 유형으로는 '논문 쪼개기', '논문 덧붙이기'를 들 수 있다(이효빈 외, 2019). 논문 쪼개기는 하나의 연구논문을 둘 이상의 소논문으로 나누어 발표하는 것으로, 학위논문 중 일부를 떼어내어 여러 개의 소논문으로 발표하는 경우 등이다. 이처럼 하나의 논문을 여러 개의 최소 출판 단위로 잘게 잘라서 각각을 하나의 논문으로 출판하는 것은 업적을 늘리려는 목적 때문이다. 그러나 이인재(2023)는 쪼개기 한 논문을 동일 학술지에 동시 투고했을 때 서로 다른 논문으로 평가받을 수 있고, 하나로 합쳤을 때 각각의 논문에 대해 학술적으로 가치 있는 의미나 해석이 가능하며, 한 편의 논문 안에 담을 경우 체계적인 논의가 어려워 시리즈 논문을 낸 경우라면 중복 게재라고 볼 수 없다고 했다.

논문 덧붙이기는 이미 출판된 논문에 일부 연구성과나 임상사례를 추가해서 마치 완전히 새로운 논문인 것처럼 발표하는 것을 말한다(엄창섭 외, 2023). 작은 연구들을 묶어 한 편의 큰 논문을 만들어냄으로써 이전 논문과 대상이 중복되고 결론이 거의 동일하면서도 새롭지 않은 분석 결과를 추가하는 것으로, 이전에 출판한 논문보다 새로운 학술적 가치가 없는 경우에 해당한다(이인재, 2023). 한편 중복 게재에 해당하지 않는 것으로 간주되는 경우는 다음과 같다. 첫째, 다른 독자군을 위해 출처를 밝히고 게재한 정당한 2차 게재의 경우로, 예를 들면 자신의 논문을 번역해서 다른 국가의 학술지에 싣는 것은 중복 게재에 포함되지 않는다. 둘째, 자신의 선행연구에 기초하여 연구를 심화·발전시켜나가는 연구과정에서 적절한 출처 표시를 하고 후속 저작물을 게재한 경우로, 예를 들면 학술대회에서 발표한 후 자신의 저작물을 수정·보완해 출처를 밝히고 학술지에 게재하는 경우는 중복 게재에 해당하지 않는다. 셋째, 이미 발표된 자신의 저작물을 모아서 출처 표시를 하고 저서를 출판하는 경우이다. 넷째, 자기 저작물의 내용을 일반인을 위해 쉽게 풀어쓰거나 요약한 경우이다. 다섯째, 짧은 서간 형태로 출간된 논문에 연구 데이터나 해석, 정보를 추가해 더 보강된 논문으로 출간하는 경우이다. 여섯째, 이미 출판된 논문이나 책의 일부가 원저자의 승인을 받고 편저자에 의해 선집의 형태 혹은 특집호로 출판되는 경우이다(이인재, 2023).

5. 연구윤리지침 및 가이드라인

1) 법령

한국의 학문 연구 관련 법령에 '윤리'의 개념이 도입된 것은 2001년 1월 16일 「과학기술기본법」이 제정되면서부터이다. 이 법은 제정 당시부터 내용 안에 '윤리'라는 용어를 포함하고 있었다. 그러나 이때는 "과학기술의 연구 개발과 그 활용이 인간존엄을 바탕으로 하여 자연환경 및 사회윤리적 가치와 조화를 이루도록"(제2조 기본이념) 하고, 과학기술자에게도 지켜야 할 윤리가 있으며(제4조 국가 등의 책무와 과학기술인의 윤리), "정부는 새로운 과학기술의 발전이 경제·사회·문화·윤리·환경 등에 미치는 영향을 사전에 평가"(제14조 기술영향 및 기술 수준의 평가)하도록 하는 등의 일반적인 윤리를 가리키는 수준이었을 뿐, 정확하게 '연구윤리'를 지칭한 것은 아니었다. 더욱이 과학기술연구가 아닌 인문사회계 연구에서의 윤리는 전혀 언급되지 않았다.

연구자가 지켜야 할 연구윤리가 본격적으로 언급되기 시작한 것은 2004년 1월 29일 「생명윤리 및 안전에 관한 법률」이 제정되면서부터이다. 이때에도 '생명윤리'만이 직접 언급될 뿐, '연구윤리'라는 용어는 전혀 쓰이지 않았다. 그럼에도 연구자가 지켜야 할 중요한 윤리 가운데 하나인 인간(환자), 인간의 세포, 배아, 유전자 등과 관련된 '인간실험윤리'를 처음으로 규정했다는 점에서 의미가 있다.

연구윤리와 관련된 여러 법령의 제정 및 주요 개정 사항을 살펴보면 연구윤리, 연구진실성, 동물보호 및 그와 관련된 기구들의 설치는 오랜 시간을 두고 천천히 이루어져왔음을 알 수 있다(<표 5-21> 참조).

<표 5-21> 연구윤리 관련 법령들의 제·개정 일지

2001년 "과학기술기본법" 제정 - '윤리' 개념 도입

2004년 1월 "생명윤리법" 제정 - '인간생명윤리' 개념 도입

2004년 2월 「사이언스」지에 '인간줄기세포 복제성공' 논문 발표

2005년 '인간줄기세포 복제성공' 논문조작 논란 제기

2006년 1월 「사이언스」지의 '인간줄기세포 복제성공' 논문 철회

2007년 "동물보호법" 개정 - '동물실험위원회' 도입

2007년 교육과학기술부, "연구윤리 확보를 위한 지침" 제정 - '연구진실성' 개념 도입

2008년 "실험동물법" 제정 – '실험동물운영위원회' 도입(설치 의무화) 2010년 "과학기술기본법" 개정 – '연구윤리' 개념 도입 2011년 7월 "학술진흥법" 개정 – '연구윤리 확보', '연구부정행위 방지' 도입 2011년 8월 "동물보호법" 개정 – '동물복지위원회' 도입 2014년 "과학기술기본법" 개정 – '연구진실성' 개념 도입 2020년 6월 "국가연구개발혁신법" 재정

출처: 연구윤리정보센터(2018), 7쪽.

2020년 6월에 「국가연구개발혁신법」이 제정되었고 2023년 3월 기준 총 일곱 차례 개정되었다. 「국가연구개발혁신법」(법률 제19235호, 2023. 03. 21.)은 부처별로 다르게 운영되는 국가연구개발 관련 규정을 통합·체계화하고 자율적이며 책임 있는 연구개발 환경을 조성하기 위해 제정된 법률로, 연구자가 행정 부담 없이 연구에만 전념하는 환경을 조성하려는 목적이 있다. 총 5개 장, 41개 조로 구성되어 있으며, 「국가연구개발혁신법 시행령」(대통령령 제34174호, 2024. 02. 06.)은 5개 장, 68개 조로 구성되어 있다. 시행령 제4장(국가연구개발사업 관련 연구윤리 확보 및 제재처분)에서는 연구윤리, 제재처분 및 재검토, 사후관리, 연구전념 등을 규정하고 있다. 또한 「국가연구개발혁신법 시행규칙」(과학기술정보통신부령 제121호, 2024. 02. 06.)은 협약서, 보고서 등 각종 서식과 부정행위 관련 사항을 규정하고 있으며, 법령의 세부 사항을 규정하기 위해 9개의 행정규칙을 운영하고 있다.

「국가연구개발혁신법」에서 규정하고 있는 연구자의 책임과 역할, 그리고 국가연구개발사업과 관련한 부정행위 금지에 대한 내용은 <표 5-22>와 같다.

<표 5-22> 연구자의 책임과 역할 및 국가연구개발사업 관련 부정행위의 금지

제7조(연구자의 책임과 역할)

① 연구자는 이 법의 목적을 달성하기 위하여 다음 각 호의 사항을 성실히 이행하여야 한다.

3. 연구윤리를 준수하고 진실하고 투명하게 국가연구개발활동을 수행할 것

제31조(국가연구개발사업 관련 부정행위의 금지)

① 올바른 연구윤리 확보를 위하여 연구자 및 연구개발기관은 국가연구개발활동을 수행하는 경우 다음 각 호의 국가연구개발사업 관련 부정행위(이하 "부정행위"라 한다)를 하여서는 아니 된다.

1. 연구개발자료 또는 연구개발성과를 위조·변조·표절하거나 저자를 부당하게 표시하는 행위
2. 제13조 제3항에 따른 연구개발비의 사용용도와 제13조 제4항에 따른 연구개발비 사용 기준을 위반한 행위
3. 제16조 제1항부터 제3항까지를 위반하여 연구개발성과를 소유하거나 제3자에게 소유하게 한 행위
4. 제21조 제1항에 따른 보안대책을 위반하거나 제21조 제2항에 따라 보안과제로 분류된 연구개발과제의 보안사항을 누설하거나 유출하는 행위
5. 거짓이나 그 밖의 부정한 방법으로 연구개발과제를 신청하거나 이를 수행하는 행위
6. 그 밖에 국가연구개발활동의 건전성을 저해하는 행위로서 대통령령으로 정하는 행위

② 연구개발기관의 장은 소속 연구자 또는 연구지원인력의 부정행위를

알게 된 경우에는 이를 검증하고 필요한 조치를 하여야 하며, 이를 소관 중앙행정기관의 장에게 보고하여야 한다.

③ 다음 각 호의 어느 하나에 해당하는 경우 소관 중앙행정기관의 장은 필요한 조사를 실시할 수 있다. 이 경우 소관 중앙행정기관이 다수이면 공동으로 조사를 실시할 수 있다.

1. 제2항에 따른 연구개발기관의 자체적인 검증·조치가 불가능한 경우
2. 제2항에 따른 보고 내용의 합리성과 타당성에 문제가 있다고 판단되는 경우
3. 그 밖에 객관적이고 공정한 조사가 필요하다고 인정되는 경우로서 대통령령으로 정하는 경우

④ 연구개발기관은 소속 연구자 및 연구지원 인력의 연구윤리 확보를 위하여 필요한 지원을 하여야 한다.

⑤ 부정행위의 세부 기준, 제2항에 따른 부정행위에 대한 검증·조치·보고의 내용·절차, 제3항에 따른 조사의 내용·절차는 대통령령으로 정한다.

「국가연구개발혁신법」의 연구윤리 개념은 이전에 연구부정(위조·변조·표절, 부당한 저자 표시 등) 방지를 위한 개념에 국한되었던 부분을, 법령을 개정하면서 연구부정 외 책임 있는 연구수행을 위해 연구과정 전반에서 고려하고 지켜야 할 사항이라는 개념으로 확장하여 명시되었다. 그 주요 내용에는 '학문교류에 관한 윤리', '이해충돌 관리', '인간·동물 연구윤리', '건전한 연구실 문화 조성' 등이 속한다. 또한 연구기관의 특성에 따른 사항을 포함할 가능을 열어두었으며, 연구윤리 확보를 위한 책임 주체 및 의무를 보다 구체화했다. 뿐만 아니라 연구부정행위의 검증

및 조치에 대한 자체 규정을 별도로 마련했다. 「국가연구개발혁신법」으로 달라진 점은 <표 5-23>에 정리된 내용과 같다.

<표 5-23> 국가연구개발혁신법으로 달라진 점

구분	이전		국가연구개발혁신법
연구윤리 개념	연구윤리 확보 = 연구부정(위조·변조·표절, 부당한 저자표시 등)	➡	연구윤리 확보 = 연구진실성 확보 + 학문교류에 관한 윤리 + 이해충돌 관리 + 인간·동물연구윤리 + 건전한 연구실 문화 조성 등
책임 주체	불명확	➡	연구자·연구기관
책임 주체 (연구자·연구기관)의 의무	(연구자) - (연구기관) 연구부정 방지 및 검증을 위한 연구윤리 자체 규정 마련	➡	(연구자) 연구윤리 준수 및 진실·투명한 국가연구 개발활동 수행 (연구기관) ① 연구윤리에 관한 자체 규정 마련 ② 소속연구자 등의 연구윤리 확보 지원

출처: 한국과학기술기획평가원(2021), 121쪽.

2) 유관 기관

한국연구재단

정부기관인 한국연구재단(https://www.nrf.re.kr/)은 2007년 이래 '연구윤리', '바람직한 연구수행'이 한국 연구공동체의 핵심과제로 자리 잡을 수 있도록 일관적이고 구체적인 노력을 해왔다. 2017년 이후로는 '청렴연구윤리팀'을 신설하여 이전까지 학술기반진흥팀에서 담당해오던 '연구윤리활동지원사업'을 전담하고 있다. 연구과제 형식으로 발표 · 진행되고 있는 교육부와 한국연구재단 중심의 연구윤리활동 지원 사업은 정부 주도로 이루어지는 대표적인 연구윤리 의식 확산 활동이라고 할 수 있다. 연구윤리활동 지원 사업이 본격적으로 시작된 해는 2009년으로,

2007년 교육부의 "연구윤리확보를 위한 지침"으로 인해 연구윤리에 대한 인식이 다소 개선되었고 관련 사업 및 연구활동을 위한 기반이 조성되었다. 2009년부터 2017년까지 9년에 걸쳐 이루어진 교육부와 한국연구재단의 연구윤리활동 지원 사업 중 교육 프로그램 개발 분야에 대한 주제의 추이 변화는 뚜렷하여 전반기 · 후반기로 구분할 수 있다. 전반기는 2009년부터 2013년까지의 5년간으로, 해외의 선진 연구윤리 교육 사례를 파악하거나, 앞서 기술한 바와 같이 다소 지엽적인 연구분야와 특정 대상을 목표로 하는 교육 프로그램을 위주로 총 56건의 사업을 지원했다. 반면 연구지원 사업이 어느 정도 궤도에 오른 후반기인 2014년부터 2017년 사이에는 대규모의 다년도 과제 여덟 건을 수행했는데, 이를 통하여 앞서 진행되었던 과제를 '수요자 맞춤'이란 용어로 수렴하되, 교육 프로그램 시스템이나 플랫폼 구축 등에 중점을 두는 연구윤리 의식 확산 활동에 중점을 두었다. 이러한 변화는 앞서 진행해오던 과제를 통한 지식 및 자신감의 축적과 더불어 그간 개발된 교육 프로그램의 구현에 초점을 맞춘 것이라고 볼 수 있다(엄창섭 외, 2018).

한국연구재단은 2021년 4월부터 CRE 연구윤리정보포털을 확대 · 개편하여 연구윤리 관련 정보를 원스톱으로 제공하고 있으며, 2022년 기능 개선을 통해 다양한 서비스를 신설 운영하고 있다. CRE 연구윤리정보포털(https://cre.nrf.re.kr/)은 2007년에 연구윤리정보센터로 설립되어 연구윤리 전문 자료 및 정보의 체계적 관리와 공유 인프라를 구축하고 연구윤리 전문 역량의 결집 및 네트워크화를 목표로 해왔다. 설립 이후 약 4년간은 '좋은 연구(Good Research Practice, GRP)'라는 명칭의 정보포털 서비스를 제공해오다가 2011년 9월부터 '연구윤리정보센터(Center for Research Ethics Information, CRE)'라는 이름으로 변경되었다. 연구윤리정보센터 포털 사이트에서는 국내 연구윤리 법령, 규범, 교육자료, 프로그램, 판례 및 사건 사례 등 연구윤리 관련 자료들을 신속하게 업데이트하고 체계적으로 분류하여 제공했을 뿐 아니라 전문적인 Q&A 해설까지 제공했다. 그리고 주요 사업으로는 '연구윤리정보센터 포털 사이트 기능 고도화', '연구윤리세미나 및 웨비나 개최', '연구윤리 관련 전문가 풀 확대 및 연구윤리 분야별 상담 · 자문 서비스 제공', '수요자 맞춤형 연구윤리 콘텐츠 개발', '연구윤리 정기 간행물 발간 및 배포' 등을 진행했다. 이 밖에도 연구윤리 인식 확산을 위한 중장기 홍보 전략을 수립하고 해외 연구윤리 선진 기관과의 네트워크를 구축하여 여러 성과를 홍보했으며, 학문 후속 세대를 위한 온라인 캠페인을 실시하고 연구자 참여 주도형 커뮤니티를 형성하여 활성화하는 일 등을 활발히 진행했다(연구윤리정보센터, 2018). 2023년 기준 연구부정행위 신고, 연구윤리 분야별 전문가 자문단 구성 및 연구윤리 상담, 연구윤리 활동 지원 사업을 통해 지원 · 생산되는 각종 프로그램, 연구윤리 가이드, 실태 조사 결과 등의 안내, 연구윤리 콘텐츠 확충, 외국인 연구자 게시판, 연구부정 사례 검색 시스템, 학습 관리 시스템, 대학 연구윤리 실태 조사 시스템 등을 담당하고 있다. 또한 다양한 연구윤리 정보와 교육 콘텐츠를 제작하여 대학과 연구기관에 보급하고 있으며, 연구윤리 교육 기능을 강화하고자 기존의 연구윤리 교육 메뉴를 연구윤리교육포털(https://lms.cre.re.kr/home/kor/main.do)로 확대해 운영하고 있다.

경제 · 인문사회연구회

경제 · 인문사회연구회(https://www.nrc.re.kr/)는 인문학 · 사회과학 분야의 국책연구기관들을 지원하는 공공기관으로서, 1999년 설립 이래 소관 연구기관에서 연구부정행위가 발생하지 않도록 하기 위해 힘써왔다. 교육부의 '연구윤리확보를 위한 지침'에 의거하여 2012년부터 26개의 소관 연구기관을 대상으로 연구계획서 및 연구보고서에 대해 매년 연구윤리 평가를 시행하고 있으며, 「연구윤리평가규정 및 사례집」을 발간 · 공개하여 연구윤리 교육 자료로도 활용하고 있다. 2014년에는 별도로 자체적인 연구윤리 규정을 제정하여 소관 연구기관은 물론 국책연구기관에서 '연구윤리확보를 위한 지침'을 상호 보완할 수 있는 연구윤리지침 자료로 활용하게 했다(연구윤리정보센터, 2018). 이후 10년간 연구보고서 연구윤리 평가를 실시하며 지속적으로 평가 제도를 개선해왔고, 연구기관의 자체 점검 시스템이 제도화됨으로써 2023년 기준 연구기관에서 발행하는 연구보고서의 연구윤리 위반 의심 사례는 현격히 줄어들었다.

국책연구기관의 연구는 책임감, 개방성, 신뢰성과 관련하여 더 높은 도덕적 기준을 적용하고 그것을 준수해야 하므로 경제·인문사회연구회는 연구부정행위 예방 단계를 넘어 연구진실성 확보를 위해 나아가고 있다. 2021년에는 연구기관 연구자의 연구수행 전 과정에서 연구윤리가 정착될 수 있도록 연구윤리 종합 지침서인 『국책연구기관 연구윤리』를 발간했고, 여기서는 다음과 같은 내용을 소개하고 있다. 첫째, 연구윤리와 관련된 상위 법령과 경제·인문사회연구회 연구윤리 규정에 대한 명확한 해설 및 구체적인 정보를 담았다. 둘째, 연구보고서 연구윤리 평가에서 지적되었던 사례들을 바탕으로 연구부정행위의 유형별 사례들을 소개하고 유념해야 할 사항들을 설명했다. 셋째, 소관 연구기관 연구자와 연구윤리 담당자가 활용할 수 있도록 연구윤리 관련 핵심 사항을 질의응답 형태로 정리했다. 넷째, 연구자를 위한 연구윤리 점검 목록을 부록으로 담아 연구자가 연구수행 과정에서 사전 점검을 할 수 있도록 했다.

국가과학기술인력개발원

국가과학기술인력개발원(https://www.kird.re.kr/)은 대한민국 정부가 지원하는 모든 연구과제 사업에 참여하는 연구자들을 대상으로 연구윤리 교육을 실시하고, 이에 대한 인증을 담당하고 있는 사실상의 국가 표준 온라인 연구윤리 교육 인증 발급기관이다. 자율적이고 책임 있는 연구윤리 인식 확립을 통한 올바른 연구윤리 문화를 정착시키는 데 목표를 두고 연구윤리 의식 제고, 연구윤리 실무자·전문가 양성을 위한 연구윤리 교육 사업을 시행해오고 있다. 교육 대상은 교수 및 연구자, 대학(원)생, 연구윤리 업무 실무자, 연구윤리 전문강사 등이며, 교육 내용으로는 연구자의 사회적 책임, 연구진실성, 실험실 윤리, 생명윤리의 중요성 및 정의, 연구윤리 관련 업무에 필요한 실무 내용 등을 제공한다. 기본적으로 대학원생 이상의 연구과제 사업 참여자를 교육 대상으로 하지만, 일종의 예비 교육과정으로서 대학생들을 대상으로 하는 1시간 과정의 '학습윤리' 프로그램도 운영하고 있다(연구윤리정보센터, 2018). '수요자 맞춤형 연구윤리 교육' 및 '사이버 연구윤리 교육'은 교육부 및 한국연구재단의 연구윤리 활동 지원 사업으로 추진하여 제공하고 있다. 2023년 12월 기준 온라인 교육 33개, 실시간 원격교육 11개, 혼합교육 1개 등으로 총 44개 과정이 운영 중이다(https://alpha-campus.kr/kirdSpecial).

국가과학기술인력개발원은 교육 수혜 대상의 확대 및 상시 학습을 지원하기 위해 사이버 연구윤리 교육 시스템을 활성화하려는 노력도 펼치고 있다. 2014년에는 사이버 연구윤리 교육 기반 구축 사업으로 연구책임자 대상 학문 분야별 기본과정 콘텐츠를 개발하고 연구윤리 시스템을 구축했으며, 운영매뉴얼 정립 등 사이버 연구윤리 교육을 추진하기 위한 중장기 계획을 수립하고 추진하기 시작했다. 2015년에는 대상별·학문 분야별 콘텐츠를 체계화했고, 2016년부터는 교육 수혜자 확대를 위하여 운영 방식을 다각화하는 등 이러닝을 통한 맞춤형 교육과 상시 학습을 지원한 바 있다(고은정 외, 2015). 일정 이수 조건을 충족한 수강생들에게는 이수증을 발급하고 있으며, 연구책임자 및 참여 연구원 과정의 수료자 수는 매년 증가하고 있다. 2022년에는 『올바른 인용 표기를 위한 길잡이』를 발간하여 표절의 이해, 인용 방법, 유형별 인용 표기, 온라인 자료 활용 사례 등에 대해 참고할 수 있도록 했다.

한국학술단체총연합회

한국학술단체총연합회(http://www.kaoas.or.kr/)는 인문학, 사회과학, 자연과학, 공학, 생명과학, 복합학 등 모든 학문 분야 학술단체들의 권익과 대표성을 위하여 민법 제32조 및 「교육부소관비영리법인의 설립 및 감독에 관한 규칙」 제4조의 규정에 따라 1997년 12월 4일 창립되었다. 2023년 기준 국내에 있는 675개 학술단체가 회원으로 참여하고 있으며, 대한민국의 학술사회를 대표하는 기관으로 성장하여 회원으로 참여하는 학술단체에 다양한 혜택을 제공하고 있다.

한국학술단체총연합회는 학술 분야 표절 및 중복 게재 등과 관련한 기준을 제시하여 연구윤리에 대한 사회적 의식을 높이고, 건전한 학문 발전에 이바지하려는 목표로 지난 2010년 『연구윤리지침』을 발간한 바 있다. 이 지침은 모든 학문 분야에서 발생하는 표절 및 중복 게재와 관련한 제반 연구윤리 문제에 일반적으로 통용될 수 있을 뿐만 아니라, 대학, 학술단체, 정부 출연 연구소 및 기타 연구소 등 연구기관, 연구지원기관 등이 관련 분야에서 적용할 참고자료도 제시해준다. 지침의 적용 및 최종 판정은 각 기관이 자율적으로 하는 것을 원칙으로 하고, 표절 및 중복 게재에 대한 용어 정의, 유형, 판정, 인용과 출처 표시, 판정 절차, 기간 및 활용, 표절 및 중복 게재 예방 등에 대한 내용을 다룬다. 한국학술단체총연합회는 매년 연구윤리포럼을 개최하고 있는데, 2023년 11월에는 한국학술단체총연합회가 주관하고 교육부 및 한국연구재단이 공동 주최하여 온·오프라인에서 동시 개최했으며, '생성형 AI 윤리문제와 과제: 대학의 학습과 연구를 중심으로'라는 주제로 진행되었다. 다양한 패널 발표 중에 '대학에서 인공지능을 활용한 리포트의 윤리적 문제'가 포함되었고, 인공지능을 활용한 논문 작성이 본격적으로 진행되면서 많은 문제가 발생할 수 있음을 보여주었다.

3) 대학의 연구윤리 관련 기구

연구진실성위원회

많은 대학 및 연구기관이 연구자들의 연구윤리 인식 수준을 제고하고, 그들의 연구수행 과정에서의 연구부정행위를 예방함으로써 연구진실성을 확보할 수 있도록 '연구윤리위원회' 또는 '연구진실성위원회'라는 명칭의 부서를 상설 기구로서 설치 · 운영하고 있다. 이 부서는 연구자들을 위한 연구윤리 교육과 홍보, 연구진실성 강화, 연구부정행위 제보 접수, 연구부정행위 조사위원회 소집과 운영 등을 담당한다. 연구진실성위원회를 설치하는 대학이나 기관의 수는 지속적으로 조금씩 증가하는 추세를 보이며, 자체 연구윤리 관련 규정의 제정과 유사하게, 있을 만한 대학들에는 모두 있다고 평가할 만큼 상당히 높은 수준의 설치율을 보이고 있다.

연구진실성위원회는 '연구 진실성 확보'와 이를 위한 '연구부정행위 조사 처리'를 목적으로 하는 기구이며, 대학 및 연구기관에서 상설기구로 설치되는 것이 바람직하다. 누구든 연구부정행위(위조, 변조, 표절, 부당한 저자표시, 부당한 중복 게재, 기타 연구부정행위)가 있다고 의심이 들 경우 이 사안을 관련 대학 및 연구기관의 '연구진실성위원회'에 증거를 갖추어 제보할 수 있다. 그러면 해당 대학 및 연구기관의 연구진실성위원회는 그 연구부정행위 의혹의 진위 여부를 검증하여 결정하고자 예비조사와 본조사를 실시해야 한다. 이때 예비조사와 본조사를 실시하는 기구를 '조사위원회'라 하며, 조사위원회에 참여하여 검증을 실시하는 전문가를 '조사위원'이라 한다. 즉 조사위원회는 대학 및 연구기관의 상설기구로 설치되어 있는 '연구진실성위원회'에서 연구부정행위 발생이 제보될 때마다 대내외 관련 학문(연구) 분야 전문가들을 위촉하여 그때그때 소집하는 임시적인 성격의 기구이다.

개별 대학과 연구기관에 설치된 연구진실성위원회 및 조사위원회는 '연구부정행위 여부에 대한 조사와 판정'까지만을 수행하는 기구이며, 그에 따른 징계 및 제재와 같은 후속 조치는 해당 대학과 연구기관이 다시 자율성을 발휘하여 수행할 부분이다. 따라서 연구진실성위원회 및 조사위원회는 직접적으로 연구부정행위를 저지른 피조사자에 대한 징계를 결정하지 않는다. 다만 조사위원회가 해당기관의 장에게 연구부정행위 관련자에 대한 적절한 제재 조치를 "건의"할 수 있을 뿐이다. 이때 조사위원회의 건의를 수용할 것인가 역시 해당 기관의 장이 기관 내부 및 학계의 여론을 수렴하여 자율적으로 결정할 사안이다.

기관생명윤리위원회(IRB)

생명윤리법에 따른 "기관생명윤리위원회"는 인간 및 인체유래물을 대상으로 하는 연구, 또는 배아나 유전자 등을 취급하여 생명윤리와 안전의 확보가 필요한 기관에서 설치한다. 연구계획서를 심의하고 수행하는 과정에서 연구과정 및 결과를 조사·감독함으로써 연구자 및 연구대상자 등을 적절히 보호할 수 있도록 설치된 자율적·독립적 윤리 기구이다. 그러므로 인간 대상 및 인체유래물에 관한 연구를 수행할 때 연구자는 연구수행 전에 기관생명윤리위원회의 심의를 받아야 하며, 인간 대상 실험을 수행하는 모든 기관에 이 기구가 의무적으로 설치되어야 한다. 그러나 기관생명윤리위원회 정보포털(http://irb.or.kr/)에 따르면 기구의 자체 설치가 불가한 경우 공용기관생명윤리위원회(https://www.nibp.kr/xe/irb)'를 활용할 수도 있다. 공용기관생명윤리위원회는 생명윤리법 제12조 제1항에 따라 보건복지부 장관이 기관 또는 연구자가 공동으로 이용할 수 있도록 지정한 위원회를 말한다. 법률에 따라 기관위원회 설치 및 운영이 어려운 기관의 연구자나 기관에 속하지 않은 개인 연구자들의 윤리적인 연구수행을 지원하기 위해 인간 대상 연구, 인체유래물 연구, 배아

줄기세포주 이용 연구에 대한 심의·조사·감독·교육 등을 제공하여 연구에 있어 연구대상자의 권리와 안전 및 복지를 보호하도록 만들고 있다. 그러므로 개인 연구자는 공용위원회와 연구윤리 준수 협약을 맺은 후 심의를 신청할 수 있으며, 기관(기관위원회 미설치 기관에만 한정)에 소속된 연구자의 경우에는 공용위원회와 기관장 간 협약(1년 단위, 사유에 따라 연장 가능)이 이루어진 후 신청할 수 있다.

4) 쟁점

인공지능은 인간의 지능적 행동을 대체하는 기술로서 빠르게 진화하고 있다. 이와 함께 인공지능과 인류가 공존하기 위한 인공지능 연구윤리 이슈도 급부상하고 있다. 인공지능 연구윤리는 기술의 부작용에 대한 대비, 인공지능 장치의 도덕적 개념 구현 등 인공지능이 우리의 삶과 공존하기 위한 규범적 토대를 논의하는 분야이다.

험준한 연구과정의 시간을 줄여주고 연구의 본질에 더 가까워질 수 있게 해주는 방법 중의 하나가 챗GPT를 사용하는 것이라고 믿는 사람들이 늘어나고 있다. Microsoft에서 개발한 인공지능 검색엔진인 'BING AI'는 입력한 키워드에 관한 논문뿐만 아니라 연관된 키워드나 주제도 추천해준다. 또한 AI 논문 요약 서비스는 URL이나 PDF 파일을 업로드하면 자동으로 논문의 제목, 저자, 초록, 키워드, 참고문헌 등을 추출해주고 논문에서 가장 중요한 문장을 요약해서 그 흐름과 전체 내용을 쉽게 파악할 수 있게 해준다. 웹 기반 문서 작성 및 관리 도구에는 다양한 콘텐츠를 삽입할 수 있으며, 논문의 중요한 내용을 강조하고 메모를 남길 수도 있다. 챗GPT를 통해 데이터 전처리를 자동화하고 필요한 코드를 빠르게 생성하여 데이터의 정확성과 신뢰도를 높일 수도 있으며, 더 나아가 통계 결과 수치의 해석까지 자동으로 제공할 수 있고, 그 해석을 학술적인 문장으로 바꾸어줄 수도 있다고 한다. 이렇게 챗GPT는 인공지능을 기반으로 논문 작성의 고민을 덜어주는 다양한 기능을 갖고 있어서 논문을 작성할 때 문헌 요약, 논문 초록 작성, 초안 작성, 키워드 추출, 문장 재구성, 결과 해석, 인용문 작성, 표와 그림 삽입 설명, 학술 어휘 확장, 참고문헌 추천 등에 활용할 수 있다. 한편 챗GPT를 활용하면 논문 작성의 모든 단계를 효율적으로 진행할 수 있어서 논문의 본질에 집중할 수 있다고는 하지만, 여기서 간과해서는 안 되는 것이 바로 연구윤리이다.

챗GPT 등 초거대 언어모형에 기반을 둔 챗봇이 발표되면서 인공지능의 활용은 급격히 확대되고 있으나 이런 챗봇이 제기하는 우려도 만만치 않은데, 그중 하나가 챗봇의 환각 효과이다. 잘못된 정보를 그럴듯하게 제시하여 사람들이 속아 넘어가게 만드는 것을 말하는 이 효과는, 구글이 오픈인공지능에 대항하여 잘못된 정보를 그럴듯한 형태로 제시해 망신을 당했던 사례에서도 찾아볼 수 있다. 챗봇은 현재 선택한 단어 다음에 위치할 단어를 확률적으로 계산하며, 제시한 정보가 옳은지는 판단하지 않는다. 그러므로 챗봇을 연구에 활용하기 위해선 투명성과 설명 가능성을 확보할 필요가 있다.

영국 케임브리지대학은 2019년 11월 1일 챗GPT와 같은 생성형 AI 도구에 대한 연구윤리지침(Cambridge Launches AI Research Ethics Policy)을 수립했다. 새로운 지침은 연구자들이 AI 도구를 사용하는 동시에 투명성, 표절, 정확성 및 독창성에 대한 학문적인 표준을 유지하도록 하는 데 도움이 될 것이다(Business Wire, 2023. 03. 13.). 이 지침은 'Cambridge University Press'의 첫 번째 AI 윤리 정책에 명시되어 있으며, 연구논문, 도서 및 기타 학술 저작물에 적용된다. 지침에서 AI는 출판되는 학술논문 및 도서에 '저자'로 기재되는 것이 금지되며, 이 지침의 주요 내용은 <표 5-24>와 같다.

<표 5-24> 케임브리지대학의 AI 도구에 대한 연구윤리지침

연구 콘텐츠에 대한 AI의 기여

○ AI 사용은 다른 소프트웨어, 도구 및 방법과 마찬가지로 연구논문과 같은 출판물에서 명확히 표명되고 설명되어야 한다.

○ AI는 책임 필요성을 고려할 때 케임브리지대학의 저자에 대한 요구사항을 충족하지 않는다. AI와 LLM과 같은 도구는 케임브리지대학 출판사에서 출판되는 어떤 학술적 출판물에서도 저자로 기재될 수 없다.

○ AI 사용을 포함하여 저자는 자신의 연구논문의 정확성, 무결성 및 독창성에 책임을 지닌다.

○ AI를 사용하는 모든 경우에 케임브리지대학의 표절 정책을 위반해서는 안 된다. 학술 저작물은 저자 자신의 것이어야 하며, 적절한 인용과 투명한 참조 없이 다른 사람의 아이디어, 데이터, 단어 또는 기타 자료를 제시해서는 안 된다. 개별 저널은 이와 같은 지침을 유지하기 위한 보다 구체적인 요구 사항이나 지침을 가질 수 있다.

출처: Cambridge University Press, “Authorship and contributorship: AI Contributions to Research Content”, https://www.cambridge.org/core/services/authors/publishing-ethics/research-publishing-ethics-guidelines-for-journals/authorship-and-contributorship

이와 같은 움직임은 챗GPT와 LLM의 결합 및 잘못된 사용에 대한 우려와 더불어, 그 잠재력을 학계가 어떻게 사용해야 하는지 보다 명확한 방향을 제공하는 하나의 사례라고 할 수 있다(librarylearningspace, 2023. 04. 14.).

한국연구재단(2020)은 주요 국가의 AI 관련 연구윤리 정책 동향 조사 보고서를 발간하여 AI와 윤리의 관계, AI 윤리와 관련된 대표적 이슈들, 그리고 AI 윤리에 대한 각국의 대응을 소개했다. 각국에서 제시한 AI 윤리 원칙 중 가장 많이 나타나는 원칙은 책임성(accountability)이었고, 그다음으로 많이 언급되는 원칙이 인간의 존엄성 또는 인간 중심의 가치(human dignity or Human centric/centered value), 공정성(fairness), 안전과 외부로부터의 보안 그리고 AI 시스템에 대한 신뢰(safety, security, reliability)였다. 그다음으로는 투명성(transparency)과 설명가능성(explicability)이 언급되었으며, 그 뒤를 이어 사생활 보호(privacy), 인간의 자율성 혹은 통제 가능성(human control, autonomy)이 원칙으로 제시되었다. 이외에도 다양성 및 포용성(diversity/inclusion) 그리고 지속가능성(sustainability)과 함께 사회적 가치인 민주주의(democracy), 준법(rule of law), 공동의 이익(shared benefit) 등이 원칙으로 제시되었다. 특히 프랑스는 머신러닝(machine learning) 기술이 발전함에 따라 AI에 대한 대응 방안으로 윤리보다는 규제로의 전환이 필요하다고 보았다.

우리나라의 경우, 2020년 6월 기존의 「국가정보화기본법」을 전면 개정하여 「지능정보화기본법」(2020. 12. 10. 시행)을 마련했고, 과학기술정보통신부와 정보통신정책연구원(2020)이 AI 시대의 바람직한 인공지능 개발·활용 방향을 제시하기 위한 국가 인공지능 윤리기준(안)을 발표했다(과학기술정보통신부, 2020). 이는 윤리적 인공지능을 실현하기 위해 정부·공공기관, 기업, 이용자 등 모든 사회구성원이 함께 지켜야 할 주요 원칙과 핵심 요건을 제시하는 기준으로, 인공지능·윤리학·법학 등의 학계, 기업, 시민단체를 아우르는 주요 전문가들이 자문과 의견 수렴 과정에 참여했다.

국립보건연구원(2023)은 『보건의료 분야 인공지능 연구윤리지침』을 발간하여 보건의료 분야의 인공지능 연구·개발 및 활용 전 과정에 대한 윤리적 기준을 마련했고, 인공지능 연구설계부터 사후 점검까지 단계별 고려사항을 제시했다. 이 지침은 연구자가 자율적이고 책임 있는 인공지능 연구를 할 수 있도록 윤리적 기준을 제시하고 있다. 지침은 인공지능 연구의 전 과정에서 발생할 수 있는 윤리적 질문에 대한 원칙을 다음과 같이 제시하고 있다. ① 인간의 자율성 존중과 보호, ② 인간의 행복, 안전, 공공의 이익 증진, ③ 투명성, 설명 가능성, 신뢰성, ④ 책무, 법적 책임, ⑤ 포괄성, 공정성, ⑥ 대응성, 지속 가능성이다. 더불어 응급 상황에서의 인공지능 활용과 동의, 의료 인공지능의 질과 안전성, 챗봇의 환각 효과, 임상 결정의 미묘한 경계선과 인공지능, 인공지능과 인종 편향, 인공지능 기술이 가져올 의료인 고용 환경 변화 등 구체적 사례를 함께 제시했다. 향후에는 『보건의료 분야 인공지능 연구윤리지침』에 기반한 윤리 교육 프로그램을 운영하여 인공지능 연구윤리에 대한 인식을 확산시키고, 지속적으로 지침을 보완·발전해나갈 계획이다(질병관리청, 2023).

이러한 AI 윤리 원칙은 전 분야에 적용할 수 있는 원칙이며, 앞으로도 생성형 AI 윤리에 관해 지속적인 연구와 교육, 그리고 지속적인 관심과 논의가 절대적으로 필요하다. 특히 인간 중심의 AI와 학문 분야별 AI 윤리문제에 대한 대처 방안을 논의해야 하며 연구윤리 의식 고취를 위한 노력과 방안을 제시해야 할 것이다. 더불어 연구윤리 확립을 위한 제도 개선 및 정책 마련에도 힘써, 새롭게 제기되는 연구윤리 이슈의 체계적 대응을 위한 대학과 학술단체 등 유관 기관 간의 협력 역시 강화되어 나가야 할 것이다.

나가며

성공적인 논문 작성이란

지금까지 논문 작성의 시작부터 끝까지 학생들이 준비하고 유념해야 하는 것들을 짚어보았다. 여기서는 성공적인 논문 작성을 위해 더 명심해야 할 사항들을 정리해보고자 한다. 논문을 준비하고 실제로 작성하는 과정에는 자신이 통제할 수 없는 수많은 장애물이 있으며, 이를 극복해 나가야만 논문 작성을 성공적으로 마칠 수 있다. 지난 30년 가까이 논문 지도를 해온 경험을 바탕으로 가장 중요한 성공 요소를 제시하면 다음과 같으며, 이 중 일부는 루데스탐과 뉴튼(Rudestam & Newton, 2015)이 언급한 것이기도 하다.

철저한 선행연구 분석

논문 주제를 결정하는 것은 매우 어렵고 시간이 오래 걸린다. 대부분의 학생이 처음부터 자신이 정말 연구하고 싶은 것이 무엇인지를 잘 모르기 때문이다. 이런 경우 가장 먼저 해야 하는 것은 선행연구들을 읽어보면서 자신이 해보고 싶은 것을 찾는 것이다. 그러므로 다양한 분야에서 이루어진 선행연구논문을 많이 읽어보아야 한다. 그 과정에서 연구자들이 어떤 연구를 해왔고 어떤 결과를 가져왔으며, 그럼에도 아직까지 연구되지 않은 부분은 무엇인지를 파악할 수 있다. 그리고 그러한 연구들에서 사용된 연구방법과 그 결과를 보며 어떤 연구방법을 써야 할지도 알게 된다. 선행연구를 통해서 연구의 필요성, 목적, 내용, 방법과 같은 연구설계를 수립할 수 있다. 따라서 연구는 선행연구를 분석하는 것에서 시작해야 하며, 이러한 시작이 성공적인 논문 작성의 반 이상을 차지하게 된다. 그러나 선행연구 분석은 많은 시간과 인내를 필요로 한다. 특히 선행연구를 바탕으로 자신의 새로운 연구를 끌어내려면 단순히 선행연구를 읽어보는 것으로는 불가하며, 그것을 충분히 이해하고 적용해보아야 한다. 선행연구 분석에 대한 아낌없는 투자는 논문 주제를 결정하고 연구설계를 하는 데 있어서 필수적이다. 그러므로 견디기 힘들지라도 연구의 토대인 선행연구 분석에 많은 공을 들여야만 한다.

논문 지도교수와 논문 심사위원의 신중한 결정

논문은 학생이 작성하는 것이지만 논문 지도교수와 논문 심사위원의 지도로 비로소 완성될 수 있다. 그러므로 해당 분야의 전문가이면서 적극적으로 학생을 지원해주는 논문 지도교수를 만나 아주 가깝게 지내야 한다. 그러면서 학생은 논문 지도교수의 주된 검토 사항을 반영하여 연구계획서를 작성하고, 논문 심사위원들의 검토까지 받은 후에 연구를 진행할 수 있게 된다. 이렇게 논문 심사위원회가 그 자체의 역할을 갖고 학생이 논문을 성공적으로 마칠 때까지 기능하게 되는 것이다. 가장 좋은 상황은 논문 지도교수와 심사위원들 모두가 서로 원활하게 소통해 학생이 논문을 작성하는 동안 적극적으로 돕는 것이다. 물론 이러한 과정을 통해 논문이 수월하게 진행된다면 매우 이상적이겠지만, 현실에서는 심사위원들이 각각의 관점에서 논문을 이해하고 추가적인 요구를 해 논문의 완성이 늦어질 수도 있음을 염두에 두어야 한다.

논문 심사위원회는 논문 지도교수와 학생이 논의해서 결정하게 된다. 사소한 문제들을 대충 넘어가주는 심사위원들로 구성하고 싶은 생각이

들 수도 있다. 하지만 이는 철저히 검토받지 못해서 부족한 결과물로 끝나는 결과를 가져올 수 있다. 물론 논문 작성 초기에 꼼꼼한 검토 의견을 제시하는 까다로운 심사위원을 만나면 논문을 작성하는 데에 더 많은 시간과 노력이 들어갈 수 있겠지만, 결과적으로는 더 나은 연구결과를 얻을 수 있고 순조롭게 논문을 마무리할 수 있을 것이다. 논문 작성도 긴 인생의 일부이므로 부정적인 의견을 겸허히 받아들이고 관리하는 연습을 통해 수많은 도전을 견뎌내는 방식을 터득하는 것도 필요하다. 이러한 훈련을 꾸준히 하다 보면 학생 자신의 역량도 더욱 증대될 것이다.

감정 조절

논문을 작성하는 과정에는 학생의 성실한 준비와 논문 지도교수의 감독·조언도 중요하지만, 학생이 스스로 감정을 조절할 수 있는 역량을 기르는 것도 못지않게 중요하다. 감정적인 부분으로 인해 자존감이 떨어지고 논문 작성이 어려워질 때가 있다. 논문을 작성하는 많은 학생들이 스스로 이 길의 끝까지 결코 도달하지 못할 것이라는 막막함을 자주 느낀다. 더 이상 연구를 진행할 수 없어 포기해야 하지만 언제 포기해야 할지 몰라서, 또 포기 후 다른 주제를 어떻게 다시 결정해야 할지 몰라서 집중하지 못한다. 자신이 정한 연구주제나 연구방법에 의구심을 가지면서 스스로를 괴롭히기도 한다. 지나치게 강박적으로 부족한 부분이 있는 것 같이 느끼고, 논문을 결코 끝낼 수 없을 것 같다고 느끼기도 한다. 그러므로 학생들은 이러한 유형의 두려움이 이미 예측했던 것이고, 이 또한 끝날 것이라는 관점을 유지할 필요가 있다. 이러한 관점을 유지하려면 자신이 할 수 있는 것부터 논문의 각 단계를 작게 나누고 조금씩 성취해 나가야 한다. 그리고 실패할 것 같은 기분이 점점 커질 때는 감정적인 지원을 해줄 주변 사람들에게 도움을 요청하는 것도 중요하다. 자신과 함께 논문을 작성 중인 동료나 선후배 집단과 두려움·의심과 같은 감정을 나누고, 이러한 감정이 논문을 진행하면서 누구에게나 빈번하게 생기는 것임을 공감한다면 부정적인 감정을 차단하는 방법과 대처 능력을 빠르게 키울 수 있을 것이다.

시공간의 적절한 배분

논문을 작성할 때는 시작부터 마무리까지 오랜 시간을 외롭게 지내야 한다. 논문을 완성하려면 엄청난 끈기가 필요하며, 이를 위해 시간과 공간을 준비하는 것이 도움이 된다. 예를 들면 논문 작성에 집중할 수 있는 조용한 환경을, 즉 집이나 사무실, 도서관의 특정한 공간이나 영역을 논문 작성만을 위한 곳 혹은 작업 공간으로 인식될 수 있게 배치하는 것이다.

그리고 스스로 주어진 시간에 할 수 있을 정도로 일을 나누어서 진행하는 점진적 접근을 해나가야 한다. 학위논문은 두렵고 너무나도 엄청난 도전 같이 보일 수 있다. 그러므로 한 번에 하나씩 논문 작성 단계에 대처해나가야 한다. 선행연구 검토를 시작으로 주제, 연구문제, 연구방법론, 연구분석 결과와 논의 등을 하나씩 써나가야 하는데, 각 장을 작게 나누어 성취할 수 있는 목표를 매일 또는 매주 단위로 계획해 논문을 작성해야 한다. 매일 일정한 시간을 논문 작성을 위해 비워놓고 집중해서 규칙적으로 쓰는 것이 좋다. 물론 다른 일들의 영향으로 논문 작성 계획을 달성하지 못하거나 수정해야 하는 경우도 있을 수 있겠지만, 중요한 것은 시간 배정의 우선순위를 논문 작성에 둔다는 기본 방침과 습관화이다. 견고한 논문 작성 계획표는 연구가 잘 진행되지 않을 때도, 다른 곳에 한눈팔고 싶을 때도 목표를 향해 나아갈 수 있게 하는 하나의 지침이 되어줄 수 있다. 논문 세미나와 같은 수업이 있다면 지도교수와의 정기적인 미팅을 한 달에 한두 번씩 잡고, 미팅 전에 작성해서 제출할 내용을 미리 정해놓는 것이 효과적이다.

제1장, 즉 서론을 쓸 때 생각이 잘 정리되지 않는다면 오랫동안 골몰하기만 해서는 안 되며, 자신의 생각을 일단은 글로 써봐야 한다. 종이나 컴퓨터 스크린에 직접 글을 써보면 생각이 정리되면서 추진력이 생길 것이다. 처음부터 깔끔한 문장은 거의 없으며, 중요한 것은 자신의 생각을 글로 만드는 작업을 지속적이면서 정기적으로 진행해 결과물을 만들어내는 연습 방식을 개발해야 한다는 것이다. 그리고 너무 많은 생각에 사로잡혔다면 다른 사람들과 연구에 대해 얘기하는 것도 도움이 된다. 논문 지도교수나 다른 교수들, 선후배나 동료들을 만나서 자신의 연구주제에 대해 얘기해보면 새로운 관점에서 그것을 바라볼 수 있게 되고 동기도 유지·강화될 것이다.

때로는 휴식도 필요하다. 한 걸음 나아가기 위해서 반걸음 뒤로 물러서 논문 작성에 따른 스트레스를 해소할 수 있는 시간을 갖는 것이다. 일정표에 없는 휴가를 가야만 하겠다는 생각이 들면 스스로 이를 너그럽게 수용해야 한다. 또한 일상적인 삶에서 불가피하게 논문 작성을 멈춰야 하는 경우가 생길 수도 있고, 논문 작성으로 인해 가족 구성원으로서의 마땅한 의무를 방기해야 하는 경우가 생길 수도 있다. 이런 경우 가족과 그 시간에 대해 합의해야만 한다. 자신의 논문 진행 상황 및 내용에 대해 충분히 알리고 공유한다면 가족을 비롯한 주변 사람들의 지속적인 지원과 지지를 얻을 수 있을 것이다.

데이터 수집 및 분석의 가능성

아무리 좋은 연구주제라고 해도 데이터 수집이 어려우면 그 연구는 진행될 수 없다. 그러므로 자신이 필요로 하는 데이터를 제공해줄 적합한 집단과 기관들의 협조 가능성을 먼저 파악해야 한다. 자신이 필요로 하는 것을 명백하게 밝히고 연구과제에서 필요한 약속을 끌어내야 하며, 그러한 약속을 승인하는 사람들에게서 데이터를 이용할 수 있게 허락받아야 한다. 가끔 연구계획서가 통과되기도 전부터 데이터를 수집하는 학생들이 있는데, 이는 매우 위험하다. 왜냐하면 모집단에서 타당한 기준에 따라 표본을 설정하지 않은 경우라면 그 데이터를 모두 버려야 할 수도 있기 때문이다. 그러므로 연구내용과 방법에 대해서는 반드시 데이터 수집을 시작하기 전에 논문 지도교수 및 심사위원들과 충분한 논의를 해야 할 필요가 있다.

또한 데이터를 수집할 때 다른 사람의 도움을 받아야 한다면 매우 조심스럽고 신중하게 고용해야 하며, 계획이 틀어질 경우 이용 가능한 대체 전략을 갖고 있어야 한다. 특히 데이터 수집의 모든 단계에서 꼼꼼하게 그들을 훈련시키고 감독하는 것이 중요하다. 충분히 훈련받지 않은 사람들로부터 데이터를 수집하게 되면 부정확한 데이터를 바탕으로 신뢰할 수 없는 연구결과를 얻게 될 수도 있기 때문이다. 그리고 데이터 분석에 있어서도 분석의 수행과 결과의 해석을 도와줄 통계전문가를 사용하는 것이 적합할 수 있다. 한편 통계전문가의 통계 숫자 해석에 의존하는 것이 도움이 되기도 하지만, 통제력을 잃은 채 그 사람에게 모든 분석을 맡겨서는 안 된다. 논문의 저자는 바로 자신이며 연구결과에 대한 모든 책임 역시 자신에게 있다는 것을 잊지 말아야 한다.

표·그림, 인용 출처, 참고문헌, 맞춤법의 일관성과 정확성

논문에 포함되는 표나 그림, 인용 출처, 참고문헌, 맞춤법 등은 일관성 있게 정해진 양식에 따라서 정확히 작성해야 한다. 이러한 부분은 논문의 핵심적인 내용은 아니지만, 논문의 완성도를 판단하게 해주는 데 지대한 역할을 한다. 표나 그림은 논문의 내용을 압축해서 깔끔하게 보여줄 수 있어야 하며, 자신이 직접 쓴 글이 아니라면 출처를 밝혀야 표절의 위험으로부터 자유로울 수 있다. 인용 출처나 참고문헌의 작성 방식은 다양하므로 각 전공에서 사용하는 방식을 확인하고 전체 논문에 해당 방식을 적용해서 작성해야 한다. 맞춤법과 띄어쓰기는 'Microsoft Word'나 '한컴오피스 한글'과 같은 소프트웨어 프로그램의 맞춤법 검토 기능을 사용해서 확인하고, 이후 최종 논문에 대해 시간 여유를 두고 몇 번에 걸쳐 처음부터 끝까지 꼼꼼히 읽어봐야 한다. 가끔 참고문헌에 없는 정보원이 논문에 나오고, 논문에서 언급한 정보원이 참고문헌에는 없는 경우가 있다. 이를 방지하기 위해서는 참고문헌 부분만 따로 인쇄해서 논문의 처음부터 끝까지 나오는 모든 인용된 정보원에 대해 일일이 확인해보는 과정을 거치는 것도 필요하다.

최종 논문 구술 심사에 임하는 자세

논문에 대한 최종 구술 심사는 논문 지도교수와 논문 심사위원회가 해당 논문이 완성되었다고 보지 않을 경우 그 일정을 잡을 수 없다. 구술 심사는 학생의 주요한 학문적 성과가 완성된 것을 축하하는 자리이고, 학위 수여를 위한 상징적인 통과의례이다. 가장 바람직하게는 논문 구술 심사가 해당 분야에서 자신이 그동안 진행해온 연구결과의 영향력에 대해 분명하게 말하는 기회가 되어야 하며, 해당 분야의 전문가인 심사위원들로부터 공정한 검토와 평가를 받는 단계가 되어야 한다.

그러므로 성공적인 논문 구술 심사를 위해서는 준비가 필요하다. 제일 중요한 것은 자신이 해온 연구에 대해 자신감을 갖는 것이다. 이 연구에 있어서만큼은 논문 지도교수나 심사위원들보다도 자신이 더 잘 알고 있으며, 논문을 작성하며 높은 수준의 전문성을 갖게 되었다고 스스로 믿을 수 있어야 한다. 그리고 그런 분위기를 조성하기 위해 심사 장소에 일찍 도착해서 자리를 정돈하고 심사위원들이 들어올 때마다 반갑게 맞이해야 한다.

논문 구술 심사의 개요는 압축해서 30분 이내로 정리하고, 핵심 내용을 파워포인트와 같은 도구로 도식화해 조직화된 발표를 해야 한다. 그러나 파라디(Paradi, 2019)가 언급했듯이 파워포인트를 발표할 때 슬라이드를 그냥 읽기만 해서는 안 된다. 글자가 너무 작아서 읽을 수 없어서도 안 되고, 긴 문장이 아닌 핵심 단어를 사용해 자료를 정리해야 한다. 지나치게 복잡한 그림은 삼가고, 색깔의 사용도 적절하게 해야 하며, 분명한 목적을 보여주면서 생각의 흐름이 끝까지 연결되는 모습을 보여주어야 한다. 구술 발표는 너무 길어지지 않아야 하며, 발표만으로 주어진 시간을 다 써버리려고 계획해서는 안 된다.

발표를 하고 나면 질문과 심사 의견을 받게 되는데, 이 시간은 유익하긴 하지만 겁나는 것이 당연하다. 이러한 질문의 장은 연구주제에 대한 생동감 있는 논의를 생성할 수 있고 전문가로서의 신뢰성을 확인할 수 있게 하므로, 자신이 답변하기 어려운 질문은 없을 것이라는 믿음을 가지고 그 믿음에 의지해야 한다.

대부분의 논문 구술 심사는 최종 논문에 대한 약간의 수정을 요구받으면서 통과된다. 여기서 약간의 수정은 핵심 주제를 건드리지 않는 수준의 참고문헌 추가, 추가적인 분석, 정교한 논의 정도가 될 수 있다. 그러나 이론과 방법을 더 많이 중대하게 변경할 것을 요구받는 등 훨씬 더 골치 아픈 수정을 요구받게 될 수도 있다. 이런 결과를 가져오지 않으려면 사전에 충분히 심사위원들에게 확인받고 의논하면서 논문을 작성해 나가야 한다. 논문 작성 기간에 검토를 많이 받을수록 구술 심사 단계에서 전체 논문에 대한 심사위원들의 지적을 덜 받을 수 있다.

성공적으로 최종 논문 구술 심사를 마치고 나서 논문이 통과되면 뿌

듯함보다는 허탈함을 느낄 수 있다. 이러한 감정 때문에 한동안 논문을 보고 싶지 않을 수도 있는데, 가능한 한 빨리 추스르고 수정 요구 사항을 진행하는 게 좋다. 그렇지 않을 경우 학위논문의 완성이 더욱 지루하게 지체될 수 있기 때문이다. 학위논문은 대부분의 연구자에게 있어 전문가로서 해당 학문 분야에 들어서기 위한 시작점을 제공할 뿐만 아니라, 자존감과 지적 성취의 지속적인 원천으로 작용하게 된다. 너무 지치고 힘들어서 그만두고 싶은 마음이 매순간 들기 마련이지만, 성공적으로 논문을 작성하는 것이 자신의 삶을 변화시키는 새로운 전환점이 될 수 있음을 잊지 말아야 할 것이다.

참고문헌

경제 · 인문사회연구회(2013). 연구윤리 평가기준 및 사례집: 교육교재. 서울: 경제 · 인문사회연구회.

______(2021). 국책연구기관 연구윤리. 서울: 경제 · 인문사회연구회.

김기란(2022). 논문의 힘. 서울: 현실문화.

김병일(2023). 챗GPT의 위험과 생성형 AI 규제 방향, KISO 저널, 51: 12-20.

김태원(2023). ChatGPT는 혁신의 도구가 될 수 있을까?: ChatGPT 활용 사례 및 전망, The AI Report 2023-1. 대구: 한국지능정보사회진흥원.

김해인, 정연경(2022). 구술 기록의 활용을 위한 패싯 기반 주제명표목 개발에 관한 연구: 해방촌 니트 사업 구술 기록을 대상으로, 한국기록관리학회지, 22(4): 67-85.

노대원, 홍미선(2023). ChatGPT 글쓰기 표절 대응과 교육적 활용 전략, 국어교육연구, 82: 71-102.

미국심리학회(2021). APA 논문 작성법(제7판)(강진령 옮김). 서울: 학지사.

박창원, 김성원, 정연경(1991). 논문 작성법. 서울: 이화여자대학교출판문화원.

양인선(2023). 화제의 챗GPT, 어떻게 활용해야 하나, 공공정책, 212: 63-65.

엄창섭(2018). 연구윤리정책백서. 대전: 한국연구재단.

엄창섭, 이인재, 이효빈, 현명호, 조혜영, 이은석, 조진호, 이설아(2019). 건전한 연구문화 확립을 위한 가이드북 제작을 위한 콘텐츠 개발 연구. 한국연구재단 정책보고서. 서울: 한국연구재단. https://www.cre.or.kr/bbs/BoardDetail.do?nttId=638&bbsId=BBSMSTR_000000000041&pageIndex=1

엄창섭, 윤철희, 노환진, 최병인, 이범훈, 김옥주, 최지선, 이원용, 박혜숙, 이범훈,

이효빈, 오주연, 김창근(2023). 국가연구개발 연구윤리 길잡이(개정본). 대전: 과학기술정보통신부 · 한국과학기술기획평가원.

연구윤리정보센터(2018). 연구윤리 10년: 변화와 과제. 대전: 연구윤리정보센터.

우에노 지즈코(2020). 논문 쓰기의 기술: 정보생산자를 위한 글쓰기 매뉴얼(한주희 옮김). 파주: 동녘.

움베르토 에코(2006). 논문 잘 쓰는 방법(증보판)(김운찬 옮김). 파주: 열린책들.

유수정, 김은애, 최경석(2022). 인간대상연구 관련 법적 기준의 문제점과 개선방안: 인간대상연구의 정의, 심의면제 기준 및 동의 획득 기준을 중심으로, *Asia Pacific Journal of Health Law & Ethics*, 15(2): 27-46.

윤정섭(2023). 챗GPT 동향과 관광 산업 변화의 필요성, 한국관광정책, 91; 80-85.

이윤정, 정연경(2020). 기록관리 교육지침서 개발을 위한 핵심 범주와 구성 요소에 관한 연구, 한국기록관리학회지, 20(1): 27-46.

______(2022). 공공도서관의 희망도서바로대출제 개선방안에 관한 연구: 경기도 공공도서관을 중심으로, 한국문헌정보학회지, 56(2): 83-107.

이인재(2014). 연재 11. 인간 대상 연구에서의 윤리, 대한피부미용학회지, 12(2): 141-146.

______(2021). Q&A를 통한 표절과 저작권 침해의 이해, 감정평가학논집, 20(2): 235-254. http://dx.doi.org/10.23843/as.20.2.8

______(2022). 표절 예방을 위한 출판윤리 주체의 역할 모색, 윤리교육연구, 65: 117-140. http://dx.doi.org/10.18850/JEES.2022.65.05

______(2023). 바람직한 학술적 글쓰기를 위한 연구윤리의 이해, *Endocrinology and Metabolism*, 26(1): 12-24. http://dx.doi.org/10.3803/EnM2011.26.1.12

이화연구윤리센터(2022). 연구윤리 핵심 가이드. 서울: 이화여자대학교 연구윤리센터.

이효빈, 조진호, 엄창섭, 이인재(2019). 신진연구자를 위한 가이드북. 서울: 한국연구재단.

한국과학기술기획평가원(2021). 「국가연구개발혁신법」 매뉴얼. 대전: 과학기술정보통신부.

한국교육학술정보원(2021). 국가 학술정보 플랫폼 구축을 위한 이슈리포트: 한국형 표준 논문 작성법. 대구: 한국교육학술정보원.

한국연구재단(2011). 연구윤리의 이해와 실천. 대전: 한국연구재단.

______(2015). 연구윤리 확보를 위한 지침 해설서. 대전: 한국연구재단.

______(2020). 주요 국가의 인공지능(AI) 관련 연구윤리 정책 동향 조사. 대전: 한국연구재단.

한국학술단체총연합회(2022). 올바른 인용표기를 위한 길잡이. 청주: 국가과학기술인력개발원.

한국환경산업기술원(2016). 올바른 환경 R&D 연구문화 조성을 위한 연구부정행위 사례집 2008~2015. 서울: 한국환경산업기술원.

황은성, 송성수, 이인재, 박기범, 손화철(2011). 연구윤리의 이해와 실천. 서울: 교육과학기술부.

American Psychological Association. (2020). *Publication Manual: The Official Guide to APA style* (7th ed.). Washington, D.C.: APA.

Anderson, N., Belavy, D. L., Perle, S. M., Hendricks, S., Hespanhol, L., Verhagen, E., & Memon, A. R. (2023). "AI did not write this manuscript, or did it? Can we trick the AI text detector into generated texts? The potential future of ChatGPT and AI in sports & exercise medicine manuscript generation", *BMJ Open Sport & Exercise Medicine*, 9(1): e001568.

Bebeau, M. J. (1995). "Developing a well-reasoned response to a moral problem in scientific research", In M. J. Bebeau, K. D. Pimple, K. M. T. Muskavitch, S. L. Borden, & D. H. Smith, Proceedings of a Workshop at Indiana University, Poynter Center for the Study of Ethics and American Institutions, *Moral Reasoning in Scientific Research: Cases for Teaching and Assessment* (pp. 13-18). Bloomington, IN: Indiana University.

Bell, D. J., Foster, S. L., & Cone, J. D. (2020). *Dissertations and Theses from Start to Finish: Psychology and Related Fields* (3rd ed.). Washington, D.C.: American Psychological Association, https://doi.org/10.1037/0000161-000.

Chowdhary, K. (2020). "Natural language processing", *Fundamentals of Artificial Intelligence*. (pp. 603-649). New Delhi, India: Springer India.

Chowdhury, G. (2003). "Natural language processing", *Annual Review of Information Science and Technology*, 37(1): 51-89.

Council of Science Editors Style Manual Committee. (2014). *Scientific Style and Format: The CSE Manual for Author, Editors and Publishers* (8th ed.). Chicago, IL: Council of Scientific Editors in Cooperation with the University of Chicago Press.

Dale, R. (2021). "GPT-3: What's it good for?", *Natural Language Engineering*, 27(1): 113-118, https://doi.org/10.1017/S1351324920000601.

Dwivedi, Y. K., Kshetri, N., Hughes, L., Slade, E. L., Jeyaraj, A., Kar, A. K., Baabdullah, A. M., Koohang, A., Raghavan, V., Ahuja, M., Albanna, H., Albashrawi, M. A., Al-Busaidi, A. S., Balakrishnan, J., Barlette, Y., Basu, S., Bose, I., Brooks, L., Buhalis, D., ··· Wright, R. (2023). "So what if ChatGPT wrote it?: Multidisciplinary perspectives on opportunities, challenges and implications of generative conversational AI for research, practice and policy", *International Journal of Information Management*, 71: 102642, https://doi:10.1016/j.ijinfomgt.2023.102642.

Else, H. (2023). "Abstracts written by ChatGPT fool scientists", *Nature*, 613(7944): 423-423, https://doi: 10.1038/d41586-023-00056-7.

Gasparyan, A. Y., Nurmashev, B., Seksenbayev, B., Trukhachev, V. I., Kostyukova, E. I., & Kitas, G. D. (2017). "Plagiarism in the context of education and evolving detection strategies", *Journal of Korean Medical Science*, 32(8): 1220-1227.

Gilat, R., & Cole, B. J. (2023). "How will artificial intelligence affect scientific writing, reviewing and editing? The future is here", *Arthroscopy*, 39(5): 1119–1120, https://doi.org/10.1016/j.arthro.2023.01.014.

Haenlein, M., & Kaplan, A. (2019). "A brief history of artificial intelligence: On the past, present, and future of artificial intelligence", *California Management Review*, 61(4): 5–14, https://doi.org/10.1177/0008125619864925.

Hariri, W. (2023). "Unlocking the potential of ChatGPT: A comprehensive exploration of its applications, advantages, limitations, and future directions in natural language processing", arXiv preprint arXiv:2304.02017, https://doi.org/10.48550/arXiv.2304.02017.

Hosseini, M., Rasmussen, L. M., & Resnik, D. B. (2023). "Using AI to write scholarly publications", *Accountability in Research: Ethics, Integrity and Policy*, 31(4): 1–9, https://doi.org/10.1080/08989621.2023.216853.

Jiao, W., Wang, W., Huang, J., Wang, X., & Tu, Z. (2023). "Is ChatGPT a good translator?, A preliminary study", arXiv, https://doi.org/10.48550/arXiv.2301.08745.

Lu, Y. (2019). "Artificial intelligence: A survey on evolution, models, applications and future trends", *Journal of Management Analytics*, 6(1): 1–29, https://doi.org/10.1080/23270012.2019.1570365.

Lund, B. D., & Wang, T. (2023). "Chatting about ChatGPT: How may AI and GPT impact academia and libraries?", *Library Hi Tech News*, 40(3): 26–29, https://doi.org/10.1108/LHTN-01-2023-0009.

Lund, B. D., Wang, T., Mannuru, N. R., Nie, B., Shimray, S., & Wang, Z. (2023). "ChatGPT and a new academic reality: Artificial Intelligence-written research papers and the ethics of the large language models in scholarly publishing", *Journal of the Association for Information Science and Technology*, 74(5): 570–581, https://doi.org/10.1002/asi.24750.

Mintz, Y., & Brodie, R. (2019). "Introduction to artificial intelligence in medicine", *Minimally Invasive Therapy & Allied Technologies*, 28(2): 73-81, https://doi.org/10.1080/13645706.2019.1575882.

Modern Language Association. (2021). *MLA Handbook for Writers of Research Papers* (9th ed.). New York: Modern Language Association of America.

Mueller, P. A., & Oppenheimer, D. M. (2014). "The pen is mightier than the keyboard: Advantages of longhand over laptop note taking", *Psychological Science*, 25(6): 1159–1168.

Müller, V. C. (2020). "Ethics of artificial intelligence and robotics", In E. N. Zalta (Ed.), *Stanford Encyclopedia of Philosophy* (pp. 1–70). Palo Alto, CA: CSLI, Stanford University, https://plato.stanford.edu/archives/sum2021/entries/ethics-ai/.

Rahman, M. M., Terano, H. J. R., Rahman, M. N., Salamzadeh, A., & Rahaman, M. S. (2023). "ChatGPT and academic research: A review and recommendations based on practical examples", *Journal of Education, Management and Development Studies*, 3(1): 1–12, https://doi.org/10.52631/jemds.v3i1.175.

Roberts, C. M. (2004). *The Dissertation Journey: A Practical and Comprehensive Guide to Planning, Writing, and Defending Your Dissertation* (3rd ed.). Thousand Oaks, CA: Corwin press.

Rudestam, K. E., & Newton, R. R. (2015). *Surviving Your Dissertation: A Comprehensive Guide to Content and Process* (4th ed.). Thousand Oaks, CA: Sage.

Sanderson, K. (2023). "GPT–4 is here: what scientists think", *Nature*, 615(7954): 773, https://doi.org/10.1038/d41586–023–00816–5.

Schönberger, D. (2018). "Deep copyright: Up–and downstream questions related to artificial intelligence (AI) and machine learning (ML)", *Zeitschrift für Geistiges Eigentum*, 10(1): 35–58, https://papers.ssrn.com/sol3/papers.cfm?abstract_id=3098315.

Taecharungroj, V. (2023). ""What Can ChatGPT Do?" Analyzing Early Reactions to the Innovative AI Chatbot on Twitter", *Big Data and Cognitive Computing*, 7(1): 35, https://doi.org/10.3390/bdcc7010035.

The Chicago Manual of Style. (2017). 17th ed. Chicago, IL: University of Chicago,

Wang, X., Lin, X., & Shao, B. (2022). "Artificial intelligence changes the way we work: A close look at innovating with chatbots", *Journal of the Association for Information Science and Technology*, 74(3): 339-353, https://doi.org/10.1002/asi.24621.

Yanisky-Ravid, S. (2017). "Generating Rembrandt: Artificial intelligence, copyright, and accountability in the 3A Era—The human-like authors are already here—A new model", *Michigan State Law Review*, 659: 661-726, http://dx.doi.org/10.17613/50p1-qy20.

[법령 및 시행령]

과학기술정보통신부, 「국가연구개발혁신법」(법률 제19235호, 2023. 03. 21., 일부개정).

과학기술정보통신부, 「국가연구개발혁신법 시행령」(대통령령 제34174호, 2024. 02. 06., 일부개정).

과학기술정보통신부, 「지능정보화 기본법」(법률 제18298호, 2021. 07. 20., 타법개정).

교육부, 「연구윤리 확보를 위한 지침」(교육부훈령 제449호, 2023. 07. 17., 전부개정).

농림축산식품부, 「동물보호법」(법률 제19234호, 2023. 03. 14., 타법개정).

문화체육관광부, 「한글 맞춤법」(문화체육관광부고시 제2017-12호, 2017. 03. 28., 일부개정).

보건복지부, 「생명윤리 및 안전에 관한 법률」(법률 제17783호, 2020. 12. 29., 일부개정).

[규정 및 지침]

이화여자대학교 연구윤리지침[2023. 02. 28. 개정].

한국학술단체총연합회 연구윤리지침[2010. 01. 01.].

Cambridge University Press: Authorship and contributorship[2023. 08. 28.].

[기사]

과학기술정보통신부(2020). “과기정통부, 사람이 중심이 되는 「인공지능(AI) 윤리 기준」 마련”, 과학기술정보통신부[2023. 12. 01.], https://www.msit.go.kr/bbs/view.do?sCode=user&mPid=112&mId=113&bbsSeqNo=94&nttSeqNo=3179742.

권석준(2023). “[ChatGPT 이전의 세계, 이후의 세계] 대학 현장에서 chatGPT 활용 시 예상되는 문제들”, 권석준의 테크어댑팅 블로그[2023. 12. 06.], https://alook.so/posts/dztXRw2.

김태진(2023). “한국연구재단, 16일 연구윤리 포럼 개최…인공지능 집중 논의”, 뉴스원[2023. 11. 08.], https://www.news1.kr/articles/?5224172.

질병관리청(2023). “보건의료 분야 인공지능 연구윤리지침 발간”, 질병관리청[2024. 03. 07.], https://www.kdca.go.kr/board/board.es?mid=a20501020000&bid=0015&list_no=723264&cg_code=C01&act=view&nPage=1.

최인성(2023). “[GPT-4 출시] ChatGPT 달라진 점, GPT-3.5와 GPT-4 차이점”, 코드스테이츠 블로그[2023. 03. 21.], https://www.codestates.com/blog/content/gpt4-%EC%B6%9C%EC%8B%9C.

최진홍(2023). “[챗GPT 가라사대①] 챗GPT 왜 특별한가”, 이코노믹리뷰[2023. 03. 05.], https://www.econovill.com/news/articleView.html?idxno=603185.

홍지유(2022). “논문 중복 게재, 연구성과 부풀리기도 ‘연구 부정’으로 명시”, 중앙일보[2022. 11. 01.], https://www.joongang.co.kr/article/25114008#home.

Cambridge University Press. (2023). “Cambridge launches AI research ethics policy”, Library Learning Space[2023. 04. 14.], https://www.cambridge.org/news-and-insights/news/cambridge-launches-ai-research-ethics-policy.

Hern, A. (2022). "AI-assisted plagiarism? ChatGPT bot says it has an answer for that", The Guardian[2022. 12. 31.], https://www.theguardian.com/technology/2022/dec/31/ai-assisted-plagiarism-chatgpt-bot-says-it-has-an-answer-for-that.

Paradi, D. (2019). "Latest annoying PowerPoint survey results", Think Outside the Slide[2024. 02. 17.], https://www.thinkoutsidetheslide.com/free-resources/latest-annoying-powerpoint-survey-results/.

Thigpen, C., & Funk, C. (2019). "Most Americans says science has brought benefits to society and expect more to come", Pew Research Center[2019. 08. 27.], https://www.pewresearch.org/short-reads/2019/08/27/most-americans-say-science-has-brought-benefits-to-society-and-expect-more-to-come/.

van Dis, Evak A. M., Bollen, J., Zuidema, W., van Rooij, R., & Bockting, C. L. (2023). "ChatGPT: five priorities for research", Nature[2023. 02. 03.], https://www.nature.com/articles/d41586-023-00288-7.

Villasenor, J. (2023). "How ChatGPT can improve education, not threaten it: A professor explains why he is allowing students to incorporate ChatGPT into their writing process instead of banning the new technology", Scientific America[2023. 02. 10.], https://www.scientificamerican.com/article/how-chatgpt-can-improve-education-not-threaten-it/.

White, S., & Scheuber, A. (2023). "Cambridge launches AI research ethics policy", Business Wire[2023. 03. 13.], https://www.businesswire.com/news/home/20230313005092/en/Cambridge-Launches-AI-Research-Ethics-Policy.

[홈페이지]

경희대학교 중앙도서관: https://library.khu.ac.kr/

공용기관생명윤리위원회: https://www.nibp.kr/xe/irb/

국가과학기술인력개발원: https://www.kird.re.kr/

국립중앙도서관: https://nl.go.kr/

국회도서관: https://www.nanet.go.kr/main.do

기관생명윤리위원회 정보포털: http://irb.or.kr/Main.aspx

서울대학교 중앙도서관: https://lib.snu.ac.kr/

유니스트: https://unist-kor.unist.ac.kr/

이화여자대학교 대학원: https://graduate.ewha.ac.kr/graduate/index.do

이화여자대학교 중앙도서관: https://lib.ewha.ac.kr/

한국교육학술정보원: https://www.keris.or.kr/main/main.do

한국학술지인용색인: https://www.kci.go.kr/kciportal/mindex.kci

한국학술단체총연합회: http://www.kaoas.or.kr/

DBpia: https://www.dbpia.co.kr/

Endnote: https://endnote.com/

Online Etymology Dictionary: https://www.etymonline.com/

ProQuest: https://www.proquest.com/

ProQuest RefWorks: https://refworks.proquest.com/

Writing Center: https://writingcenter.gmu.edu/

찾아보기

[ㄴ]

[ㄷ]

[ㅁ]

[ㅈ]